本书受到浙江外国语学院国别区域研究中心的资助

拉美研究论丛 （第三辑）

吕宏芬　徐世澄 / 主编

LATIN AMERICAN STUDIES

ESTUDIOS LATINOAMERICANOS

中国社会科学出版社

图书在版编目（CIP）数据

拉美研究论丛. 第三辑／吕宏芬，徐世澄主编. —北京：中国社会科学
出版社，2024.7

ISBN 978 – 7 – 5227 – 3698 – 3

Ⅰ.①拉…　Ⅱ.①吕…②徐…　Ⅲ.①拉丁美洲—研究　Ⅳ.①D773

中国国家版本馆 CIP 数据核字(2024)第 110756 号

出 版 人	赵剑英	
责任编辑	高　歌	
责任校对	李　琳	
责任印制	戴　宽	

出　　版	中国社会科学出版社	
社　　址	北京鼓楼西大街甲 158 号	
邮　　编	100720	
网　　址	http://www.csspw.cn	
发 行 部	010 – 84083685	
门 市 部	010 – 84029450	
经　　销	新华书店及其他书店	

印　　刷	北京明恒达印务有限公司	
装　　订	廊坊市广阳区广增装订厂	
版　　次	2024 年 7 月第 1 版	
印　　次	2024 年 7 月第 1 次印刷	

开　　本	710 × 1000　1/16	
印　　张	16.25	
插　　页	2	
字　　数	261 千字	
定　　价	89.00 元	

凡购买中国社会科学出版社图书，如有质量问题请与本社营销中心联系调换
电话：010 – 84083683

新时代中拉关系的发展趋势（总序）

徐世澄

自 2012 年 11 月党的十八大以来，中国与拉丁美洲和加勒比地区的国家关系进入了全方位发展的新时期。最近十年多，世界经历着百年未有之大变局，2020 年以来新冠疫情在全球范围内暴发，百年变局叠加世纪疫情，使世界加速进入动荡变革期。2022 年 10 月，党的二十大胜利召开，二十大是在中国人民迈上全面建设社会主义现代化国家新征程、向第二个百年奋斗目标进军的关键时刻召开的一次十分重要的大会。近些年来，拉美出现了第二次左翼浪潮。我们高兴地看到，十年多来，在双方的努力下，中拉关系取得了显著的发展。

近十余年来，中拉关系迅速发展的趋势主要表现在以下方面。

1. 中拉双方政治互信加强，高访频繁

最近十年，习近平主席曾五次访问拉美，亲自设计擘画中拉关系发展蓝图，同拉美领导人确立了中拉全面合作伙伴关系的新定位，推动成立了中国—拉共体论坛，并且明确了共建新时代平等、互利、创新、开放、惠民的中拉关系和携手共进的命运共同体这一努力方向。与此同时，智利、阿根廷、巴西、墨西哥、玻利维亚、乌拉圭、哥斯达黎加、委内瑞拉、巴拿马、古巴、多米尼加、萨尔瓦多、厄瓜多尔、苏里南、洪都拉斯等国总统，巴哈马、特立尼达和多巴哥、牙买加等国总理也先后访华。2022 年 2 月，尽管新冠疫情尚未结束，厄瓜多尔总统拉索和阿根廷总统阿尔贝托·费尔南德斯仍应邀参加了冬奥会，并对我国进行了正式访问。中厄和中阿两国分别发表了关于深化中厄和中阿全面战略伙伴关系的联合声明，中阿两国还签署了共建"一带一路"谅解备忘录，标志着中阿关系迈上了一个新台阶。同年 11 月，古巴国家主席米格尔·迪亚斯－卡内尔访华，中古两国发表了深化新时代中古关系的联合声明。同年 11 月 15 日和 11 月 18 日，习近平主席先后在印尼巴厘岛和曼谷会见阿根廷总统费尔南德斯和智利总统博里奇。2023 年 4 月，巴西总统卢拉访华，中巴发表了涵盖 49 项内容的联合声明，一致同意共同深化以开放包容、合作共赢为特征的中巴全面战略伙伴关系。2023 年 6 月，洪都拉斯总统希奥玛拉·卡斯特罗访华，取得圆满成功，收获丰硕成果，开启了中洪关系新的历史篇章。

2. 中国—拉共体举行了三次部长级论坛

2014 年 7 月 17 日，中国—拉美和加勒比国家领导人会晤在巴西利亚举行。会晤发表《中国—拉美和加勒比国家领导人巴西利亚会晤联合声明》。宣布中拉建立平等互利、共同发展的全面合作伙伴关系，并宣布正式成立中国—拉共体论坛。2015 年 1 月，在北京举行中国—拉共体论坛（以下简称中拉论坛）首届部长级会议，通过了《中国与拉美和加勒比国家合作规划（2015—2019）》。2018 年 1 月 22 日，中拉论坛第二届部长级会议在智利开幕，会议通过了《圣地亚哥宣言》《中国与拉美和加勒比国家合作（优先领域）共同行动计划（2019—2021）》和《"一带一路"特别声明》3 份成果文件。2021 年 12 月 3 日，中拉论坛第三届部长会议以视频方式成功举行，会议通过了《中国—拉共体论坛第三届部长会议宣言》和《中国与拉共体成员国重点领域合作共同行动计划（2022—2024）》两份成果文件。自 2015 年以来，在中拉论坛框架内，中拉双方还举办了多种分论坛：如中拉农业部长论坛、中拉科技创新论坛、中拉智库论坛、中拉媒体论坛、中拉青年政治家论坛、中拉数字技术抗疫合作论坛、中拉政党论坛、中拉基础设施合作论坛、中拉民间友好论坛、中拉美企业家高峰会等。2022 年 9 月 2 日，"中拉科技创新论坛"以视频方式举行，本次论坛以"科技赋能共同发展，团结协作构建美好未来"为主题，论坛由中国科技部和拉共体轮值主席国阿根廷科技创新部共同召开，中国科技部部长王志刚和阿根廷科技创新部部长丹尼尔·菲尔穆斯做主旨发言，20 多个拉美和加勒比国家的科技部门负责人在线与会发言。论坛上通过了《2022 年中拉科技创新论坛联合声明》，中国科技部与有关拉美和加勒比国家科技主管部门分别就推动中拉可持续粮食创新中心建设签署合作谅解备忘录。

2022 年 4 月 29 日，国务委员兼外长王毅和多米尼克代总理奥斯特里共同主持中国和加勒比建交国外长会。王毅表示，与会各方就构建更加紧密的中加命运共同体深入交换了意见，形成广泛共识。

3. 中国在拉美的朋友圈和伙伴关系网不断扩大

2017 年，巴拿马与我国建交。2018 年，多米尼加共和国和萨尔瓦多与我国建交。2021 年 12 月 10 日，中美洲的尼加拉瓜与中国复交。2023 年 3 月 26 日，中国与洪都拉斯建交，中国现已与拉美和加勒比 33 个国家中的 26 国建立或恢复了外交关系。截至 2023 年，中国已同拉美地区 12 国（巴西、墨西哥、阿根廷、智利、厄瓜多尔、秘鲁、委内瑞拉、玻利维亚、乌拉圭、哥斯达黎加、苏里南、牙买加）建立了战略伙伴关系，同上述 12 国中的前 7 国建立了全面战略伙伴关系。

4. 中拉贸易与中国对拉投资发展迅速

自 2012 年以来，中国一直保持拉美第二大贸易伙伴的地位，中拉贸易额从 2012 年的 2612.88 亿美元迅速增加到 2022 年的 4857.90 亿美元，同比增长 7%。近年来，中国跨境电商保持快速发展势头，5 年增长近 10 倍，已经成为全球最大的电商交易市场。2022 年中国跨境电商进出口为 2.11 万亿元人民币，同比增长 9.8%。跨境电商已在中国形成了跨境电商服务生态，而跨境电商是信息技术和网络在整个外贸环节的应用，这种应用使得外贸服务方式发生了变化。跨境电商正在帮助国内传统制造企业转型，它不仅可以提升贸易效率，也可以在贸易过程中发掘新的贸易机会和经济增长点。值得一提的是，中拉之间的跨境电商发展迅速，"拉美或将成为跨境电商最后一个蓝海市场"。早在 2018 年 6 月，中阿就签署了《关于电子商务合作的谅解备忘录》。厄瓜多尔驻华大使卡洛斯·拉雷亚表示，厄瓜多尔正在规划大范围的数字转型，中国电子商务的发展及商业合作机会将促进厄瓜多尔在相应领域快速发展，使中小企业和消费者都获益。圭亚那驻华大使周雅欣说，圭亚那非常关注本土中小微企业如何乘电商东风发展。越来越多的圭亚那居民正通过阿里巴巴、淘宝等电商平台采购中国产品。期待更多中国企业在圭亚那探索电商机遇。秘鲁驻华大使巴拉雷索说，秘鲁已认识到数字技术带来的变革力量以及它为经济增长和贸易扩张带来的巨大机会。秘鲁政府已采取积极措施为电商发展创造有利环境，包括实施支持性的政策、发展基础设施、培育数字金融等。期待与中国企业携手合作，让秘鲁的咖啡、羊毛等产品通过电商走进更多中国家庭。①

据《中国对外直接投资统计公报》，截至2021年底，中国对拉美及加勒比地区直接投资存量达6937.4亿美元，占中国对外投资总存量的24.9%。拉美已成为中国对外直接投资的第二大目的地，中国在拉美的主要投资领域是矿业、能源、基础设施和农业，近年来，已扩展到其他领域。目前在拉美有2700多家中资企业。截至2021年底，中国企业在拉美及加勒比地区累计签订承包工程合同额2371.5亿美元，完成营业额1524亿美元。2021年，中国企业在拉美新签合同额199.8亿美元，完成营业额79.7亿美元。

5. 中拉加强发展战略对接

2022年1月10日，中国与尼加拉瓜签署了共建"一带一路"谅解备忘录，2月6日，中国与阿根廷签署了共建"一带一路"谅解备忘录，阿根廷成为第21个与中国签署共建"一带一路"谅解备忘录的拉美国家，也是拉美大国中率先与中国签署共建"一带一路"谅解备忘录的国家。2023年6月13日，在洪都拉斯总统希奥玛拉·卡斯特罗访华期间，洪都拉斯与中国签署了共建"一带一路"谅解备忘录。迄今，中国已与22个拉美和加勒比国家签署了共建"一带一路"谅解备忘录。中国已同智利、秘鲁、哥斯达黎加和厄瓜多尔签署了自由贸易协定。目前，中国正与乌拉圭、尼加拉瓜和洪都拉斯等国进行有关自贸协定的谈判。

6. 中拉文化和人文交流密切

近年来，有1000多名拉美政党领导人和4000多名拉美公务员和专家访华或接受培训。2016年举办了中拉文化交流年。目前，中国有104所大学开设西班牙语系或专业，有60多家拉美研究所或拉美研究中心。在拉美25个国家开设了46家孔子学院和18家孔子学堂。2022年7月8日，在山东省济南市开设了中国—加勒比发展中心。

7. 面对突如其来的新冠疫情，中拉守望相助，开展全方位抗疫合作

新冠疫情发生以来，中拉双方保持紧密交流与合作，疫苗合作成为中

---

① https://finance.eastmoney.com/a/202305182726106238.html.

拉合作的"最大亮点"。2022 年 3 月 7 日，国务委员兼外交部长王毅在两会记者会上谈及中拉关系时说，新冠疫情发生以来，中方积极开展对拉抗疫合作，累计提供近 4 亿剂疫苗和近 4000 万件抗疫物资。中拉疫情合作催生出中拉合作新的模式，为中拉开辟合作新领域。发展民生经济、数字经济，新的基建、公共卫生领域将成为中拉关系合作的新亮点。

中拉同属发展中国家，是平等互利、共同发展的全面合作伙伴，独立自主、发展振兴的共同梦想把我们紧紧团结在一起。"一带一路"与拉美国家各自的发展战略的对接，深化中拉双方在经贸、文教、科技、卫生、旅游、体育等方面的合作将筑牢中拉合作的民意基础。正如 2021 年 12 月 3 日习近平主席在对中国—拉共体第三届部长会议的视频致辞中所说的："中拉关系已经进入平等、互利、创新、开放、惠民的新时代。"中拉友好历久弥新、深入人心……中国愿同拉美和加勒比国家一道，共克时艰、共创机遇，携手共建中拉命运共同体。

2023 年 12 月 10 日

徐世澄

（中国社会科学院荣誉学部委员，拉美所研究员）

目　　录

孟夏韵｜中国与安第斯国家生态文明理念的共识与实践启示　*1*

蔡祖丞｜中拉命运共同体：机遇、挑战与建议　*23*

曹　廷｜拉美国家碳中和目标、举措及前景　*45*

宋海英　黄嘉淳｜中拉经贸合作中的"美国因素"分析　*72*

俞潇栩　龙贵虎　吕宏芬｜中国和阿根廷渔业贸易合作发展分析　*98*

张秀媛　陈胜男｜中国对拉美地区投资意愿的影响因素研究

　　　　　——以社会认知理论为视角　*121*

陈胜男　蔡帅楠｜中国跨境电商平台在拉美的本土化战略研究

　　　　　——以 SHEIN 开拓拉美市场为例　*140*

冯秀文｜论墨西哥 1917 年宪法的诞生及其历史意义　*157*

张　杰｜论阿根廷在维护人权与安全之双重目标下促进移民

　　　　融入的制度　*176*

张　琼｜美洲西班牙语的起源及形成研究（1492—1600）　*192*

方翊霆　张　晨｜萨米恩托大众教育的思想缘起与现实意义　*207*

李诚歌｜美升英降：巴西对外贸易重心的变化（1889—1930）　*228*

中国与安第斯国家生态文明理念的共识与实践启示[*]

孟夏韵

摘　要： 本文旨在探讨中国和安第斯国家在各自生态文明领域的新理念及其法理化阐释，力图探讨双方在生态文明思想和实践中的经验和相互启示。通过对安第斯国家"美好生活"与自然权利、中国的生态文明与"生命共同体"的新理念进行梳理，分析双方生态文明理念的法律表达和法理内涵，并总结双方在生态文明思想实践过程中卓有成效的不同经验，梳理对双方在生态领域的持久治理带来的启示。由此指出，双方在继承各自民族古老生态理念、结合内生性发展战略思想实践，在保护地球生态、追求美好生活以及平衡人民的诉求与自然的权利等方面具有共性，双方将各自的生态理念写入宪法、纳入国策，实现了生态理念的法理化。得出的结论是，中拉在生态理念发展上虽然存在差异，但在面临共同的环境与经济发展的挑战时，更应相互借鉴合作、协同贡献。

关键词： 安第斯国家；"美好生活"；自然的权利；生态文明；生命共同体；法理化；启示

一　安第斯国家与中国的生态文明新理念

2021 年全球瞩目的联合国《生物多样性公约》缔约方大会第十五次会

---
* 基金项目：本文系 2021 年度中央高校基本科研业务费专项资金青年教师科研启动基金项目（一般项目，编号：3162021ZYQB05）的阶段性成果。

议（简称 COP15）在中国昆明召开，此次会议主题为"生态文明：共建地球生命共同体"。缔约方、相关国际和区域组织、非政府组织和地方社区、各国公众代表齐聚一堂，通过总结过去十年全球生物多样性目标实施进展与经验，制定了"2020 年后全球生物多样性框架"，这代表了国际社会保护生物多样性和推进全球生态文明建设的政治意愿，代表了世界朝着人与自然和谐共生的 2050 年美好愿景的迈进。这次会议成为联合国生态环境领域最重要的一次会议，来自拉丁美洲及加勒比地区的 17 个国家代表出席了此次会议①，表达了共同改善生态发展和人类福祉的美好意愿。

在生态理念方面，拉丁美洲与中国对自然的认知都经历了从原始阶段的敬畏和崇拜自然，到发展阶段的过度攫取自然，再到对人与自然关系进行反思和重塑的过程。如今中拉双方皆秉持以人为本的可持续发展理念，积极探索发展经济与维护自然平衡的和谐之路。尤其进入 21 世纪，拉美各国大力推行生态保护政策，从政策的高度强调自然环境的重要性，将生态保护作为国策执行。安第斯国家重新推崇并学习曾被主流社会边缘化的印第安人对待自然的生态理念，厄瓜多尔和玻利维亚政府还将印第安人的"美好生活"理念列入宪法、纳入国策，重申"大地母亲"和自然的权利，提出"人类—自然—社会"的和谐发展模式，使得印第安土著、自然生物以及女性等边缘群体的权利重新受到重视②。可以说，拉美各国从政府到民间，形成了一条自上而下的生态环保路径。厄瓜多尔还走上了探索"美好生活社会主义"的道路，即将印第安传统生态理念与现代社会主义发展模式相结合。由此，"美好生活"作为后发展主义的"新"观点，被纳入西方理论的博弈进程。③

"美好生活"追求用最少的资源满足人类需求，强调人与自然的和谐平衡，注重整体共存的世界观，它不是奉行以人类的高姿态尊重"大地母

---

①　*Report of the Conference of the Parties to the Convention on Biological Diversity on its Fifteenth Meeting*（*Part I*），https：//www.cbd.int/doc/c/d707/6fca/f76569ac6b47ae9930a3b251/cop-15 - 04-en.pdf.

②　孟夏韵：《中华文明与拉美文明生态思想之对比研究》，《宁夏大学学报》（人文社会科学版）2017 年第 4 期。

③　韩晗：《略述"美好生活"印第安理念在拉美的制度实践与挑战——以玻利维亚、厄瓜多尔为例》，《中央民族大学学报》（哲学社会科学版）2019 年第 1 期。

亲"或自然，而是将人类自身认同为自然的一部分，认可自然界作为生命
共同体同样具有生存发展的权利。这样的理念恰与中国政府倡导的"生态
文明"及国家主席习近平提出的"人与自然生命共同体"和"地球生命共
同体"的内涵不谋而合。中国政府也将谋求"人民的美好生活"作为奋斗
目标，强调"让人民过上美好生活"。"古往今来，无论在东方或西方，人
们渴望的美好生活在本质上是相似的，都要摆脱物质匮乏即绝对贫困、克
服经济不平等即相对贫困，在温饱、尊严和自由都得到保障的基础上，获
得归属感、参与感和生活意义感。"① 然而，拉美国家和中国的"美好生
活"概念虽具有一些相似之处，但也有一些显著的差异。对于拉美国家来
说，"美好生活"更强调社会公正和平等。拉美国家由于历史原因和社会
结构原因，贫富分化比较严重，因此"美好生活"不仅仅是物质上的富
裕，还包括经济机会的平等和公正分配以及在减少社会不平等和腐败等方
面的努力。拉美国家的"美好生活"愿景是一种"超越发展和共享型社
会"，同时共享型社会也凸显了"拉美激进左翼在反思新自由主义带来发
展困境时所做的自主性探索"②。而对于中国来说，"美好生活"更强调全
面的发展和创新，是"高质量发展和共同富裕"，共同富裕体现了"中国
式现代化的重要特征，是中国特色社会主义在小康社会基础上的下一个目
标"③。中国在过去几十年里取得了巨大的经济发展成就，人民的生活水平
显著提高，但也面临着环境污染、社会保障、医疗卫生等方面的挑战。因
此，中国的"美好生活"概念不仅仅包括经济发展和物质富裕，还包括环
境保护、社会福利、文化教育等方面的全面发展，追求人民物质生活和精
神生活的共同富裕。虽然两者的概念有些许不同，但它们的共同点在于都
致力于提高人民的生活水平和幸福感，都是基于人民具有幸福感的生活体
验，其中包含衣食无忧、病有所医、老有所养，与各族人民在和谐美好的

---

① 林红：《比较视野下的美好生活愿景：一种发展的政治学的思考》，《中国人民大学学报》
2023 年第 1 期。

② 林红：《比较视野下的美好生活愿景：一种发展的政治学的思考》，《中国人民大学学报》
2023 年第 1 期。

③ 林红：《比较视野下的美好生活愿景：一种发展的政治学的思考》，《中国人民大学学报》
2023 年第 1 期。

自然环境、安定和平的社会环境中平等、自由地生活。可见中拉双方有着相同的人与自然和谐、家园环境友好的发展愿景。

（一）安第斯国家的"美好生活"与自然权利

西班牙语"美好生活"（Buen Vivir）术语来自安第斯山脉印第安部族凯楚阿人（Quechua）的概念"Sumak Kawsay"，接近西班牙语"充分地生活"之意，如今翻译成"美好生活"。不同印第安部族世界观的共同点是追求美好的生活，充分地享受生活，与大地母亲、宇宙、生命、历史的周期循环同步运行、和谐共处，与一切有生命形式的存在平衡相依。这是延绵千年的拉丁美洲印第安人的古老思想，他们信奉生命在与大自然和谐共处中延续，尊崇自然界生物的多样化和世界的平衡秩序，这亦成为安第斯哲学的重要组成部分。

21世纪以来，拉美各国重新汲取印第安人的古老哲学理念，在此基础上提出后发展主义政治理论——"美好生活"，逐渐形成另一种发展替代新自由主义和资本主义方案的道路，它涵盖社会、政治、经济、文化等人类生活的方方面面，不追求富裕或无限经济增长，而是追求人、社会和自然之间的物质和精神平衡，追求"一种完整、平衡、适度、和谐的生活存在形式，基于与所有众生的互惠关系的培养而集体实现这种生活"[1]。"美好生活"认为每个主体并非孤立，而是相互依存和相互作用的，一切都相互关联，都是整体的一部分，它表达了人类与其社会和自然环境之间的不同关系，将"人类、伦理和整体维度纳入人类与其自身历史和自然的关系中"[2]。

2008年，安第斯国家中的厄瓜多尔和玻利维亚政府先后将印第安人的"美好生活"理念列入宪法，立法保障印第安人的生存权利和自然权利。这就使"美好生活"从原始生态的生存哲学上升到现今的治国理念共识，

---

[1] Marcela Beatriz Bobatto, Gerardo Segovia, Sandra Martín Rosas, "El Buen Vivir, Camino del Movimiento Mundial de Salud de los Pueblos Latinoamérica Hacia Otra Alternativa al Desarrollo", *Saúde debate*, Rio de Janeiro, Vol. 44, No. 1, 2020, p. 26.

[2] Dávalos, Pablo. Reflexiones sobre el sumak kawsay (el buen vivir) y las teorías del desarrollo, 2008, https://red.pucp.edu.pe/ridei/wp-content/uploads/biblioteca/100602.pdf (2022 - 11 - 02).

具有了新的现实意义和政治意义。它的含义也由简单的自然关怀上升至人文关怀和社会关怀，超越了西方社会"可持续发展"战略的新理念，"不是将发展作为目标，也不能与发展等同比较，不存在既要满足当代人又要满足后代人需要的发展，也不存在次发展和发展的概念，而是奉行构建持久的和谐生活，为建造和维持美好生活创造社会文化条件和伦理精神条件"①，从而达到在不损害他人和生态环境的前提下，实现和谐共赢发展的目标。"美好生活"理念在一定程度上力图化解拉美政治社会中的冲突危机，消除绝对贫困和经济不平等，使拉美国家摆脱对西方国家及其发展模式的依附，引领拉美社会和平向前的发展方向。

中国学界对于拉美"美好生活"概念的关注度相对较少，以"拉美美好生活"为关键词在知网和万方数据库搜索，综合主题仅仅出现10篇相关文章，涉及"美好生活"概念阐释，拉美国家玻利维亚、厄瓜多尔推进"美好生活"的相关实践和理论，"美好生活"愿景比较研究及拉美左翼政党的行动。鉴于该概念的提出和探讨主要发生在拉美地区部分国家，因此中国学界对于该概念的研究也存在一定的难度。

与西方以人类为中心的观念截然不同，印第安人的世界观以宇宙为中心，体现了如何与自然、事物、人、神建立联系，他们认为人在事物的秩序方面处于被动和从属的角色。认可自然界作为生命共同体同样具有生存发展的权利，认为自然有其内在的价值，而这种价值并不依赖人的承认而存在。因此自然权利并不是把自然当作法律中的财产，而是承认所有的生命形式都有生存和再生生命周期的权利，是"具有自主生存和繁荣权利的实体"②。秉持这样的理念，厄瓜多尔和玻利维亚的原住民与环保组织协同努力，争取到两国政府将"自然的权利"纳入宪法，玻利维亚宪法中五次宣布地球母亲的权利，厄瓜多尔宣布了二十七次③。它们的共同点在于赋

---

① 孟夏韵：《拉美印第安人的"美好生活理念"》，《光明日报》（国际文化版）2015 年 10 月 24 日。

② Baldin, Serena, "La Tradizione Giuridica Contro-egemonica in Ecuador e Bolivia", *Boletín Mexicano de Derecho Comparado*, Vol. 48, No. 143, 2015, p. 518.

③ Gregor Barié, Cletus, "Nuevas Narrativas Constitucionales en Bolivia y Ecuador: el Buen Vivir y Los Derechos de la Naturaleza", *Revista de Estudios Latinoamericanos*, Vol. 59, No. 14, 2014.

予大自然被修复和恢复的权利，要求民众和企业遵守维护大自然权利的义务。

2008 年厄瓜多尔新宪法明确规定了"自然的权利"，成为世界上第一个在宪法中确认自然权利的国家。2009 年，时任玻利维亚总统埃沃·莫拉莱斯在纽约联合国大会上宣布大地母亲的权利，联合国大会一致同意并通过这一提议。2010 年，玻利瓦尔举办的"世界人类大会"通过了《地球母亲权利世界宣言》，首次以国际宣言的方式正式承认地球所有自然体享有权利，人类负有维护地球母亲权利的广泛义务①，并将每年的 4 月 22 日定为国际大地母亲日（即"国际地球日"）。玻利维亚在其宪法中增加了"自然的权利"，自然被赋予了生存、保全和再生的权利。将"自然的权利"纳入宪法背景的过程，不仅使有关非人类环境的价值观的辩论合法化，也产生了一系列诸如保护生物多样性、保护生态平衡等的法律义务，形成宪法制裁的有效手段，并为制定新的生态环保法律框架奠定基础。

拉美安第斯国家以宪法形式赋予自然权利主体地位可谓创新之举，体现出"生态宪法"（eco-constitution）的特征，也为世界其他国家和地区的自然认知提供了重要思路。在自然环境问题日益严重的当下，赋予自然以权利主体地位既能消除极端的人类中心主义思想，又能以立法的形式为环境问题的解决提供必要的法律保障。

（二）中国的生态文明与"生命共同体"

21 世纪人类文明面临着新的文明形态转型，而生态文明则是人类文明发展的历史趋势和人类社会进步的重大成果。它以人与自然、人与人、人与社会和谐共生、良性循环、全面发展、持续繁荣为基本宗旨，是人类社会经历了原始文明、农业文明、工业文明后的新型文明形态。然而，西方生态文明理论在生态危机论、生态价值观和生态治理论等问题上存在争论和分歧，其目的是维护中产阶级的既得利益和资本对利润的追求，秉持否定发展中国家发展权与环境权的"西方中心主义"价值立场，是维护特殊

---

① ［美］科马克·卡利南：《地球正义宣言——荒野法》，郭武译，商务印书馆 2017 年版，第 223—242 页。

人群利益的特殊维度和地区维度的生态文明理论。① 中国的生态文明思想则以历史唯物主义为基础，吸收了西方生态文明理论和中国传统生态智慧的精华，是结合中国和全球环境治理现实的积极结果。

2007 年中国正式提出推进生态文明建设，并把建设生态文明作为建设小康社会目标的新要求，提出要"共同呵护人类赖以生存的地球家园"；2012 年，党的十八大会议提出生态文明建设与政治建设、经济建设、文化建设、社会建设相融合的"五位一体"目标②，得到国际社会的高度认可；2015 年党的十八届五中全会提出在推进生态文明的建设下改革中国环保管理体制，切实把生态文明的理念、原则、目标融入经济社会发展各个方面。习近平总书记在中央扶贫开发工作会上强调"找到一条建设生态文明和发展经济相得益彰的脱贫致富路子"③。自党的十八大以来，习近平总书记在许多国际场合向世界阐明了中国生态文明建设的战略和思想，提出推进全球生态文明建设的构想以及由此引申出的一系列生态治理对策。2017 年党的十九大报告中，习近平总书记在表达"加快生态文明体制改革，建设美丽中国"畅想的同时，进一步提出"人与自然是生命共同体"概念，并把建设"清洁美丽世界"作为社会主义建设的新奋斗目标。2022 年，在党的二十大报告中，习近平总书记提出加快发展方式绿色转型，推进环境污染防治，提升生态系统多样性、稳定性、持续性以及推进碳达峰、碳中和的倡议。2021 年，习近平总书记在"领导人气候峰会"上表达了国际社会共商应对气候变化挑战之策，共谋人与自然和谐共生之道，及共建人与自然生命共同体的意愿。同年 10 月，习近平总书记在联合国生物多样性大会上首次提出"地球生命共同体"理念，再次指出生态文明是人类文明发展的历史趋势，国际社会应当"秉持生态文明理念，站在为子孙后代负责的高度，共同构建地球生命共同体"④，

---

① 王雨辰、陈麦秋：《论习近平生态文明思想对西方生态文明理论的超越与当代价值》，《社会科学战线》2022 年第 3 期。

② 李洪林：《西方生态哲学与中国古代生态思想之比较研究——兼论中国特色当代生态哲学之建构》，硕士学位论文，延安大学，2015 年。

③ 习近平：《论坚持人与自然和谐共生》，中央文献出版社 2022 年版，第 111 页。

④ 习近平：《论坚持人与自然和谐共生》，中央文献出版社 2022 年版，第 294 页。

这彰显了中国生态文明思想的深刻内涵，对于推动世界各国共同发展、开启人类高质量发展新征程具有重大意义。

地球生命共同体是习近平总书记针对全球生态危机日益呈现世界普遍性、物种跨越性等特征提出的中国智慧和方案，它以高度的共产主义精神思考整个地球生态系统平衡，对以往提出的山水林田湖生命共同体、人与自然生命共同体理念进一步发展，是"人与自然是生命共同体"论断在生物多样性保护领域的延伸和再现。如果说人与自然生命共同体理念是生态文明理念的基本内涵，那么地球生命共同体则是对人与自然关系的高度概括，是生态文明理念的核心。地球生命共同体既强调自然界中生物的多样性和彼此不可分割的关系，又强调人与人、人与自然互相依存的关系，主张地球生态的可持续性发展和整体系统性治理。

可以说，中国的生态文明理念集中体现在习近平总书记提出的构建两个"生命共同体"的思想中，即构建"人与自然生命共同体"和"地球生命共同体"。形成了化解人与自然、人与人矛盾的生态本体论，引导人们辩证地处理经济发展、科技创新和生态环境的关系。在建设生态文明的道路中，中国始终坚持"德法兼备"的社会主义生态治理观，有机结合消除贫困和全球环境治理、捍卫国家发展权与环境权的目标，促进全球共同繁荣。如今，生态文明建设是新时代中国特色社会主义的一个重要特征，不仅是中国走生态文明发展道路的科学指南，而且对于全球维度的生态治理具有引领和指导价值。

随着时间的推移，无论是拉美安第斯国家的"美好生活"理念与自然权利，还是中国的生态文明理念和"生命共同体"理念，都逐渐受到国际社会的认可。这充分说明，保护地球生态、追求美好生活是全世界人民的愿望，而迈向人人过上美好生活的生态文明新时代，也是世界各国共同的追求。向更高文明形态的转型是当代人类面临的共同机遇，然而面对诸多挑战和危机，无论是塑造美好生活还是建设生态文明，都需要全球行动。

在对安第斯国家与中国的生态文明新理念进行梳理后，在分析双方法律实践方面的异同之前，需要对它们的法理化概念进行更深入的阐释。安第斯国家和中国都强调了人与自然和谐的重要性，并提出了自己的生态文明理念和实践方案，这表明了双方在生态环保问题上的共识。接下来，本文将会就双方新理念在法律表达和内涵方面进行比较和分析，以了解它们在不同国家的实践中的差异和相似之处，同时也将进一步深入了解这些理念如何在实践中得到了法律的支持和保障。

二　安第斯国家与中国生态文明理念的法理化阐释

从生态文明理念的角度来看，拉美安第斯国家和中国都强调人与自然的和谐共处，安第斯国家注重生态治理与传统文化相结合，推崇印加文化中的"和谐万物"思想；中国也强调生态文明与古代中华文化的融合，倡导"天人合一"的思想。这些生态文明理念都符合现代社会发展需要、合理可行。然而，拉美安第斯国家与中国都面临着严峻的环境问题，包括气候变化、生物多样性丧失、水资源短缺等。在这个背景下，生态文明理念的法理化成为解决环境问题的一个重要手段。在这方面，拉美安第斯国家和中国都在积极探索和实践。

拉美安第斯国家主要是指南美洲的安第斯山脉周边的国家，包括秘鲁、厄瓜多尔、哥伦比亚、玻利维亚等。这些国家的生态环境非常脆弱，但同时也具有非常丰富的生物多样性和重要的自然资源，为了保护这些宝贵的资源，这些国家开始探索生态文明法治化的途径。与此同时，中国也在积极推进生态文明建设和生态文明法治化。中国在经济高速增长的同时也面临着环境问题，为了解决这些问题，中国制定了一系列环境保护政策和法规。可以说，在生态文明理念法理化方面，拉美安第斯国家和中国都注重将生态文明理念融入法律法规中，以强化对环境保护的法律保障。例如，秘鲁通过了《气候变化法》，厄瓜多尔通过了《生态领域保护法》，哥伦比亚通过了《生物多样性法》，这些法律都体现了对生态环境保护的高度重视。中国也通过了一系列环境保护法律法规，如《环境保护法》《大气污染防治法》《水污染防治法》等，以强化环境保护的法律保障。

美国学者托马斯·贝里（Thomas Berry）1996年提出"地球法理"概念，它是"以地球为中心重新思考法律和环境治理的新兴理论，认为生态系统的完整性和健康应成为人类法律和政治制度的中心关切，非人类实体不应被视为客体，而应被视为具有权利的主体"①。地球法理运动的核心思想是"地球共同体"，即所有人类和其他生物都是地球共同体的成员，必须共同关注地球环境问题，实现人与自然的和谐共存。与西方生态中心主义更加强调保护自然环境和生态系统，以实现可持续发展和人类的福祉不同，地球法理运动更加强调地球本身的价值和地球的中心地位，而西方生态中心主义则更加强调生态系统的价值和生态系统健康的重要性。贝里将地球伦理学应用于法理学，倡导大自然中包括生物、河流、山川等生态系统享有生存发展的权利，将以人为本、以社会为本的法学研究基础扩展到以生态系统和地球为基础的研究，以此调整人与自然的法律关系。地球法理运动于是将更广泛的自然和所有人纳入法律和治理范畴，摒弃人类中心主义而以地球为中心重新设想法律和治理方法，这一方法实践同样受到安第斯国家和中国生态文明理念的应用和建设的借鉴。

（一）"美好生活"与"自然权利"的法律表达与法理内涵

以厄瓜多尔和玻利维亚为代表的安第斯国家将"美好生活"理念和"自然权利"写入新宪法表达了对民族文化权的重视及对地球法理学的探索应用。两国宪法根据可持续发展模式重新建立各自的本土法律体系，同意通过全民公投批准的新宪法宪章承认多民族性、跨文化性和对安第斯哲学原则接受的新要素。② 其中，土著文化第一次进入宪法文本，在序言和正文的众多条款中，"美好生活"和"大地母亲"作为价值观、宪法原则和权利制度多次出现。连土著语言"Sumak Kawsay"和"suma qamaña"也被写入宪法，实现了多民族语言文化的法律保障。

《厄瓜多尔宪法》多个章节阐释了"美好生活"理念的应用，渗透到社会权利等各个权利领域，其中确立了"另类发展道路的核心为注重生活

---

① 杨雪科：《地球法理的源流、要义及其实践》，《社会发展》2019 年第 1 期。

② Imparato, Emma A, "I Diritti Della Natura e la Visione Biocentrica tral'Ecuador e la Bolivia", *DPCE Online*, Vol. 41, No. 4, 2020, pp. 2455–2478.

质量、公正的法律体系、公众参与和恢复与保护环境等"①。其一，宪法基于和谐、平等、平衡、追求共同福利和社会正义的原则，肯定人类追求"美好生活"的权利，这些细分权利在第二章"美好生活的权利"中呈现，体现在"食物权、水权、健康环境权、通信和信息权、尊重文化身份、教育、适当的栖息地和安全住房、健康、工作、社会保障"② 等各个方面。人民有权生活在健康和生态平衡的环境中，这为生态可持续性和人民良好生活质量提供保障。其二，宪法对社会关系、环境和文化资源的利用、社会生产和再生产方式进行规约，宣布保护环境、保护生态系统、生物多样性和国家遗产的完整性、防止环境破坏和恢复退化的自然空间为公共利益。宪法第六章"发展制度"第275 条表明，"美好生活"需要个人、社区和民族在跨文化、尊重其多样性、与自然和谐共处的框架内有效地享有权利和履行责任；第七章"美好生活的制度"以"包容与平等""生物多样性与自然资源"③ 明确阐释印第安人的宇宙观，并进一步发展"美好生活"权利的内容，突出厄瓜多尔的优先政策。在追求不同族裔群体达到有效平衡方面，新宪法还广泛保护少数民族、土著群体等被社会边缘化的群体权利，对固有认知的经济、科技进步发展范式进行修正，并以前所未有的方式重新构建人类与自然的关系，增添探讨"生物中心转向"的条款，成为促进人类与自然建立新型关系的工具。体现出厄瓜多尔从社会福利国家到美好生活权利国家的过渡，这种地球法理的实践应用为社会生活提供了一种新的认识论、方法论和新的政治法律手段。

玻利维亚新宪法规定了一系列保障印第安民族人口基本权利的法律条文，宣布这些权利不可侵犯、相互依存和不可分割。宪法以基本法的形式确立了"美好生活"是国家政治发展的根本理念，以此推进权利目

---

① 韩晗：《略述"美好生活"印第安理念在拉美的制度实践与挑战——以玻利维亚、厄瓜多尔为例》，《中央民族大学学报》（哲学社会科学版）2019 年第 1 期。

② Belloso Martín, "El Neoconstitucionalismo y el 'Nuevo' Constitucionalismo Latinoamericano: ¿dos Corrientes Llamadas a Entenderse?", *Culturas Jurídicas*, Vol. 9, No. 4, 2017, p. 42.

③ 详细内容参阅《厄瓜多尔宪法》。Constitución Política de la República del Ecuador [Const.], 2008, https://www.constituteproject.org/constitution/Ecuador_2021.pdf? lang = es (2022 - 11 - 06).

录的制定，在宪法第一章、第二章中出现致力于国家原则、价值观和宗旨的权利规定，诸如用土著语言提倡多元社会的伦理道德原则①；宪法还指出，为了更好地生活，国家应建立在"团结、平等、包容、尊严、自由、一致性、互惠、尊重、互补、和谐、透明、平衡、机会平等、参与的社会公平和性别平等、共同福利、责任、社会正义，分配和重新分配产品和社会产品"②的基础上。《地球母亲框架法和美好生活的整体发展》指出要追求全面发展，让生活更美好。说明"美好生活"是一种新的文明和文化视野，实现与地球母亲和谐共处的"美好生活"并非终点，而是要达到发展的中间阶段。③

厄瓜多尔作为一个环境福利国家，承认自然是类似于现代自由法律制度中的普通自然人和法人的权利主体，并把保护自然的权利列于与基本人权保护同等的地位。通过基本立法，加大国家对生物多样性和生态环境的保护力度，加强对自然权的重视和维护监督。然而，自然权利的法律表达在厄瓜多尔和玻利维亚两国宪法中采取了不同路径。厄瓜多尔的宪法申明自然将受到宪法承认的权利的约束，第二部分第七章"自然权利"中强调生物中心转向，并将自然视为特定债权人。④ 其中条款分别对可能危及物种保护、破坏生态系统或改变自然循环的活动，并对环境服务的生产、供应、使用和开发的国家监管进行了法律规定。以宪法条文形式明确了生态系统具有自主生存和繁荣的权利，而人民也享有通过受益于自然资源而获得美好生活的权利。厄瓜多尔将自然构建为权利主体的做法对全球宪法话

---

① 《玻利维亚宪法》第二章第八条。Constitución Política del Estado Plurinacional de Bolivia [Const.] [EB/OL]，2009，http：//www.ftierra.org/index.php/component/attachments/download/8 （2022 – 11 – 06）.

② 《玻利维亚宪法》第二章第八条。Constitución Política del Estado Plurinacional de Bolivia [Const.] [EB/OL]，2009，http：//www.ftierra.org/index.php/component/attachments/download/8 （2022 – 11 – 06）.

③ Asamblea Legislativa Plurinacional. Ley Marco de la Madre Tierra y Desarrollo Integral para Vivir Bien. Gaceta Oficial de Bolivia：0431.，Ley Marco de la Madre Tierra y Desarrollo Integral para Vivir Bien. [EB/OL]，2012，http：//www.fao.org/fileadmin/user _ upload/FAO-countries/Bolivia/docs/Ley _ 300.pdf（2022 – 11 – 06）.

④ 《厄瓜多尔宪法》第七章第七十一条至第七十四条。Constitución Política de la República del Ecuador [Const.] [EB/OL]，2008，https：//www.constituteproject.org/constitution/Ecuador_ 2021.pdf? lang = es （2022 – 11 – 06）.

语具有吸引力。

　　玻利维亚的宪法在序言中强调了国家以尊重所有人的平等为基础，在遵循主权、尊严、互补、团结、和谐和公平的原则上追求美好生活，强调人人享有与水、工作、教育、健康和住房的集体共存，并突出地球母亲具有的明显精神特征。第五章第一部分"环境权"中规定了人们在保持可持续发展的基础上"有权享有健康、受保护和平衡的环境"，任何个人或集体代表都"有权采取法律行动捍卫环境权"①，这项条款提及非人类环境的权利，是对承认自然权利的隐性表达。与厄瓜多尔"自然被归于主观宪法立场范围"的案例不同，"地球母亲在玻利维亚主张的权利和主张的类型不是从基本文本推导出来的，而是源自普通规定"②。2010 年，玻利维亚专门为"地球母亲"设立了《地球母亲权利法》，来保障和守护地球母亲及其所有组成部分的固有权利；2012 年，政府发布法律第 300 号决议《地球母亲框架法和美好生活的整体发展》，进一步设定保证地球再生和恢复能力、继承印第安本土生态智慧和追求美好生活发展的原则和目标；进一步确立整体发展目标、确定制度框架，通过与地球母亲和谐与平衡的全面发展，指导多民族的玻利维亚的具体法律、政策、法规、战略、计划和项目，实现美好生活。③ 这些法律规定让人们意识到如果自然权利得不到尊重，人们享有健康环境的权利就无法得到保障，美好生活的目标也就难以实现。

　　除此以外，其他安第斯国家如哥伦比亚的宪法法院也承认自然权利，宣布阿特拉托（Río Atrato）河流域拥有"保护、维护和恢复"权利的司法实践。2014 年全球自然权利联盟（GARN）还在基多成立自然与地球权利国际法庭，来执行《地球母亲权利世界宣言》的各项条款。体现出拉美安

---

　　① Constitución Política del Estado Plurinacional de Bolivia［Const.］［EB/OL］，2009，http：//www. ftierra. org/index. php/component/attachments/download/8 p. 17（2022 - 11 - 06）.

　　② Iacovino, Angela, "Constitucionalismo Ecológico en América Latina: de los Derechos Ambientales a los Derechos de la Naturaleza", *Cultura Latinoamericana*, Vol. 31, No. 1, 2020, p. 300.

　　③ Asamblea Legislativa Plurinacional, "Ley Marco de la Madre Tierra y Desarrollo Integral para Vivir Bien. Gaceta Oficial de Bolivia: 0431", *Ley Marco de la Madre Tierra y Desarrollo Integral para Vivir Bien*［EB/OL］，2012，http：//www. fao. org/fileadmin/user_ upload/FAO-countries/Bolivia/docs/Ley_ 300. pdf（2022 - 11 - 06）.

第斯国家将"美好生活"奉为国策、纳入宪法，并实现自然权利法理化的超前性和创新性。

（二）生态文明与"生命共同体"理念的法理内涵与法律实践

2018年，中国将生态文明理念和生态文明建设写入《中华人民共和国宪法》，纳入中国特色社会主义总体布局，这在中国宪政史上尚属首次。修改后的宪法中关于生态文明的表述与党的十九大报告相一致，序言中增加了包括绿色发展在内的新发展、生态文明、美丽等概念的阐述，在第八十九条关于国务院的职权中，增加了"生态文明建设"的内容。形成了宪法上生态文明制度较为完整的多层次规范体系，更好地发挥了宪法的规范、引领、推动和保障作用。

1972年，中国参加联合国第一届人类环境大会，环境保护工作正式起步。1979年国家制定了《中华人民共和国环境保护法》，标志着中国走上了环境保护法治轨道。可以说，中国的环境法律体系建立了以宪法为基础，"以环境保护法为统领，以环境单行法，如污染防治法、自然资源法、生态保护法为主干，以其他相关法、行政法规、部门规章、地方性立法、环境保护标准体系以及国际环境保护公约为补充的相对完善的法律架构"①。先后制定和出台了几十部环境资源保护法律法规，如《中华人民共和国水法》《中华人民共和国森林法》等。缔结参加国际环境资源保护条约，如《生物多样性条约》《拉姆萨公约》《卡塔纳赫生物安全协定书》等生物多样性保护公约，基本做到有法可依、有章可循。但环境立法质量与其应达到的标准相距甚远，"一些法律的立法质量与生态文明建设的实际需求之间还有差距"②。

党的十八大以来，在习近平总书记对生态文明建设提出一系列新思想、新观点和新论断的基础上，我国加快了推进生态文明顶层设计和制度体系建设，形成了系统完整的生态文明建设战略思想。生态文明制度

---

① 张文娟：《生态文明写入宪法 用法治为美丽中国护航》，《中国生态文明》2018年第2期。

② 张文娟：《生态文明写入宪法 用法治为美丽中国护航》，《中国生态文明》2018年第2期。

由宪法确认和调整，协调人、国家与环境的关系，与生态文明建设有关的条款也构成了未来环境法典编纂的规范与制度根据。生态文明的入宪赋予了其深刻的制度内涵，明确规范了资源所有及其利用和保护的义务，对国家权力在环境保护及生态文明建设领域形成明确的指向性。第八十九条国务院行使的职权增加了"领导和管理经济工作和城乡建设、生态文明建设"具体职权，具有立法约束力。在宪法基础上，中国未来将进一步通过具体立法发展生态文明法治建设，使其充分地制度化。

生态文明理念集中体现在两个"生命共同体"的思想中，即构建"人与自然生命共同体"和"地球生命共同体"。中国自 1992 年加入《生物多样性公约》，经过 40 多年环境法治发展和建设，生命共同体理念塑造了我国环境法的价值观，已部分转化为中国具体的生物多样性法律制度。严格奉行国际公约支持者的责任，中国发布了《中国生物多样性保护行动计划》，从政府层面完善国内生物多样性保护法规，加强环境执法司法。2011 年，环保部会同多个部门编制了《中国生物多样性保护战略和行动计划（2011—2030）》，提出中国未来 20 年生物多样性保护的总体目标和战略任务。2015 年在新修订的《中华人民共和国环境保护法》基础上，政府对环境行政管理、体制管理等方面进行改革，并将综合生态系统管理纳入生物多样性法律制度。通过各种单行法律法规如《土地管理法》等划定规范生态红线，通过《中华人民共和国森林法》等组成保护地法律体系，通过《关于全面推行河长制的意见》等规范流域生态系统的综合管理，通过《野生动物保护法》限制利用野生动物，强化生物多样性的保护功能。2020 年颁布的《中华人民共和国民法典》也以"绿色原则规定民事主体的生态环境保护义务"，体现了中国的生态伦理价值观。此外，国家还以督察组"督政"的方式推进地方政府履行环保义务，以创新环境公益诉讼制度来为自然代言①。

可以说，中国以发布各类环保行动计划、颁布各类环境法规和规范督

---

① 陈悦：《地球生命共同体理念的法理内涵与法律表达：以生物多样性保护为对象》，《学术探索》2021 年第 8 期。

查的方式将人与自然和地球的关系纳入法律调整的对象，打破了法律只规范人与人之间关系的研究范式，而上升到调整人与自然和地球生命共同体的关系。由此，生命共同体理念的法律化也切实促成了中国第二代环境法的生成。在生态文明与"生命共同体"理念实现法理化的同时，中国也在保持经济稳定增长外，取得了环境质量改善、森林覆盖率提升、保护地面积增加、濒危物种种群数量增加等环保成效，为保护地球生态环境做出中国独特的贡献。

三　中拉生态思想实践的相互启示与借鉴

拉美与中国虽然文化背景和政治环境不同，但双方秉持的生态理念在迈向生态文明新时代的大背景中存在一定共性。双方都基于各自千百年来坚持的古老生态理念，结合内生性发展战略思想实践，以保护地球生态、追求美好生活为共同目标，将人民的诉求与自然的权利平衡考量，并通过写入宪法的方式实现了生态理念的法理化，形成新世纪独具特色的生态理念。在各自生态思想实践的过程中，各国积累了卓有成效的不同经验，也为对方在生态领域的持久治理带来启示，富有参考价值。

（一）拉美实践对中国的启示

第一，以安第斯国家"美好生活"为代表的拉美生态文明的实践细化于人们生活中的各个场景，如农业、健康、教育和经济等，这些细化步骤可为中国生态文明建设提供参考思路。"美好生活"提案鼓励基于农业生态学概念的生产，力图保护粮食生产的基本天然产品如土壤、水和生物多样性；建立以生物为中心的健康新概念如"生态系统健康""社区健康""整体健康"等，力图建立不同知识实践的跨学科对话；倡导建立具有系统性视野，将生命、自然和宇宙看作相互关联的整体进行分析和理解的教育新范式，做好从家庭、社区到学校的不同教育，打破学科间的传统壁垒；提出互惠是经济的基本价值，摒弃以自由竞争助长金融投机的经济模式，从互惠、再分配和市场规模调整三个方面逐步实现人类活动的去商品化过程。① 拉美国家基于这些细化在不同生活场景中的生态实施方案，尝试了一系列创新的生态保护方式，同样启发中国的生态环保工作，例如建立生态保护区、推广生态农业、开展生态旅游、生态修复等，拉美国家还采取了跨界合作的方式，包括跨国、跨区域合作，通过共同的生态保护目标来增强合作，加强资源共享和技术创新；促进社区参与和环境教育，通过在学校、社区和企业开展环境教育，促进社区参与环境保护和管理。无论是跨国、跨区域生态合作还是社区参与和环境教育，这些措施同样为中国政府提供了借鉴思路，尤其是在社区联合和与周边国家和地区开展合作方面，可通过多途径、多方式来保护生态环境，必要时充分发挥独具优势的科技创新作用。

　　第二，拉美安第斯国家将"美好生活"和自然权利以细分权利写入宪法不同章节并实现其生态理念宪法化的应用过程，对中国将生态文明及生命共同体进一步宪法化并渗透社会权利领域方面面具有启示；且拉美地区一些国家对环境保护的法律法规制定和执行比较严格，加强了环境监管和惩罚力度，这一实践同样启示中国政府在环保领域加强法律和监管，提高违法成本，让企业和个人更加重视环境保护。以宪法形式赋予自然权利主体地位是安第斯国家的开创之举，所述拉美国家宪法对社会关系、社会环境和文化资源利用、社会生产和再生产方式都进行了全方位规约，而中国生态理念自初入宪法以来，尚未进行细分权利划分，尚未有效回应和处理宪法规范和制度中一些关键性关系，没有进行充分的规范化和制度化，许多环境政策还有待转化为法律形式，环保政策和计划的落实仍然存在一些问题。如有些企业在环保方面缺乏自觉性，没有充分履行环保责任；一些地方政府对环保问题重视不够，导致一些环境污染企业存在照单全收、变相保护的情况。需要在宪法基础上探索制定更多环境法律条款，开展相关国家法律、法规和政策的生态文明合宪性审查，需要借鉴拉美国家具体环境法律法规的制定程序和内容，将生态文明法治经验和生命共同体生态

①　Marcela Beatriz Bobatto, Gerardo Segovia, Sandra Marín Rosas, "El Buen Vivir, Camino del Movimiento Mundial de Salud de los Pueblos Latinoamérica hacia otra alternativa al Desarrollo", *Artículo de Opinión*, Vol. 44, No. 1, 2020, pp. 29 – 32.

理念进一步具体化，对中国现有生态环境相关立法进行体系化编纂，实现生态文明建设和生命共同体全方位的法治化。

第三，以厄瓜多尔和玻利维亚为代表的安第斯国家新宪法宪章对安第斯哲学原则的明显接受，和对多民族性、跨文化性的新元素的肯定，对中国宪法集中体现中国古代和少数民族生态思想及其权利保护的规定制定具有启示。拉美一些国家宪法出现土著文化和语言是对少数群体生态保护的特殊关照，中国地大物博、民族众多，少数民族从先辈遗留下来的生态理念及保护环境的优良习俗值得推广和借鉴，他们崇敬自然、膜拜图腾，禁贪欲、节物用的价值观应当如印第安人敬仰"大地母亲"、追求"美好生活"一样体现在宪法原则和权利制度之中，应当考虑以立法形式对中国少数民族生态语言文化形成法律保障。此外，拉美国家让曾经仅存在于部落社会的发展理念从单个民族的社会理念扩展到大面积、多民族的现代国家理念的做法也对中国具有启发。

第四，拉美地区的许多生态保护项目都非常注重公众参与，通过组织社区居民、农民、原住民等参与生态保护，不仅增强了公众的环保意识，也加强了生态保护的可持续性。这一实践可以启示中国政府，应该鼓励和支持公民的社会环保参与。在公众的生态文明观念和环保意识方面，中国仍然需要加强教育和宣传。一些公众对环保问题不够关注和重视，甚至还存在一定程度的环保盲区。因此增强公众的环保意识和责任感，是中国生态政治实践中需要加强的方面。此外，公众教育对于跨界合作至关重要，中国政府和社会组织应该积极宣传生态保护的重要性，推动公众对环保问题的关注和重视，从而积极参与，共同推动生态保护和可持续发展。

第五，拉美国家采用多元化保护机制，包括政府机构、民间组织、科研机构等协作的保护网络，对中国通过多元化社会治理、实现生态保护目标具有重要启示。拉美地区通过这种机制可以确保不同层面、不同领域的人都能够参与生态保护，政府通过与当地社区和民间组织密切合作，形成合力，共同保护生态环境。拉美各国有很多非政府环保组织在生态环境保护方面比政府更加专业和有影响力，如美洲环境保护协会（AIDA）、阿根廷环境与自然资源基金会（FARN）、野生动物基金会、乌拉圭健康海洋组织、哥伦比亚环境与社会组织、智利 Terram 基金会、秘鲁自然保护基金会、玻利维亚自然基金会、巴西亚马孙保护团队等①，这些民间社会组织建立起个人与政府沟通的桥梁，能够涉及政府无法或不便提供的公共服务，在更广泛的环保领域如理念活动宣传、生态教育、对抗环境污染和气候变化、野生动物保护和自然资源等方面发挥了重要作用。中国虽已发展出"地球村"和"自然之友"等较有成绩的国内环保组织，但能够独立自主提供服务的民间组织还很欠缺，拉美的实践可以启示中国政府更多鼓励和支持民间组织和公民社会的参与，创造有利于非政府组织培育的环境，扶持更多新型民间环保组织的成长，共同推动生态保护和可持续发展。

（二）中国实践对拉美的启示

首先，拉美国家众多，体制各不相同，各国政局更迭频繁，政党内部也存在分歧，新政府上台往往进行一系列政策调整，难以有效执行政策措施，这无疑为生态文明理念的有效实施带来挑战，各国政治进程演进导致对安第斯国家"美好生活"治国理念的认同及其延续性产生影响。而中国共产党是中国的唯一执政党，在贯彻实施各项长期执政纲领和国家计划上要比多党轮番执政的拉美国家更具优势，执政党自身管党治党水平的高低和执政本领的强弱也对国家的发展具有重要影响，因此，中国统一并稳固执政党的生态实践工作对拉美各国具有启发。为保证生态文明理念一致性，拉方可参考中方在党章中设定生态文明规定的做法，将类似"美好生活"的生态发展规划统一为所有执政党的生态理念共识，通过宪法的承认和转化，达到国家的意志和各执政党的主张一致化。避免因地区政治左右翼交替而导致"美好生活"理念执行的停滞。

其次，鲜明的人民性价值取向是中国生态文明思想区别于拉美生态文明理论的特征。随着中国生态文明和生命共同体理念在世界各个地区影响力的不断深入，"让更多的人过上美好生活"正在从思想理念逐步变为国家和政党的政治目标，也成为人类社会发展的核心目标。中国的生态文明在追求人与自然和谐共生和共同繁荣的基础上，始终坚持人民的主体地

---

① 各类非政府组织参见：https://periodistasambientales.org/ongs-ambientales-de-america-latina/ ［EB/OL］，（2022 – 06 – 06）。

位，把满足人民群众对美好生活的需要和向往作为出发点和归宿，这对拉美生态文明理念的践行有一定启示。拉美安第斯国家"美好生活"强调的也是人民的美好生活，它涵盖政治、经济、文化等人类生活的方方面面，应将这一理念惠及拉美各国，把人民的利益摆在最高位置，让更多发展成果更公平地惠及全体人民，既满足人民的物质文化生活需求，又满足人民在民主、法治、安全、环境等方面的需求。借鉴中国通过绿色发展消除贫困，"向人民群众提供良好的生态产品和提升生活的品质，增强人民群众的获得感、满足感和幸福感"①。借鉴中国把生态治理重点放在人民群众关心的环境问题上，切实保护人民群众的生态权益，动员人民自觉成为环境的保护者和建设者，实现全民绿色行动。参考中国重点治理和修复人民群众关切的环境问题，将问题解决程度的好坏和人民的满意度纳入政府部门的工作绩效考核。除此以外，动员拉美国家结盟参与"美好生活"方案，或制定适合各国国情的生态计划和法律，发挥人民群众的积极性和主动性，鼓励更多人民参与环境保护和构建"美好生活"的方案。

再次，拉美安第斯国家的"美好生活"概念最早由玻利维亚总统莫拉莱斯在 2006 年提出，中国的"生态文明"概念最早在 2007 年中共十七届六中全会上提出。虽然"美好生活"与"生态文明"提出时间相差无几，但无论从国际社会发声的广度还是概念认可的强度来说，作为统一大国、发展强国的中国在国际社会受到的关注度比国家众多、分歧也多的拉美更占优势。因此，中国向国际社会推动生态文明和生命共同体理念的做法也对拉美各国具有启示。中方以东道主身份举办各类重要世界生态环境大会，以此为契机提出彰显中国智慧的生态方案，做出具有中国特色的贡献，让生态文明和生命共同体理念走向世界，从而达到推进全球生态文明建设的目标，拉美各国也可以主办方的身份组织并参与更多国际大会，建立更多生态思想交流的平台，将除了"美好生活"和自然权利以外的、代表各自国家生态文明主张的更多思想理念传播国际社会，让世人了解多元拉美文化潜藏的更多生态智慧。

---

① 王雨辰、陈麦东：《论习近平生态文明思想对西方生态文明理论的超越与当代价值》，《社会科学战线》，《新时代思想研究》2022 年第 3 期。

最后，中国的生命共同体理念预示着保护生态环境是人类共同的事业和责任，构建地球家园也是人类共同的期盼和梦想，这对拉美各国参与共谋建设全球生态文明的行动具有启发。生态课题从来不是某个国家的课题，而是全球性的课题，在治理生态环境的工作中，任何国家都无法置身事外，拉美国家也可与中国建立长期的环保合作，完善环保合作机制，求同存异、共同行动，加强企业和智库层面合作，在"人与自然命运共同体"和"地球命运共同体"理念指导下，承担共同但有差别的原则，实现各国的可持续发展，迈向全球共同繁荣发展的目标。

鉴于拉美国家众多，每个国家都有各自的生态理念，很难达成统一，安第斯国家的"美好生活"理念在如阿根廷、智利、乌拉圭等白人居多的国家尚未产生巨大的社会政治影响，还有待深入普及，这就需要拉美各国相互交流，取长补短，共同丰盈作为整体的拉美大陆的生态理念和实践。然而，中国作为团结统一的大国，从生态文明理念的提出到执行，具有横向普及范围的广阔性和纵向发展时间的延续性，自上而下一以贯之。由此可见拉美和中国生态理念发展的差异性，但同作为发展中国家，中拉共同面临环境与经济发展的双重挑战，为改变不合理的发展模式，解决人类共同面临的发展难题，中拉双方应当在追寻人与自然和谐共融的美好生活目标的基础上，相互借鉴、携手合作，共同为维护地球家园的美丽生态做出贡献。

（作者孟夏韵，外交学院外语系讲师，
外交学院西语国家研究中心主任）

Idea Consensus and Practical Implications of the Ecological Civilization Concept between China and Andean Countries

Meng Xiayun

Abstract：The aim of this paper is to investigate novel concepts and their legal interpretations in the field of ecological politics in China and the Andean countries，while also exploring the experiences and mutual inspiration gained through the practical application of ecological thought in both nations. Through a-nalysis of the Andean concepts of "Buen Vivir" and nature rights, and the Chinese concepts of ecological civilization and "community of life", this paper examines the legal expressions and jurisprudence of ecopolitical concepts from both perspectives. It also summarizes the distinct experiences of both nations in implementing ecological thought, and compares the inspirations gained by each side in the realm of sustainable ecological governance. It is emphasized that both nations share similarities in their respective peoples' inheritance of ancient ecological concepts, pursuit of endogenous development strategies, and commitment to the protection of the earth's ecology, as well as in their search for a better quality of life and the balance between the demands of the people and the rights of nature. Moreover, they have incorporated these ecological concepts into their constitutions and state policies, thus legalizing their significance. The paper concludes by highlighting that despite disparities in the development of ecological concepts between China and Latin America, they should learn from each other and collaborate to contribute jointly to preserving the earth's homeland in the face of environmental and economic development challenges.

Key words: Andean countries; "Buen Vivir"; The Rights of Nature; Ecological Civilization; Life community; Jurisdiction; Enlightenment

中拉命运共同体：机遇、挑战与建议

蔡祖丞

摘　要：拉丁美洲和加勒比国家是发展中国家的重要组成部分，是中国全面推进"一带一路"国际合作和深入参与全球治理进程的重要合作伙伴。中国提出并积极推动"中拉命运共同体"，正是着眼打造双方利益共享、责任共担、命运与共的新局面，携手拉美国家实现互利共赢和共同发展。中拉命运共同体面临许多新的发展契机，双方在发展合作中相互需求不断深化，治理经验互学互鉴稳步推进，政治与外交领域的相互支持也在不断加强。但同时也面临双方互信不足、拉美民粹主义带来不确定性以及来自美国对中拉合作的"域外干扰"等问题。未来中拉合作的顺利开展，需要以"一带一路"合作为主线厚植中拉利益纽带，以人文交流合作为主线培育中拉互信与共识，以全球治理合作为主线筑牢中拉责任共担新格局。

关键词：中拉关系；中拉命运共同体；整体外交

拉丁美洲和加勒比国家是发展中国家的重要组成部分，是中国全面推进"一带一路"国际合作和深入参与全球治理进程的重要合作伙伴。中国提出并积极推动"中拉命运共同体"，正是着眼打造双方利益共享、责任共担、命运与共的新局面，携手拉美国家实现平等互利和共同发展。近年来，中拉全方位互利合作不断增进，如发展上的相互需求、治国理政经验的互学互鉴以及国际事务中的相互配合等，为构建中拉命运共同体提供了重要机遇。与此同时，中拉互信不足、拉美民粹主义盛行以及美国的

"域外干涉"仍是当前中拉合作面临的挑战与困难。着眼未来，中拉需要继续在双边层面厚植互利合作和情感认同，不断拓展提升双边合作的层次和水平，同时也需要从全球的视角来认识新时代中拉命运共同体的战略价值和世界意义，进而为全球治理乃至全球治理体系的变革做出更大贡献。

一　中拉命运共同体的提出

党的十八大以来，中国日益站在新的历史方位上审视自身利益与国际责任，重新思考自身与外部世界的关系。中国外交的重要追求，是通过更加全方位的对外开放推动与外部世界的互利共赢共同发展，通过更加深入参与全球发展和治理进程进而承担大国责任。继续推进与拉丁美洲和加勒比国家的互利合作，借此全面拓展与发展中国家的团结合作，也是新时代中国外交的重要方面。面对中国的快速发展，拉美国家希望更多分享中国发展经验以实现经济增长，希望通过中拉合作，整体性改善和提升拉美在世界的影响力。2014 年 7 月，习近平主席出访拉美期间，呼吁打造携手共进的中拉命运共同体，"努力构建政治上真诚互信、经贸上合作共赢、人文上互学互鉴、国际事务中密切协作、整体合作和双边关系相互促进的中拉关系五位一体新格局"[①]，得到了拉美国家的积极响应。中拉命运共同体的提出和稳步推进，为中拉实现发展战略的全面对接描绘了蓝图，为双方全方位互利合作注入了强大动力。中拉合作由此进入历史新阶段。

在"中拉命运共同体"理念的指导下，中拉合作不断取得新成就，中拉关系不断跃上新台阶。中国在拉美地区的"朋友圈"不断扩大，先后与巴西、秘鲁、墨西哥、委内瑞拉、阿根廷、智利、厄瓜多尔等国建立全面战略伙伴关系，与乌拉圭、哥斯达黎加建立战略伙伴关系。2017—2018年，中国先后与巴拿马、多米尼加和萨尔瓦多正式建立外交关系。与此同时，中拉合作平台也在不断丰富，合作渠道不断拓展。一是海上丝绸之路不断向拉美延伸，截至 2020 年 1 月，已有 19 个拉美国家与中国签署了共

[①] 习近平：《努力构建携手共进的命运共同体——在中国—拉丁美洲和加勒比国家领导人会晤上的主旨讲话》，《人民日报》2014 年 7 月 19 日第 2 版。

建"一带一路"双边文件①；二是截至 2020 年 5 月，已有 7 个拉美国家成为亚投行（意向）成员国，中拉在多边投融资活动中的对话与合作进一步加强②；三是 2015 年 1 月中国—拉共体论坛首届部长级会议召开，中拉整体合作正式启动，迄今已召开两届部长级会议，日益形成整体合作与双边合作并行发展、相互促进的新局面。在此背景下，双方战略对接不断推进，高层往来、经贸合作、人文交流得到全面发展，在国际事务中相互支持也得到显著加强。

中拉合作前景广阔，发展成就显著，但双方合作仍存在不少干扰和制约因素，需要予以正视并妥善解决。中拉经贸合作还存在结构性失衡，战略互信程度仍有待提高，民众相互理解和认同还需不断发展。当前全球经济复苏缓慢，经济增长乏力，特别是新冠疫情发生以来，世界范围内"逆全球化"倾向愈加明显，助长了部分拉美国家的贸易保护主义和经济民族主义情绪。美欧民粹主义继续走强、社会极化加深，与拉美国家的民粹主义情绪相互影响，极大影响着一些拉美国家的政治发展和内外政策选择。世界范围内大国战略互信不断走低，大国竞争态势不断升级，特别是中美竞争关系显著复杂，对拉美国家的外交选择产生了不同程度的影响，给中拉合作带来了更多不确定性因素。

二　中拉命运共同体的合作增长点

中拉命运共同体的稳步推进，需要双方基于共同利益需要，不断扩大利益契合点和交融点，不断深化双方互利合作和全球层面的相互配合。中国快速发展所呈现的巨大发展机遇，中国治理经验所彰显的独特魅力，双方不断增加的全方位互利合作需求以及双方在国际体系层面的相互配合和支持，都是双方合作可以继续挖掘的生长点。

---

① 统计数据截至 2020 年 1 月底，参见《已同中国签订共建"一带一路"合作文件的国家一览》，中国"一带一路"网，https：//www. yidaiyilu. gov. cn/xwzx/roll/77298. htm（2020 – 06 – 12）。

② "Members and Prospective Members of the Bank", Asian Infrastructure Investment Bank，https：//www. aiib. org/en/about-aiib/governance/members-of-bank/index. html（2020 – 06 – 12）.

（一）发展合作中的相互需求

如何实现经济社会的快速发展是发展中国家的普遍关切，也是拉美地区长期以来的强烈诉求。历史上，拉美国家尝试过多种发展模式，先后经历了"进口替代工业""新自由主义"等发展模式和政策，在实现了阶段性的经济增长后，无一例外地遭遇了发展瓶颈。一直以来，拉美地区国家被视为"中等收入陷阱"的典型案例。根据世界银行 2020 年最新的收入划分标准与统计数据，42 个拉美国家和地区之中，25 个位列中等收入乃至低收入行列，整体上拉美地区依然迟滞于"中等收入陷阱"①。据经合组织的研究报告显示，对于大部分拉美国家而言，如果经济无法实现较快增长，则其跨越中等收入阶段至少还需要 40 年的时间。② 世界银行的数据显示，若按 2010 年美元不变价格计算，1980—2018 年，拉美地区占世界GDP 的比重已由 8.9% 降至 7.4%。③ 这并不意味着过去 40 年拉美经济没有增长，而是相对于中国和东亚国家的经济快速提升，拉美地区的经济发展显然明显滞后。

如何回应拉美国家的发展诉求，是外部世界与拉美交往的关键所在。在拉美国家长期流行的结构主义认为，造成拉美发展困境的重要原因在于"中心—外围"的世界经济结构，"中心"国家的技术垄断、美元金融霸权及拉美自身"外向型"经济的脆弱性，都使得拉美至今难以摆脱对"中心"世界的依附。自 2008 年世界金融危机以来，经济全球化遭遇波折，西方国家经济发展明显放缓，保护主义、内顾倾向加重，特别是美国特朗普政府奉行了一系列美国利益优先政策，例如修建美墨边境隔离墙、驱逐拉美裔非法移民、退出"跨太平洋伙伴关系协定"（TPP），既为世界带来了诸多不确定因素，又给美拉关系造成龃龉。在此情况下，中国利用自身

---

① "World Bank Country and Lending Groups", World Bank, https：//datahelpdesk. worldbank. org/knowledgebase/articles/906519-world-bank-country-and-lending-groups（2020 – 05 – 02）.

② "Latin American Economic Outlook 2019：Development in Transition", OECD Development Centre, p. 98.

③ World Bank Data, https：//data. worldbank. org. cn/indicator/NY. GDP. MKTP. KD. ZG？end = 2018& locations = ZJ&start = 1961&view = chart（2020 – 05 – 02）.

经济红利，积极促进全球合作和共同发展，为世界提供了"一带一路"倡议、亚投行等国际公共产品，无疑是对世界发展和全球治理的有益补充。

当前中拉互利合作主要有三种形态。一是中拉在能源资源领域的相互依赖，这是拉升中拉经贸合作关系的原动力。中国是拉美在农产品、矿产品和工业原材料的主要出口国，如石油、大豆、铜、铁，稳定对中国的原材料出口是拉美国家维系经济发展的重要基础。同时，中国能源资源的对外依存度高，也迫切希望实现资源能源进口的多元化，拉美地区对于保障中国经济发展所需的资源能源供应、维护能源安全起着至关重要的作用。二是双方在产能合作上的巨大需求，这是提升中拉经贸合作水平的新动力。中国经济结构调整需要适度向外转移优质过剩产能，而拉美的工业化进程发展迟缓，一些国家甚至存在持续的去工业化现象，因此也希望借助与中国的合作提升它们的工业化能力。拉美国家的迫切期望是通过产能合作提高能矿产品的附加值，从而摆脱长期以来的"资源诅咒"。三是双方在政策、标准、规则上的对接，这是中拉合作提质增效的必须。中拉加强在贸易、投资、金融、保险、知识产权等领域的全面对接，加强双多边合作机制和规则建设，有助于扫除双方合作中的规则、法律和体制机制障碍，有助于打造更加稳定、透明、廉洁的投融资环境。当前"一带一路"国际合作强调政策的对接和标准规则的共建，其意义正在于此。

中国发展之于拉美的积极意义，国际社会给予了积极肯定。巴西瓦加斯基金会国际关系研究中心主任奥利弗·施廷克尔（Oliver Stuenkel）认为，中国利用"新丝绸之路"建立起连接亚洲与外部世界的一体化平台，中国将在其中担当世界和地区领导者的角色。[①] 一些国际多边机构看好中国在世界经济中扮演的积极角色，认为中国在实现自身发展的同时也为世界经济注入了新动力。联合国拉美经委会发布的《拉美经济展望2019》认为，中国、美国和欧盟是世界发展的三大中心。世界银行《2020年世界发展报告：在全球价值链时代以贸易促发展》指出，中国和美国是全球价值

[①] Oliver Stuenkel, "China Consolida Protagonismo na Economia Mundial", Avaliam Analistas, June 06, 2017, https：//www12. senado. leg. br/noticias/materias/2017/06/05/china-consolida-protagonismo-na-economia-mundial-avaliam-analistas（2020 – 05 – 14）.

链中的两大角色，"21 世纪以来，全球价值链加速发展，中国加入世界贸易组织和融入全球经济是主要原因之一"①。近年来，中拉深化合作相向而行，必将助力拉美实现经济社会的发展愿景。

部分西方媒体和学者将中美两国与拉美的合作进行对比。《金融时报》的一篇报道用"建墙"与"筑桥"来分别形容美国和中国的对外合作政策，"拉美正在遭受 20 世纪 80 年代'失去的十年'以来最慢的经济增长。在这样一个紧要关头，美国没有帮助拉美，而是在退却……在拉美，特朗普在筑墙，而习近平则在建桥"②。《迈阿密先驱报》记者奥本海默认为，"美国在拉美留下的'真空'正在被中国填补"③。美国学者雷蒙德·罗伯逊（Raymond Robertson）认为，"美国对拉丁美洲的相对冷漠为中国创造了巨大的机会。过去 20 年，中国在拉美的影响力不断扩大，促使一大批学者关注中国与拉美的关系"④。波士顿大学教授凯文·伽拉格（Kevin Gallagher）将拉美国家独立后的经济发展分为四个历史阶段，即大宗商品"彩票"期（Commodity Lottery）、国家主导的工业化（State-led Industrialization）、华盛顿共识（Washington Consensus）、"北京繁荣"（China Boom）（表1）。他认为，加入世贸组织以来中国对拉美经济发展的贡献巨大，"北京共识"对拉美经济的提升带动力超越了"华盛顿共识"时期。他同时指出拉美在 2008 年金融危机后得以恢复并在其后十年实现增长正是得益于中国的经济发展，因而呼吁拉美国家搭乘中国的顺风车（ride China's coattails）⑤。凯文教授的统计数据是否完全精准暂且不论，但他的论点无

① "World Development Report 2020: Trading for Development in the Age of Global Value Chains", World Bank Group, p. 19.

② Kevin P. Gallagher, "Trump Builds Walls, Xi Builds Bridges in Lat-Am", *Financial Times*, November 16, 2016, http://blogs.ft.com/beyond-brics/2016/11/16/trump-builds-walls-xibuilds-bridges-in-latam/? mhq5j = e3（2020 - 05 - 21）.

③ Andrés Oppenheimer, "Trump's Negative Latin American Agenda Will Help China", *Miami Herald*, December 21, 2016, http://www.miamiherald.com/news/local/news-columns-blogs/andres-oppenheimer/article121973974.html（2020 - 05 - 28）.

④ Raymond Robertson, "Red is the New Green: The Rise of China's Influence in Latin America", *Latin American Research Review*, Vol. 53, No. 4, 2019, pp. 763 - 771.

⑤ Kevin P. Gallagher, *The China Triangle: Latin America's China Boom and the Fate of the Washington Consensus*, Oxford University Press, 2016, pp. 5 - 30.

疑具有一定的冲击力，为世人思考拉美经济发展提供了一些新的视角。

表1　　　　　　　　　拉美国家独立后的经济发展　　　　　　单位：%

发展阶段	时间	GDP 增长率	人均 GDP 增长率
大宗商品"彩票"期（Commodity Lottery）	1870—1929 年	3.4	1.5
国家主导的工业化（State-Led Industrialization）	1930—1980 年	4.9	2.2
华盛顿共识（Washington Consensus）	1980—2002 年	2.4	0.5
"北京繁荣"（China Boom）	2003—2013 年	3.6	2.4

资料来源：Kevin P. Gallagher, *The China Triangle: Latin America's China Boom and the Fate of the Washington Consensus*, Oxford University Press, 2016, p. 18.

（二）治理经验的互学互鉴

长期以来，很多拉美国家一直未能处理好社会转型与政治稳定的关系，成为拉美政治发展的一个痼疾。《拉美经济展望2019》以"新发展陷阱"（New Development Traps）来描述当前拉美的治理困境，认为拉美国家存在生产力陷阱（Productivity Trap）、社会脆弱陷阱（Social Vulnerability Trap）、制度陷阱（Institutional Trap）和环境陷阱（Environmental Trap）四大发展陷阱。其中，制度陷阱体现为国家治理能力不足，特别是无法为约占社会总人口40%的中产阶层提供有效的服务和保障，无法满足他们在公共安全和公共服务等领域的诉求，这是导致拉美中产阶层不稳定进而引发社会脆弱的重要原因。[1] 如何提升治理能力已经成为拉美发展的优先议程之一。

改革开放以来，中国经济社会发展取得了巨大成功，在贫困治理、经济建设、体制改革、社会转型等方面积累了丰富的经验。如何相互分享治国理政和发展经验，如何更好推动中拉双方的发展与现代化进程，遂成为中拉合作的重要内容。在2016年11月中国政府发布的《中国对拉美和加勒比政策文件》中，明确指出"从各自历史传统和发展实践中汲取经验智

---

[1] "Latin American Economic Outlook 2019: Development in Transition", OECD Development Centre, pp. 97 – 118.

慧，进一步加强在治国理政和发展领域经验交流，助力双方共同发展"①。
2018 年 1 月中拉论坛第二届部长级会议发布《圣地亚哥宣言》，明确宣布
双方秉持"和平合作、开放包容、互学互鉴、互利共赢"的精神，推动政
府、政党、智库、企业家、青年、妇女各层面的人文交流，加强在经济、
教育、科技、文化、体育各领域的经验交流。② 在此背景下，中拉人文交
流得到快速发展，各层面、各领域的经验交流和人力资源开发合作相继
展开。

治国理政经验交流是一种基于相互平等的互学互鉴。中国需要更多了
解拉美的历史文化和经济社会发展，更多了解拉美的洲情、国情、社情和
民情，这是开展对拉美工作的前提。中国还需要认真研究拉美国家的发展
道路、发展路径和发展政策选择，既包括它们如何率先进入新兴工业化国
家和新兴经济体行列的经验，也包括它们何以长期陷入"中等收入陷阱"
和"新自由主义陷阱"的教训。在当前中国改革进入深水区、经济结构性
矛盾更加突出的特殊时期，拉美发展的经验教训对于中国如何推进改革开
放、如何完善国内治理体系、如何加强现代治理能力建设，特别是如何规
避经济转型过程中面临的诸多难题，都有着特殊的意义。

（三）政治与外交领域的相互支持

中国是世界最大的发展中国家，拉美是发展中国家的密集板块，双方
在全球发展、全球治理乃至国际秩序改革完善等问题上有着广阔的合作空
间。虽然很多拉美国家与美欧都有着程度不同的历史和现实联系，也难以
完全脱离与美欧的合作关系，但拉美国家也一直有着自立自强的强烈愿
望，有着打破"以西方为中心"传统政治经济格局的强烈呼声。中拉合作
的重要诉求，就在于以发展中国家的身份为出发点，以共同发展为着眼
点，推动构建以相互尊重、公平正义、合作共赢为基本理念的新型国际关
系，推动国际秩序更加公平公正的发展。以奥利弗·施廷克尔为代表的拉

---

① 《中国对拉美和加勒比政策文件》，载《人民日报》2016 年 11 月 25 日第 10 版。
② 《中国—拉共体第二届部长级会议圣地亚哥宣言》，中拉论坛官网，2018 年 2 月 2 日，
http：//www.chinacelacforum.org/chn/zywj/t1531606.htm（2020 – 06 – 14）。

美学者认为，中国的发展正在使全球力量平衡发生转变，对全球秩序产生了广泛和系统性影响。中国和其他新兴国家，日益抛弃狭隘的西方中心主义，以改革现有秩序或者建立"平行秩序"的方式重塑全球秩序，这增强了新兴国家的自主性。他由此断言，中国正在引领全球治理的新航向。①

三　当前中拉合作面临的困难与挑战

在世界大变局背景下，中拉合作既面临许多新的历史机遇，有着许多新的合作增长点，但也面临双边层面的制约因素以及域外大国的政治干扰。

（一）中拉互信仍存不足

中拉双方地理遥远、人文交流不便、相互了解不深，加之双方在政治制度、发展模式上存在差异，以及拉美传统上与美欧关系紧密等诸多原因，导致拉美各界对中国的历史和发展了解不多。在中拉合作不断取得新成绩、开创新局面之时，唱衰、抹黑与抨击之声也随之而来，其中不乏一些拉美学者对中拉合作的质疑。

有关中国的"新殖民主义""新帝国主义"论调在拉美也有回响。②巴西学者德西奥·马查多（Decio Machado）认为，中国在拉美的商贸投资是一种"软性"的帝国主义行为，"中国的资本使拉美产生了一种新的依赖，一种经济上的新殖民主义，而非军事上的依赖，并造成了拉美再次去工业化的现象"。他同时否定了中拉合作的"互利共赢"："如果进行定性分析，你会看到中国或拉丁美洲领导人关于双赢关系的说辞只是一种幻想。拉美正在产生一张新的地缘政治地图，在该地图中，中国—美国是首要的经济合作伙伴，也是该地区的帝国主义行为者，它们征

---

① ［巴西］奥利弗·施廷克尔：《中国之治终结西方时代》，宋伟译，中国友谊出版公司2017年版，第76—125页。

② Pierre Rousset, "China-Un Imperialismo en Construcción", *Mas*, https：//www.mas.org.ar/? p＝3347；"Imperialismo Chino en Latino America", *Mercadeo*, January 31, 2015, http：// www.mercadeo.com/blog/2015/01/8021/（2020－05－12）.

服了农产品、资源和原材料，为其不断增长的经济提供动力。① 还有拉美学者认为与中国的贸易往来损害了当地就业。"对拉丁美洲来说，与中国的国际贸易是一把双刃剑。自 21 世纪以来，从中国进口的增加阻碍了国内工业的发展，因而阻碍了制造业领域的就业。中国的竞争对墨西哥制造业的打击尤其严重。（2008 年）中国已取代墨西哥成为美国的主要贸易伙伴表明，墨西哥和中国在美国服装和纺织品市场的竞争造成了墨西哥重大的就业损失。"②

上述观点是对中拉合作的严重误解和误读，也充满对中国的偏见。拉美制造业的出路，在于不断提高产业多元化，不断提高农矿产品的附加值。在此方面，中拉产能合作恰恰是拉美制造业升级转型的重要助力。当前中拉"一带一路"合作的重要方面，就在于通过更加多元化的投资，帮助拉美重塑制造业，整体性提升拉美的产业发展水平。美国"大西洋理事会"和经济合作与发展组织（OECD）曾于 2015 年联合发布报告，详细分析了中国 FDI 在拉丁美洲的新趋势与全球影响。报告指出，自 2003 年至 2015 年中国企业在拉美投资超过 1100 亿美元，自 2012 年以来每年投资超过 100 亿美元。早年间，中国企业在拉美的投资主要集中在采掘业，现在，超过一半的投资集中在服务领域，特别是交通、金融、电力、信息和通信技术（ICT）与替代能源领域。报告同时指出，如果当前的趋势能够持续下去，中拉伙伴关系将会成为就业增长和更广泛经济发展的引擎。③ 该机构在 2017 年发布的另一份报告认为，自 2003 年以来，中国企业在拉美地区投资了 300 多笔绿地交易，价值 460 亿美元，创造了大约 11.1 万个就业机会。报告还详细介绍了中国企业在墨西哥的投资情况，中国在墨西哥的绿地投资超过 50 亿美元，为墨西哥创造了两万多个就业岗位，主要集中在制造业和服务业，"不仅使那些拥有新工作的人受益，而且使该区域一些

---

① Decio Machado, "El Imperialismo 'Blando' de China Conquista América Latina", *Diagonald Periodico*, March 5, 2014, https：//www.diagonalperiodico.net/global/22639-imperialismo-blando-china-conquista-america-latina.html（2020 – 06 – 03）.

② Gaston Fornes and Alvaro Mendez, "The China-Latin America Axis: Emerging Markets and their Role in an Increasingly Globalised World", *Springer Nature*, 2018, pp. 190 – 194.

③ Enrique Dussel Peters, "China's Evolving Role in Latin America, Can It Be a Win-Win?", *Atlantic Council's Adrienne Arshtlatin America Center*, September 2015, p. 10.

国家的整体经济状况受益"①。可以看到，关于中拉合作的质疑声和批评声之中，多数是对事实的歪曲解读，这些声音有碍双方互信的增进，对中拉关系良性持久发展产生了不利影响。

（二）拉美民粹浪潮的影响

拉美政治多陷于左右之争，社会动荡频仍，成为制约拉美发展的重要因素，也是影响中拉合作的一个隐忧。其中，民粹主义泛滥及其衍生的社会和政治问题已成为拉美地区的沉疴宿疾。

民粹主义并非拉美国家所独有，但在民族国家的发展进程中，拉美民粹主义有其内在特殊性。其一，民粹主义长期流行。早在20世纪20年代，随着阿根廷民粹领导人伊里戈廷上台执政，拉美民粹主义就开启了序幕。此后近100年里，民粹势力在拉美各国此消彼长、绵延不绝。智利学者塞巴斯蒂安·爱德华兹以长历史视角分析拉美长期衰退时，得出了"民粹主义的恶性循环是首要原因"这一重要结论。② 其二，民粹政府频繁上台。与当前欧美民粹主义"黑天鹅"性质有所不同，利用民粹主义获取政治权力已成为拉美国家政客赢得选举的基本路线。在拉美不同国家或者一个国家的不同时期，民粹主义政治家们所需迎合的"民众诉求"也不完全相同，自然民粹主义政策也不完全一致，但无论秉持何种政策理念，政治家都在不同程度上遵循民粹主义的逻辑，即通过偏激的政治口号或许诺最大程度迎合民众的利益诉求，最大程度激发民众的政治热情和政治参与，以达到攫取权力和影响力的目的。当前拉美较大的两个国家巴西和墨西哥，都是民粹主义领导人执政。墨西哥总统奥布拉多在政治上属于左翼，巴西总统博尔索纳罗在政治上属于右翼，但二者都主张激进变革，奥布拉多主张救助穷人，声称要严厉打击腐败，博尔索纳罗则强调小政府和私有化，要求对既有的养老金制度进行大刀阔斧的改革。

拉美政治极化和民粹化由来已久，其根源在于拉美特殊的政治结构、

---

① Rolando Avendano, Angel Melguizo and Sean Miner, "Chinese FDI in Latin America: New Trends with Global Implications", *Atlantic Council's Adrienne Arshtlatin America Center*, June 2017, pp. 6 –9.

② ［智利］塞巴斯蒂安·爱德华兹：《掉队的拉美：民粹主义的致命诱惑》，郭金兴译，中信出版社2019年版，第23—50页。

经济结构、社会结构以及独特的历史文化传统，也与该地区经济危机的频繁发生不无关系。① 仅以经济发展为例，拉美地区外向型的经济脆弱性使其极易遭受经济危机影响，经济衰退时，民生问题突出，民粹主义政府迎合民众改革呼声，成为其上台执政的资本。"民众知道的是他们曾被允诺可以实现稳定、增长和繁荣，然而……许多人失去了工作，拥有更高生活水平的梦想也破灭了，这一灾难性的现实使民粹主义领袖和夸夸其谈的政客在 21 世纪前十年得到民众越来越多的支持。"② 21 世纪初以委内瑞拉"查韦斯主义"为代表的"粉红浪潮"得以席卷拉美，正是由于 20 世纪 80—90 年代拉美"新自由主义"的改革失败，造成社会财富分配差距过大和不平等问题凸显。此后，委内瑞拉、玻利维亚、厄瓜多尔等拉美国家民粹主义政党和领袖以"国家干预"理念成功上台执政。

拉美地区民粹主义的盛行造成了极大的社会影响，加剧了拉美地区的社会撕裂，同时也对中拉合作的长期存续构成了隐患。

一方面，"逢选必乱"的现象已成为拉美社会的一大痼疾，带来政府政策缺乏连贯性和一致性。每逢选举之际，不同政党间的政治力量博弈，极易引发政党格局的大调整、社会的大动荡乃至社会冲突。自 2017 年智利选举开始，拉美开启了新一轮的"超级选举周期"。此后，从阿根廷、巴西到海地、洪都拉斯，多国相继爆发抗议运动；"粉红浪潮"也在新一轮选举周期中黯然退潮，玻利维亚前总统莫拉莱斯在 2019 年辞职后逃难墨西哥，马杜罗政府几近破产、委内瑞拉政变等问题，至今仍未得到妥善处理。政权的非理性更迭极容易导致政府政策的不连贯，特别是左翼、右翼政府政策倾向的明显不同，势必加深外国投资者对拉美投资环境的担忧。同时，国家内部的分裂也为外部势力的介入和干预提供了可乘之机。例如委内瑞拉问题的不断发酵，与美、俄等外部势力的操作不无关联。美国等

---

① ［阿根廷］古斯塔沃·桑蒂连：《拉美的"民粹主义"：争议、特征及比较研究的局限》，《拉丁美洲研究》2018 年第 1 期。张芯瑜：《政治学中拉美民粹主义概念辨析及界定》，《拉丁美洲研究》2019 年第 3 期。林红：《论现代化进程中的拉美民粹主义》，《学术论坛》2007 年第 1 期。赵聚军：《利民粹主义的生成逻辑及其政策实践——基于拉美地区和泰国的经验》，《政治学研究》2015 年第 6 期。

② ［智利］塞巴斯蒂安·爱德华兹：《掉队的拉美：民粹主义的致命诱惑》，郭金兴译，中信出版社 2019 年版，第 19 页。

西方国家推波助澜，进一步加剧拉美国家的分歧，严重危及地区一体化进程，不利于拉美的团结稳定。

另一方面，拉美民粹主义容易催生保护主义政策，进而危及外来投资者的利益。一些民粹主义政权为了取悦民众，或者兑现选举承诺，对外推行贸易保护主义，对内实施严格管制，将公共部门或战略资源收归国有，给外来投资带来严重的不确定性因素。对国家经济活动的过度行政干预以及由于行政权力缺乏有效监管进而带来严重的政治腐败、司法不独立、政策不透明等现象，严重侵蚀着拉美的投融资环境。从世界经济论坛发布的全球竞争力指数相关指标来看，拉美国家的产权保护、政府效率和国家安全状况都低于全球平均水平，政府的腐败和"不正当影响"（undue influence）则高于全球平均水平。① 从现实案例来看，2014 年 11 月墨西哥政府突然宣布取消由中国铁建联合体中标的墨西哥城至克雷塔罗高铁项目，给中方企业正常投资活动带来极大干扰。由此，政治环境因素成为影响中拉合作的制度性原因。

（三）来自美国的"域外干扰"

在中拉命运共同体构建过程中，美国的"域外干扰"始终是最突出的外部因素。美国一直把拉美视为其"后院"，把其他大国视为拉美的"外来者"。21 世纪以来，美国对中拉合作的不断发展心存芥蒂，对中国在拉美地区影响力的不断上升保持高度警惕。特朗普政府执政后，伴随美国对华战略定位的显著调整，美国对中拉合作也从高度关注演变为直接干预。中拉合作面临的不确定性因素显著增加。

"门罗主义"重提被视为美国"重返"拉美的重要信号。② 2018 年美国国务卿蒂勒森访问拉美前夕发表演讲，公开赞扬了"门罗主义"："我认为，它在今天仍然适用，就像它被提出的那天一样。"同时他警告拉美防范中国的"帝国主义"野心，"中国的政策重点是获得来自巴西、委内瑞

---

① Klaus Schwab, "The Global Competitiveness Report 2019", *World Economic Forum*, pp. 11 – 22.

② "重返"一词是国内外学者对近年来美国强化其拉美政策的表述。作者借用这一概念，意在强调近年来美国对拉美介入的显著加强。

拉、阿根廷和秘鲁等国的大宗商品，但这些政策并没有给这些国家带来什么持久的好处"[1]。蒂勒森的讲话全盘否定了奥巴马政府对该地区的政策立场，因为 2013 年时任国务卿约翰·克里曾宣布"门罗主义"时代的结束。"门罗主义"是美国在美西战争后，为警告欧洲列强不得干预西半球事务的口号，也是美国正式将拉美纳入自身势力范围的重要标志。近两个世纪后，美国政要重提"门罗主义"，显然是在有意强化美国的西半球"霸权"，挑拨中国与拉美国家的关系，迫使拉美国家选边站队，将中美间的竞争上升为地缘政治威胁和势力范围划分。

在上述背景下，美国频频干涉中拉合作。经济上，美国政府、媒体和智库一再炒作"中国威胁论"和"债务陷阱论"，意图阻挠中国在拉美的经济活动。美国指称中国投资具有"腐蚀性"，认为中国"通过投资和贸易成功控制拉美"，指责中国对拉美的全方位介入给拉美带来诸多负面影响，例如高额贷款加深了拉美对华经济依赖，使部分国家背上了沉重的债务负担，借而告诫拉美国家警惕中国的经济行为[2]。2018 年，蓬佩奥访问巴拿马时，告诫巴拿马政府警惕中国国有企业在当地的"掠夺性经济活动"，"中国投资不会造福巴拿马人民，只会造福中国政府"[3]。在政治领域，美国借由台湾问题发力，意图对中国外交形成掣肘。自 2017 年起，随着巴拿马、多米尼加和萨尔瓦多三个中美洲和加勒比国家与台湾地区"断

---

① Robbie Gramer, Keith Johnson, "Tillerson Praises Monroe Doctrine, Warns Latin America of 'Imperial' Chinese Ambitions", *Foreign Policy*, February 2, 2018, https：//foreignpolicy. com/2018/02/02/tillerson-praises-monroe-doctrine-warns-latin-america-off-imperial-chinese-ambitions-mexico-south-america-nafta-diplomacy-trump-trade-venezuela-maduro/ （2020 - 05 - 21）.

② "China's Engagement with Latin America and the Caribbean", *U. S. -China Economic and Security Review Commission*, p. 25；John Hudson, "Pompeo says China Trade Activity often Linked to Its National Security Goals", *The Washington Post*, April 12, 2019, https：//www. washingtonpost. com/world/national-security/pompeo-accuses-china-and-russia-of-abetting-corrupt-regimes-in-latinamerica/2019/04/12/c236fc58 - 5d69 -11e9 -9625 -01d48d50ef75_ story. html （2020 - 05 - 21）；R. Evan Ellis, "It's Time to Think Strategically about Countering Chinese Advances in Latin America", February 2, 2018, https：//theglobal-americans. org/2018/02/time-think-strategically-countering-chinese-advances-latin-america/ （2020 - 05 - 29）.

③ Edward Wong, "Mike Pompeo Warns Panama against Doing Business with China", *The New York Times*, October 19, 2018, https：//www. nytimes. com/2018/10/19/world/americas/mike-pompeo-panama-china. html? searchResultPosition = 1 （2020 - 06 - 02）.

交"并与中国建交，美国政府便不断向这些国家施加压力。例如，白宫猛烈抨击萨尔瓦多塞伦政府"暗箱操作"，"萨尔瓦多政府对中国明显干涉一个西半球国家内政的接受态度引起美国的严重关切，并将导致我们重新评价与萨尔瓦多的关系。美国将继续反对中国破坏两岸关系稳定和对西半球的政治干预"[1]。美国兰德公司发布报告称，近年来中国大陆采取手段在拉美地区孤立台湾，使台湾遭遇"雪崩式'断交'潮"，美国应帮助台湾维护其所谓的"国际生存空间"、维持台湾在国际上的外交承认、扩大其国际组织的参与，以有效压制中国。[2]

美国强硬的外交攻势对这些国家造成了一定的压力，部分新近与中国建交的拉美国家对华态度也曾出现过微妙变化。萨尔瓦多右翼政府上台后，在部分议题上一度采取对华强硬姿态。2019 年 3 月，新总统布克尔在美国保守智库传统基金会发表演讲时，公开指责中国"不遵守规则、干涉他国内政、制造债务陷阱"，并希望重新审视对华关系。[3] 巴拿马新任总统科尔蒂索认为中美竞争态势使巴拿马政府面临一定压力，他上台后，已暂停原计划由中方参与的从巴拿马城到西部边境城市戴维的铁路项目。历史上，拉美国家也曾积极追求更大程度的自立自主，一些国家也曾与美国"若即若离"，但始终"难舍难分"，更无法"彻底决裂"。对此，中国要有清醒的认识。

事实上，中国十分理解美国在拉美地区的利益存在，无意挑战或削弱美国在西半球的传统影响力。中拉合作没有任何地缘政治考虑，也不针对第三方，当然也不希望受到第三方的无理干涉。而且，中国还认为，大国在拉美绝非零和的竞争关系，各方与拉美合作完全可以并行不悖，甚至可以相互促进。中国政府在国际场合一再表示，愿意在尊重拉美国家意愿上

---

① "Statement from the Press Secretary on El Salvador", The White House, August 23, 2018, https：//www. whitehouse. gov/briefings-statements/statement-press-secretary-el-salvador/ （2020 – 05 – 29）.

② Scott W. Harold, Lyle J. Morris & Logan Ma, "Countering China's Efforts to Isolate Taiwan Diplomatically in Latin America and the Caribbean: The Role of Development Assistance and Disaster Relief", Rand Corporation, April 12, 2019, pp. 20 – 23.

③ Nelson Renteria, "Responding to El Salvador president-elect, China denies it meddles", *Reuters*, March 15, 2019, https：//www. reuters. com/article/us-el-salvador-diplomacy-china/responding-to-el-salvador-president-elect-china-denies-it-meddles-idUSKCN1QV3AI （2020 – 06 – 02）.

同各方开展三边合作、多边合作，实现各方利益的双赢、多赢和共赢。①
但美国无视中国合理的利益诉求，不断采取多种手段干扰甚至破坏中国同
拉美国家发展伙伴关系，阻止中国在该地区多元化外交的努力。可以预见
的是，随着中美战略博弈持续走高，中美在拉美地区的博弈态势也将随之
加强。

四　对中拉合作的一些建议

中拉合作既要着眼大势和长远，看到中拉互利合作广度和深度的不断
推进，看到中拉命运共同体不断拓展提升的广阔前景；也要着眼当下和细
节，携手拉美理性分析和合理解决当前中拉合作进程中面临的若干问题和
挑战。基于此，中拉合作可以通过三条主线为牵引，推动构建中拉关系
"五位一体"新格局。

（一）以"一带一路"合作为主线，厚植中拉利益纽带

中拉命运共同体首先是利益共同体。以"农矿产品—制造品"为特色
的传统贸易结构不符合拉美提升经济发展水平的期待，在一定程度上给中
拉关系带来了"敏感性"和"脆弱性"。中拉双方应当抓住"一带一路"
国际合作带来的巨大合作机遇，厚植中拉合作的利益纽带，以此构筑中拉
合作的牢固基础。

其一，拉美国家大多存在基础设施发展相对滞后、投入资金严重不足
的短板。为突破这一发展瓶颈，拉美国家可以借助中国在基础设施建设方
面的资金、技术和装备优势，有效弥合拉美地区"基础设施鸿沟"，显著
改善和提升经济社会发展条件。

其二，当前经济全球化正在经历深度调整，新一轮全球产业链价值链
供应链重塑正在稳步推进。拉美国家可以着眼中拉产业对接，通过承接中

---

① 2019 年 7 月 25 日，国务委员兼外交部长王毅在与巴西外长阿劳若共见记者时强调，"中
拉合作符合双方需要，既不针对第三方，也不受第三方影响"。参见《王毅：中拉合作不针对第三
方，不受第三方影响》，2019 年 7 月 26 日，http：//www. gov. cn/guowuyuan/2019 –07/26/content_
5415551. htm（2020 –06 –18）。

国的劳动密集型和部分资本、技术密集型产业，提高拉美农矿产品的加工和制造能力，建立更加完整的工业体系，从而助力拉美地区的"再工业化"。

其三，长期以来，拉美国家一直希望突破传统的"中心—外围"结构，提高拉美在世界产业链价值链中的位势。当前拉美面临的一个重大机遇，是有效抓住"一带一路"合作契机，通过"一带一路"更加紧密地连接中国市场、亚洲市场，进而实现亚洲—拉美两大板块的联动，在拉美—欧美市场之外形成一个新的经济循环。

其四，中拉"数字丝绸之路"建设恰逢其时，中拉双方需要携手创新数字合作市场，挖掘数字合作潜力，在数字经济和智能化等高科技领域深化合作。近年来，中国利用自身在数字产业的后发优势，与"一带一路"伙伴国家开展"数字化"合作，这是拉美国家实现数字化转型的重大机遇。2020 年 4 月，中国国际贸易促进委员会发起主办了长达 15 天的中国—拉美（墨西哥）国际贸易数字展览会。这是迄今全球规模最大的在线贸易数字展，旨在通过大数据为企业提供在线洽谈的机会和精准配对服务，助力企业应对疫情冲击，拓展国际经贸合作。展会上，墨西哥—中国商业科技协会主席阿玛宝拉·格里哈瓦尔认为，中国提出的数字化解决方案不仅有效，而且物美价廉。数字贸易已经成为全球贸易中最具活力的贸易形式，成为推动传统贸易转型升级的核心力量和未来发展方向。[1] 未来，在物联网、5G 网络、自动驾驶和人工智能等新型基础设施领域，在人力资源培训、项目开发和数字经济规则制定等方面，中拉还有很大的合作空间。这不仅将帮助拉美国家把握住第四次科技革命的历史机遇，为其跨越式发展提供可能，还将提升发展中国家在全球数字经济治理中的地位，带动发展中国家深入参与数字经济国际规则的制定和修正，提升发展中国家在该领域的话语权和影响力。

（二）以人文交流合作为主线，培育中拉互信与共识

互信与共识的培育是构建中拉命运共同体的重要保障。当前尤其迫切

---

① 周春雨、胡心媛：《数字贸易创新促中拉合作提速》，《中国贸易报》2020 年 4 月 16 日第 1 版。

的，是扭转拉美方面对中拉合作的认知偏差，消除拉美社会对中国发展模式存在的误解误读，这是双方增进互信与认同的关键所在。

这有赖于中国开展更加细致的人文交流工作，尤其要通过长期的文化外交和公共外交，从浅层次的文化交流上升到深层次的文明交流互鉴，帮助拉美人民了解中华文明的精神和特质，了解中国人的思维方式和价值取向。中国需要从自身民族解放和国家独立的历史经历出发，向拉美讲述中拉之间相似的殖民记忆，引发拉美国家的共鸣，从而向其传达中国外交一贯珍视的相互平等和相互尊重等原则以及中国一贯坚持的"己所不欲，勿施于人"的处世理念。中国还需要从发展中国家的共同身份出发，讲好南南合作故事，阐述构建中拉命运共同体的价值和世界意义，进而培育双方的共识与认同。此外，人文交流的顺利开展还需要中国深入了解拉美地区特有的文化环境和历史背景以及拉美社会对外部力量进入该地区可能产生的反应，在此基础上不断完善中拉人文交流的内容和形式，不断提升中拉人文交流的成效与影响。

中拉人文交流的开展以及互信的培育，离不开双方在战略层面的相互对接。习近平主席上任以来已经四次出访拉美，拉美地区多国领导人也先后来华访问，中拉高层交往将中拉关系推进了深度发展的黄金时期。今后，中拉双方仍需进一步加强政策沟通，继续强化战略对接，把构建"中拉命运共同体"上升到双方国家发展的战略高度。鉴于拉美地区国家众多、国情差异明显，中国宜选择同中方战略互信牢固、合作基础深厚的国家予以重点发展关系，以此形成示范效应和支点效应，撬动地区其他国家对中拉合作的认同与期待。在涉及中国核心利益的领土主权问题上，中国仍需加强同拉美国家、区域和此区域组织的政策协调，争取更多来自拉美国家的理解和支持。在拉美同外部大国合作问题上，中国也需要向拉美清晰传达自己的态度，即中国希望深化同拉美的全面互利合作，也希望获得更多来自拉美的支持和信任，但中国从不谋求地缘政治利益，从不干涉其他外部大国与拉美的合作关系，从不要求拉美国家在外部大国之间选边站队。中国乐见国际社会重视拉美，欢迎各方在尊重拉美基础上就拉美发展开展更多双边、三边和多边合作，这是中国外交的一贯立场。

当前还需重视的工作是加强智库建设，为中拉政治、经济和文化交往提供智力支持。仅从中国方面讲，同中拉关系发展的复杂现实相比，中拉研究以及拉美研究的智库建设亟待加强。很长一段时间内，中国社科院的拉美研究所作为国内唯一一家专门从事拉丁美洲的研究机构而存在。而近几年，随着区域国别研究布局的开展，拉美研究中心在一些高校相继设立，拉美研究由此得到较快发展。加强对拉美的研究，还需要支持和鼓励国内智库、学者、非政府组织、民间团体、商会组织等更多"走进"拉美，更多开展民间层面的对话和交流，通过"二轨"或"一轨半"外交真正推进中拉双方的相互了解和互信。

（三）以全球治理合作为主线，筑牢中拉责任共担新格局

责任共担是中拉命运共同体的题中之义。当今世界面临严峻的和平赤字、发展赤字、治理赤字，且这些问题和挑战主要集中在发展中国家和地区。中拉同为发展中国家，双方携手解决彼此面临的发展和治理难题，是对全球治理的重要贡献，同时双方还可以携手推进全球治理体系变革，为打造更加公平公正的世界秩序做出更多贡献。

在双边和区域层面，中拉可以加大在减贫、反腐、禁毒、反恐、社会治理等领域的经验交流和治理合作。仅以社会治理为例，虽然当前只有哥伦比亚存在传统意义的国内武装冲突，但绝大多数拉美国家的暴力水平居高不下，犯罪团伙和非国家武装组织横行，严重挑战公共安全。斯德哥尔摩国际和平研究所发布的报告称："这一地区 20 个国家中的 17 个，2018年谋杀率都是全球前列。"① 由于政治极化和民粹主义盛行，大选常常引发政治骚乱，各种形式的政治集会、游行常常伴以暴力冲突。2018 年 4 月，尼加拉瓜爆发反政府的抗议活动，安全部队和亲政府武装军事团体随即展开镇压，导致 300—450 人死亡，数千人受伤。② 中拉双方可以尝试在社会治理领域加强合作，形式既可以是相关领域的治理经验交流，也可以是有针对性的人力资源开发合作，还可以是双方行政、司法、安全部门间的跨

---

① 斯德哥尔摩国际和平研究所：《SIPRI 年鉴 2019：军备、裁军和国际安全》，牛津大学出版社 2019 年版，第 44 页。

② 斯德哥尔摩国际和平研究所：《SIPRI 年鉴 2019：军备、裁军和国际安全》，牛津大学出版社 2019 年版，第 44 页。

国合作。

中拉双边或区域合作的机制和平台，既包括中国—拉共体论坛框架下的各层次、各领域的合作，也包括中国与拉美其他区域、次区域组织的对话与协调。拉共体全称为"拉美和加勒比国家共同体"，是南半球规模最大的地区合作组织，在深化拉美一体化进程、推进拉美团结和发展进程中发挥着重要的作用。中国—拉共体论坛已经建立了中拉农业部长论坛、科技创新论坛、企业家峰会、智库交流论坛、青年政治家论坛、基础设施合作论坛、民间友好论坛、政党论坛，通过论坛为牵引推动中拉塑造合作共识、制定合作议程。中国还搭建了同拉共体"四驾马车"的定期会晤和磋商机制，通过在联合国大会期间会晤或互访的方式，就共同关心的重大国际和地区问题保持对话与协调。① 中国也积极与拉美地区的其他区域或次区域组织保持联系，包括安第斯国家共同体、中美洲共同市场、南方共同市场等，它们在各自地区或相关领域也有着特殊的影响力。拉美地区有着悠久的地区统一思想和地区一体化进程，其最早可以追溯到 19 世纪初期拉美独立运动领袖西蒙·玻利瓦尔的"美洲联盟"设想。在当前经济全球化进入滞缓和调整期、地区一体化进程不断发展的大背景下，中国需要加强同拉美的区域和次区域组织的整体对话与合作，从而整体性推进中拉合作事务，同时助推拉美区域一体化进程，扩大中国在拉美发展进程中的作用。

在更大层面的全球领域，中拉可以携手推进全球治理体系的改革与完善，其形式既可以是在联合国、WTO、G20 等重大国际组织团结合作，在全球减贫、人道主义援助、全球气候治理、全球公共卫生等议题上相互携手，共同维护发展中国家的应有权益，共同推动国际社会对发展中国家的发展和治理问题的关注；也可以是共同推动创制新的国际组织、机制和规则，比如中国携手巴西、印度、俄罗斯共同打造金砖组织，通过"金砖＋"开展同其他发展中国家的对话与合作，充分发挥新兴经济体和发展中大国在南南合作中的引领作用。中拉在全球治理领域的合作，

───────────

① 拉共体"四驾马车"是拉共体轮值主席国、前任轮值主席国、候任轮值主席国以及加勒比共同体轮值主席国。

目的在于维护发展中国家权益，着眼提升发展中国家的话语权和影响力；性质是南南合作在全球领域的展现，是南方国家共同推动全球治理体系创新和发展；其意义早已超越中拉双边或区域层面，而具有更为广泛的世界意义。

［作者蔡祖丞，中共中央党校（国家行政学院）
国际战略研究院，博士在读］

China-Latin America Community with a Shared Future: Opportunities, Challenges and Suggestions

Cai Zucheng

Abstract: As an important part of developing countries, Latin American and Caribbean countries are China's important partners in promoting international cooperation under the Belt and Road Initiative and participating deeply in the global governance process. China has proposed and actively promoted the "Community of shared future between China and Latin America and the Caribbean", aiming to create a new situation in which the two sides share interests, responsibilities and destiny, and work with Latin American countries to achieve mutual benefit and common development. The China-LATIN America community with a shared future is facing many new opportunities for development. The two sides have deepened mutual demand in development cooperation, steadily advanced mutual learning of governance experience and strengthened mutual support in political and diplomatic fields. But at the same time, the two sides are also facing problems such as lack of mutual trust, uncertainty caused by populism in Latin America, and "extraterritorial interference" from the United States in China-Latin America cooperation. For the smooth development of China-Latin America cooperation in the future, we need to take the Belt and Road cooperation as the main task to strengthen the bond of interests between China and Latin America, foster mutual trust and consensus through people-to-people exchanges and cooperation, and build a new pattern of shared responsibilities between China and Latin America and the Caribbean as the main task of global governance cooperation.

Key words: China-Latin America relations; China – latin America Community with a shared future; Holistic diplomacy

拉美国家碳中和目标、举措及前景

曹　廷

摘　要： 随着气候变化对人类生活和生产日益带来负面影响，该议题逐渐成为全球热点问题。包括中国和拉美国家在内的发展中国家日益加大对气候议题的重视，积极参与全球气候治理协议。许多拉美国家主动提出本国的减排目标和计划。多国政府采取加快能源转型、恢复生态系统及加强国际合作等多重举措，气候治理取得一定成效。拉美国家普遍重视气候变化议题是其历史文化传统和现实发展需要等综合作用的结果。未来，该地区国家将继续为减缓全球气候变暖而努力，进一步加大相关政策实施力度。不过，在百年变局和新冠疫情双重冲击下，拉美国家经济社会正面临不少挑战，要实现碳中和目标需要克服诸多阻碍。尤其如何在促进经济增长与减少碳排放之间取得平衡将是包括拉美国家在内的世界各国需要面对的议题。为此，拉美各国政府需继续坚持绿色政策，凝聚社会共识，加大资金投入，并且通过区内外合作，夯实可持续发展的能力，补齐部分国家的资金技术短板，为所有地区国家共同实现碳中和目标助力。

关键词： 拉美；碳中和；气候变化；可持续发展

进入 21 世纪，随着全球气候变暖加剧，气候变化已经成为全球各国普遍关心的重要议题。经过多年谈判，世界各国逐渐形成共识，认为要应对气候变化，需要尽快实现二氧化碳等温室气体的净零排放。而科学家指出，人类可以通过开发利用清洁能源、节能减排、植树造林等各种措施使进入大气的温室气体排放和吸收之间达到平衡，达到相对"零排放"，这一行动也被称为碳中和。① 拉美和加勒比国家普遍重视气候变化议题，积极参与全球气候治理，主动践行全球气候治理协议。随着全球气候目标从"低碳"向"脱碳"迈进，该地区不少国家亦提出了本国的碳中和目标。在落实行动方面，拉美国家为减少温室气体排放积极开展行动，采取加快能源转型、恢复生态系统、进行碳足迹监测、开展国际合作等多重举措。本文在简要梳理拉美国家气候议题立场的基础上，试图探讨其重视气候议题的原因以及相关行动措施，总结中拉在新能源领域合作取得的进展及面临的机遇与挑战，最后对该地区国家减排成效进行初步评估和未来展望。

一　拉美国家在气候议题上的立场

自 1992 年《联合国气候变化框架公约》达成以来，世界各国为应对气候变化持续展开谈判。2015 年 12 月 12 日，第 21 届联合国气候变化框架公约会议通过了《巴黎协定》，提出到 21 世纪下半叶实现净零排放的目标，在人为造成的温室气体排放和清除量之间取得平衡，即碳中和。同时《巴黎协定》还提出长期目标，即力争至 21 世纪末把全球平均气温较工业化前水平升高控制在 2℃ 以内，并为把升温控制在 1.5℃ 之内而努力。② 2020 年 9 月 22 日，在第 75 届联合国大会一般性辩论上，中国国家主席习近平宣布中国力争在 2030 年前达到二氧化碳排放峰值，努力争取在 2060 年前实现碳中和。2021 年 11 月 13 日召开的第 26 届联合国气候变化框架公约会议达成了《格拉斯哥气候协议》，重申"共同但有区别的责任"原则，坚持《巴黎协定》的长期目标，保持控温 1.5℃ 的目标，并完成了《巴黎协定》实施细则谈判，为《巴黎协定》全面有效实施奠定了基础。③

---

① UN Environment Programme, "UN Environment 'Walks the Talk' on Carbon Neutrality", January 31, 2019. https：//www.unep.org/news-and-stories/story/un-environment-walks-talk-carbon-neutrality（2021－12－10）.

② "The Paris Agreement", https：//unfccc.int/process-and-meetings/the-paris-agreement/the-paris-agreement（2021－12－10）.

③ "The Glasgow Climate Pact-Key Outcomes from COP26", https：//unfccc.int/process-and-meetings/ the-paris-agreement/the-glasgow-climate-pact-key-outcomes-from-cop26（2022－01－10）.

就拉美而言，该地区温室气体排放量占全球总排放量比重不高，但大多数国家政府高度重视气候变化议题，坚持"共同但有区别的责任"的谈判立场，不少拉美国家提出了本国的碳中和时间表，并积极展开气候行动。不过，由于国情及经济发展水平等差异，各国的立场和目标存在一定的差异。

（一）拉美地区温室气体排放情况

拉美和加勒比地区虽然有33个国家，陆地面积占全球陆地总面积的近14%，人口占全球总人口8.4%，但总体看，其温室气体排放量在全球处于较低水平。据联合国拉美经委会统计，2018年该地区温室气体排放量为40亿吨左右，仅占全球排放总量的8%，低于亚太、北美、南亚等地区，与撒哈拉以南非洲等地区持平，仅高于中东北非地区（见图1）。从各国温室气体排放量占全球总排放量的排名来看，巴西、墨西哥和阿根廷分别位列第6名、第11名和第18名。从二氧化碳排放占比排名看，拉美三国的排名则更为靠后，墨西哥、巴西和阿根廷分别位列第10名、第12名和第

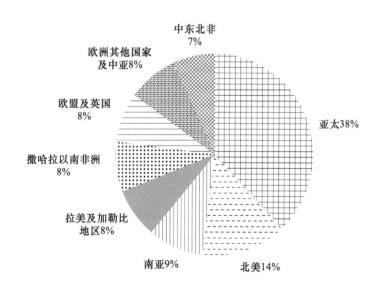

图1　2018年各地区温室气体排放占比

资料来源：https：//www.climatewatchdata.org/ghg-emissions（2021-12-20）.

21 名。①

从排放来源看，全球排放的温室气体中有 76% 来自能源部门。而拉美地区因工业化程度不高，仅有 44% 的温室气体来自能源部门排放，农业和畜牧业的温室气体排放量占 26%，土地使用方式的改变带来的温室气体排放占 20%②（见图2）。

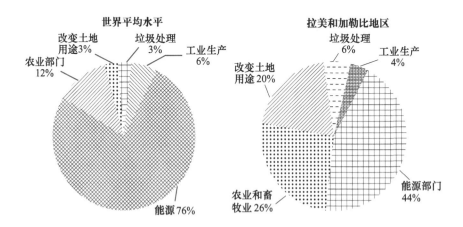

图2　2018 年全球及拉美地区温室气体排放来源

资料来源：Climatewatchdata 网站。

从地区内部看，各国排放量差异较大。巴西、墨西哥、阿根廷和委内瑞拉是拉美地区重要的经济体，也是该地区的排放大国，温室气体排放量占该地区排放量的 80%。③ 而加勒比岛国温室气体排放量很少，如 2020 年圣文森特和格林纳丁斯二氧化碳排放量仅为 11.6 万吨，是同年巴西二氧化

①　Joxe Mari Barrutiabengoa, J. Julián Cubero, Rodolfo Méndez-Marcano, "Output-side GHG Emission Intensity: A Consistent International Indicator", March 2021, https://www.bbvaresearch.com/en/publicaciones/output-side-ghg-emission-intensity-a-consistent-international-indicator/ (2022 – 05 – 12).

②　A. Bárcena y Otros, "La Emergencia del Cambio Climático en América Latina y el Caribe: ¿Seguimos Esperando la Catástrofe o Pasamos a la Acción?", *Libros de la CEPAL*, No. 160 (LC/PUB. 2019/23 – P), Santiago, 2020, p. 52.

③　Paola Gabriela Siclari Bravo, *Amenazas de Cambio Climático, Métricas de Mitigación y Adaptación en Ciudades de América Latina y el Caribe*, CEPAL, 2021, p. 23.

碳排放量的 0.02% 。①

（二）拉美国家普遍重视气候变化议题，积极参与国际谈判

尽管该地区温室气体排放量在全球占比不高，而且地区内各国排放量差异较大，但大部分国家依然十分重视气候变化议题。许多拉美国家作为发展中国家阵营成员，积极参与气候变化谈判，为发展中国家阵营和本国争取利益。

巴西前几届政府均积极参与气候变化议题谈判，前总统卢拉认为发达国家与发展中国家在应对气候变化方面负有共同但有区别的责任，强调发达国家必须为发展中国家减缓和适应气候变化提供资金支持。2016 年 4月，巴西迪尔玛政府签署了《巴黎协定》。但继任总统博索纳罗对待气候议题一度持消极立场，曾扬言要追随美国前总统特朗普退出协定。2020 年以来，博索纳罗改变立场，做出减排承诺，但要求国际社会"为巴西对世界的贡献做出经济补偿"。墨西哥积极参与全球气候治理，2010 年主办第16 届联合国气候变化框架公约会议，并且成为美洲大陆第一个批准《京都议定书》的国家。阿根廷提出国际社会应该向最贫困国家提供资金支持以应对气候变化，同时呼吁拉美国家团结应对该议题。以委内瑞拉为首的美洲玻利瓦尔联盟坚持"气候正义"原则，加入立场相近发展中国家集团②，坚持发展中国家的发展权，要求发达国家承担历史责任并率先采取减排行动。

拉美中型经济体在气候变化议题上十分积极。在 2012 年联合国气候变化框架公约会议期间，智利、哥伦比亚、哥斯达黎加、危地马拉、巴拿马和秘鲁不再满足于作为 77 国集团成员参与谈判，因而成立拉美独立协会，作为《联合国气候变化框架公约》下的谈判集团。2015 年，巴拉圭和洪都拉斯也先后加入。尽管这些拉美国家温室气体排放相对较少，但愿意自身走低碳发展之路，而且态度较为激进，坚持"共同但有区别的责任"原

---

① "San Vicente y las Granadinas Disminuye sus Emisiones de CO₂", https：//datosmacro. expansion. com/ energia-y-medio-ambiente/emisiones-co2/san-vicente-las-granadinas （2022 – 06 – 27）.

② 成员国主要包括印度、委内瑞拉、古巴、玻利维亚、巴基斯坦、沙特阿拉伯、伊朗、越南、卡塔尔、厄瓜多尔等国。

则，认为发达国家和发展中国家应共同承担应对气候变化的责任，但各国能力大小不一，发达国家要对历史排放负责，而发展中国家仍以经济和社会发展及消除贫困为优先事项。拉美独立协会还提出要在应对气候变化中保护和增进人权。① 该集团积极游走于各大场合和会议中，表达自身诉求，成为气候谈判中的焦点之一。2019 年，智利在联合国气候变化大会上推动成立了"气候雄心联盟"，致力于到 2050 年实现净零排放，将温升控制在1.5℃。② 目前已有 100 多个国家和非国家行为体加入其中。

加勒比地区国家温室气体排放量少，但受气候变化冲击较大，在气候谈判中立场较为激进。小岛屿国家联盟 39 个成员国中有 16 个来自加勒比地区。该联盟高度关注全球变暖、海平面上升问题，提出全球温度上升不能超过 1.5℃，并且在不同场合呼吁各国为控制全球变暖尽快付诸行动。格拉斯哥大会期间，巴哈马群岛代表阿黛尔·托马斯表示，温升控制在1.5℃以内是最低要求。③

总体看，拉美国家积极代表发展中国家参与气候变化谈判，并通过组建集团来抱团取暖，以实现自身诉求，在一定程度上促进了全球气候谈判的公正性。

（三）拉美多国提出碳中和目标和减排计划

为实现碳中和目标、将全球温升控制在 2℃甚至 1.5℃以内，许多拉美国家已制定或正在修订其国家自主贡献目标（NDCs）。苏里南因为工业部门少，森林覆盖率达国土面积 93%，已率先宣布自己实现碳中和，和不丹一起成为目前全球仅有的两个宣布实现碳中和的国家。

拉美地区已有 10 国正式提出本国碳中和时间表。乌拉圭是其中唯一提出 2030 年实现碳中和的国家。智利、哥斯达黎加、巴西、阿根廷、哥伦比亚、多米尼加、巴巴多斯、巴拿马和牙买加均设定在 2050 年实现碳中和。

---

① 李江春、张鹏：《拉美独立协会和全球气候治理》，《国别和区域研究》2017 年第 3 期。

② "Chile Launches Climate Ambition Alliance", September 26, 2019. https：//sdg. iisd. org/news/ chile-launches-climate-ambition-alliance/ （2021 – 10 – 08）.

③ 汤艺甜：《COP26 艰难落幕》，《北京商报》2021 年 11 月 15 日，https：//www. bbt-news. com. cn/2021/ 1115/418954. shtml （2022 – 03 – 10）.

智利是目前唯一一个将碳中和目标写入法律的国家，同时还提出到 2025 年实现碳达峰①。巴西在 2021 年 4 月气候峰会期间承诺到 2050 年实现温室气体零排放，比此前的承诺提前了 10 年。哥伦比亚政府于 2020 年 12 月 29 日正式提交了国家自主贡献方案，除了在 2050 年实现碳中和之外，还提出到 2030 年温室气体排放量和黑碳②排放量将在 2014 年基础上分别减少 51% 和 40%③。墨西哥、秘鲁、巴哈马、尼加拉瓜、特立尼达和多巴哥等国正在讨论将 2050 年实现碳中和的目标制定为国家政策。墨西哥规定于 2030 年前达到碳达峰，同时提出到 2030 年黑碳排放量减少 51%。

表 1　　　　　全球部分国家自主贡献方案目标（截至 2022 年 1 月）

国家	已实现碳中和	碳中和写入立法	碳中和写入政策	碳达峰
苏里南	已完成			
不丹	已完成			
德国		2045 年		
欧盟		2050 年		
英国		2050 年		
日本		2050 年		
智利*		2050 年（提交国会）		
乌拉圭*			2030 年	
巴西*			2050 年	
阿根廷*			2050 年	
哥伦比亚*			2050 年	
多米尼加共和国*			2050 年	
牙买加*			2050 年	

① 碳达峰是指某地区或行业年度二氧化碳排放量达到历史最高值，然后经历平台期进入持续下降的过程，是二氧化碳排放量由增转降的历史拐点。

② 黑碳是含碳物质（主要是石油、煤、木炭、树木、柴草、塑料垃圾、动物粪便等）不完全燃烧发生热解的产物。黑碳是一种吸光性物质，可强烈吸收太阳短波辐射，同时释放红外辐射、加热周边大气，它在大气中留存时间为数日至几周，因而可产生区域增温效应。

③ "Colombia's NDC Increases its 2030 Climate Change Ambition and Integrates New Targets that Simultaneously Improve Air Quality and Health", February 24, 2021. https：//www-ccacoalition-org. translate. goog/en/news（2022 - 01 - 10）.

续表

国家	已实现碳中和	碳中和写入立法	碳中和写入政策	碳达峰
哥斯达黎加*			2050 年	
巴拿马*			2050 年	
巴巴多斯*			2050 年	
美国			2050 年	
新西兰			2050 年	
南非			2050 年	
中国			2060 年	2030 年
俄罗斯			2060 年	
印度尼西亚			2060 年	
印度			2070 年	
墨西哥*				2030 年

资料来源：联合国网站 https：//unfccc. int/NDCREG，带*号的国家均为拉美和加勒比地区国家。

　　尽管一些拉美国家没有出台本国的碳达峰或碳中和时间表，但提出了本国的阶段性减排目标。委内瑞拉提出到 2030 年二氧化碳排放量将在目前基础上减少 20%。厄瓜多尔规定其 2025 年温室气体排放量将在 2010 年基础上无条件减少 9%，到 2050 年实现 35% 的交通工具使用电力。危地马拉提出到 2030 年温室气体排放量在 2005 年基础上减少 22.6%。洪都拉斯的减排目标是到 2030 年减少 15% 的排放。玻利维亚没有设立明确的温室气体减排目标，而是将重点放在加强植树造林和提高可再生能源使用等具体政策方面。古巴长期受美国封锁，指出减排效果将取决于国际金融体系对古巴的支持力度，同时，古巴政府在多个部门设立低碳排放政策。[①]

　　总体看，尽管拉美国家推进碳中和的速度不如欧洲发达国家步伐快，但苏里南、智利等国已经成为全球碳中和的样板国家，而且许多国家都已出台或正在讨论 2050 年实现碳中和的目标，在发展中国家行列中依然属于

---

① "Summary of the First NDC Updated（2020 – 2030）Republic of Cuba"，3 de enero de 2019，https：//www. unfccc. int/sites/ndcstaging/PublishedDocuments（2022 – 01 – 15）.

较为积极的群体。

二　拉美国家重视气候议题的原因

历史传统上，拉美和加勒比地区强调人类社会与自然的和谐统一。近年来随着气候变化负面影响日益凸显，拉美国家对气候议题的重视程度日益提高，并且越来越把碳减排视为重要的经济发展机遇。

（一）拉美地区有重视环境保护的传统

拉美地区自然资源禀赋突出，被誉为"生物多样性的超级大国"。全世界生物种类最多的 17 个国家中有 6 个在拉美（巴西、哥伦比亚、厄瓜多尔、墨西哥、秘鲁和委内瑞拉）。该地区拥有全世界 22% 的森林面积，因广袤的亚马孙雨林而被称为"地球之肺"。拉美地区还拥有全球 31% 的淡水资源，占有全球可耕地面积的 1/4，是世界上粮食净出口最多的地区。在哥伦布抵达美洲大陆前，该地区的印第安人以自己的生存方式与大自然和谐相处，以满足基本生活为底线，有限地从大自然索取资源。他们将地球称为"大地母亲"，友好并怀有敬畏地对待自然。

近现代以来，经历了欧洲人殖民和独立战争后留存下来的大部分印第安群体没有改变自己的部族传统，依然将自然放在首位，不愿意以环境为代价谋求发展。秘鲁、厄瓜多尔和玻利维亚的克丘亚人提出了"美好生活"概念，强调人类社会与自然的和谐统一。同地区的艾玛拉人（秘鲁、玻利维亚），瓜拉尼人（巴西、阿根廷、巴拉圭和玻利维亚），舒阿尔人（厄瓜多尔）和马普切人（智利）均有类似语义表达。[①] 在殖民时期和后来的全球化进程中，印第安人沦为拉美国家的边缘群体，各国为发展经济而牺牲环境，导致自然生态受到破坏。拉美民众日益认识到生态保护的重要性，逐渐重新关注自然生态问题，并推崇印第安人对待自然的传统理念。2007 年厄瓜多尔总统科雷亚就任后，强调以"美好生活"发展观为指导，就实现平等包容、保护生物多样性和自然资源制定政策方案。玻利维

① 方旭飞：《厄瓜多尔的"美好生活社会主义"初探》，《现代国际关系》2015 年第 12 期。

亚也将该理念纳入宪法，重申"大地母亲"的权利，提出"人类—自然—社会"的和谐发展模式。拉美其他国家也纷纷受到该理念的影响。2015 年美洲晴雨表发布的报告显示，21 个拉美国家中50%以上的民众认为应优先考虑保护环境，哥伦比亚和巴西都有超过半数的民众愿意牺牲经济增长来保护环境。[1]

（二）气候变化负面影响日益凸显

近年来，拉美和加勒比地区已经成为受气候变化影响最严重的地区之一。首先，生态灾难频发。高温、洪灾、飓风等极端气候事件频繁发生，对拉美地区的生物多样性造成破坏。史无前例的热浪席卷南极地区，企鹅、鲸鱼、海豹和小型甲壳纲动物受到影响，正处于濒危状态。暴雨或干旱使得巴西南部、墨西哥、加勒比地区、智利等多国的生物多样性受到破坏。专家认为，在气候变暖和降雨减少作用下，加上目前人类对雨林的乱砍滥伐行为，亚马孙雨林在2050—2100 年将逐步退化成草场。[2] 全球变暖、海水温度升高和海水酸化导致拉美沿海地区的珊瑚礁白化速度加快。

其次，气候变化带来的社会问题日益凸显。海平面上升问题持续加剧，加勒比岛国面临国土面积减少甚至完全被海水淹没的灭顶之灾。科学家研究发现，南极冰层融化正从海岸蔓延至南极洲内陆，有些地方的冰层厚度减少了100 多米。南极冰川融化导致南美洲周围海平面上升，威胁到该地区多个沿海大城市的安全。飓风来袭的次数增多，据统计，20 世纪90 年代拉美共遭遇9 次飓风，而 2000—2009 年飓风发生次数猛增至 39 次。[3] 巴西气候愈发极端化，旱季持续时间更长，雨季短暂且降雨集中，经常引发洪灾。2022 年6 月，巴西东北部伯南布哥州连降多日暴雨引发洪灾，造成100 多人遇难。在气候变化影响下，登革热、塞卡等热带传染病疫情多

---

① Claire Q. Evans, "Repensando las Actitudes Hacia el Medio Ambiente en América Latina y el Caribe", 5 de agosto de 2019, https://www.vanderbilt.edu/lapop/insights/IO918es.pdf （2021 – 10 – 08）.

② Patricio Bofill, *Aumento de la Ambición en la Adaptación al Cambio Climático en América Latina y el Caribe*, CEPAL, febrero de 2022, pp. 16 – 23.

③ Patricio Bofill, *Aumento de la Ambición en la Adaptación al Cambio Climático en América Latina y el Caribe*, CEPAL, febrero de 2022, p. 16.

次来袭，同时玻利维亚、委内瑞拉境内海拔较高地区也出现了疟疾病例，对经济活动和人民生命财产安全造成较大影响。专家预测，未来随着气温升高，哥伦比亚疟疾感染人数以及拉美热带地区的登革热病例也将增多。①

最后，气候变暖对拉美地区经济造成冲击。科学研究表明，全球温度升高越多，对地区经济社会的冲击越大。如果温度在目前基础上升高2.5℃，将导致该地区经济生产总值减少1.5%—5%。② 智利大部分地区、阿根廷北部、墨西哥南部及中美洲部分地区降雨变少，河流水量减少，干旱和荒漠化问题严重，对当地农林渔业造成不良影响。③ 同时，拉美和加勒比沿海地区因气候变暖造成的生态恶化还将严重影响旅游业发展。此外，气候变暖导致的降雨减少也将影响水电站发电能力。据估算，如果气候以目前的速度持续变暖，流经萨尔瓦多、洪都拉斯和危地马拉三国的伦帕河的发电量将在2070—2099年减少33%—53%。④ 毫无疑问，继续走高碳发展之路将使拉美地区变得更加脆弱。

（三）碳中和可为拉美提供重要的发展机遇

拉美和加勒比地区拥有丰富的新能源资源，其大部分地区位于光照强烈的热带和亚热带地区，光伏发电潜力巨大，比如智利北部的阿塔卡玛沙漠是世界上阳光直射最集中和稳定的地区之一。拉美地区还有着漫长的海岸线，大陆海岸线长4.5万公里，大部分国家有领海，海上风力发电潜能巨大。拉美多国位于"太平洋火圈"沿线，地热资源丰富，美洲开发银行称该地区地热发电潜力达55—70吉瓦。拉美锂矿资源丰富，储备占全球总量67%以上，集中分布在南美"锂三角"（玻利维亚、阿根廷和智利），

① Patricio Bofill, *Aumento de la Ambición en la Adaptación al Cambio Climático en América Latina y el Caribe*, CEPAL, febrero de 2022, p. 23.

② A. Bárcena y Otros, "La Emergencia del Cambio Climático en América Latina y el Caribe: ¿Seguimos Esperando la Catástrofe o Pasamos a la Acción?", Libros de la CEPAL, No. 160 (LC/PUB. 2019/23-P), Santiago, 2020, p. 68.

③ Patricio Bofill, *Aumento de la Ambición en la Adaptación al Cambio Climático en América Latina y el Caribe*, CEPAL, febrero de 2022, p. 16.

④ Patricio Bofill, *Aumento de la Ambición en la Adaptación al Cambio Climático en América Latina y el Caribe*, CEPAL, febrero de 2022, p. 23.

为全球电池和电动汽车生产提供了重要原材料。

从发电成本看，水电是最便宜的发电方式之一，比化石能源、太阳能发电和风电的成本都低。拉美地区水电开发程度不足50%，仍有巨大的发展潜力。① 同时，随着科技不断进步，风电和太阳能发电成本也在降低。据统计，到2050年，风电成本将降至目前的51%。② 预计到2030年，拉美地区可通过风电和太阳能发电、水电、地热发电等满足80%的可再生电力需求，这将节省70亿美元的费用。而且预计到2030年，在实现碳中和的经济转型过程中，就业量将大幅增加，预计可为拉美创造1500万个就业岗位。③ 墨西哥政府研究发现，到2030年如果清洁能源发电占比达到43%，可节省至少12亿美元的能源费用，为电力部门增加38%的就业机会，还可以降低国民死亡率。④ 对哥斯达黎加而言，交通部门的去碳化将大大减少空气污染对人民身体健康的危害，减少交通拥堵，节省时间并减少交通事故，到2050年可给哥斯达黎加带来200亿美元的收入。⑤ 美洲开发银行报告显示，大部分拉美国家认为减少碳排放并不会导致经济衰退，相反可以带来发展红利。这种看法为拉美国家积极开展减排和实现碳中和奠定了重要基础。

三　具体应对措施

近年来，拉美大多数国家积极应对气候变化，多管齐下、多措并举，采取了加大能源转型、减少森林砍伐、恢复生态系统和节约能源等措施，

---

① Arturo D. Alarcón, "Las Hidroeléctricas en Latinoamérica, ¿Dónde Estamos? y ¿Hacia Dónde Vamos?", June 18, 2019, https://blogs. iadb. org/energia/es（2021 – 10 – 08）

② Fernanda Hernández, "Costos de Energía Eólica se Reducirían 49% para 2050", 21 de abril de 2021, https://energiahoy. com/2021/04/20（2021 – 10 – 08）.

③ Organización Internacional de Trabajo, *El Empleo en un Futuro de Cero Emisiones Netas en América Latina y el Caribe*, julio de 2020, p. 13.

④ Gobierno de México, *Crunching Numbers: Quantifying the Sustainable Development Co-benefits of Mexico's Climate Commitments*, 27 de noviembre de 2019, p. 9.

⑤ Sebastián Rodríguez, "Descarbonizar Transporte Generaría Hasta ＄20000 Millones en Ganancias para el 2050", 3 de diciembre de 2019. https://ojoalclima. com/descarbonizar-transporte-generaria-hasta-20 – 000-millones-en-ganancias-para-el-2050/（2021 – 10 – 08）.

这些措施是实现碳中和的重要途径。

（一）转变能源结构，加大清洁能源的开发和利用

当前，世界大部分国家都在积极推进能源转型实践，向清洁低碳的能源体系转型成为各国能源战略的主要内容。能源转型的核心是低碳化，一方面，主体能源由化石能源加速向低碳能源转变；另一方面，传统的化石能源随着煤炭清洁利用、碳捕捉、气代煤的发展而继续低碳化和清洁化。[①]拉美地区能源转型起步较早，是全球能源转型的先锋队。近年来，随着越来越多的拉美国家提出本国碳中和目标，该地区继续加大推进能源转型，减少温室气体排放。

第一，加大开发清洁能源。近年来，拉美国家不断加大对新能源的开发利用，一些国家的能源结构日趋合理。据联合国拉美经委会统计，该地区可再生能源发电占发电总量的比重已从 2010 年的 4% 增至 2020 年的11%。其中，巴西、智利、哥斯达黎加、乌拉圭等国在清洁能源的开发和利用上取得明显成效。

巴西是拉美最大的经济体，也是能源消费大国。据统计，目前巴西能源消费量达到阿根廷、玻利维亚、智利和乌拉圭能源消费总和的两倍。[②]巴西政府正不断加大对可再生能源的开发利用。在乙醇燃料开发方面，巴西目前是仅次于美国的乙醇主产国和净出口国。巴西积极从大豆油中提取生物柴油作为燃料。此外，巴西还高度重视水电、风电和太阳能的开发。目前，巴西已成为世界上可再生能源使用最有成效的国家之一，可再生能源发电占全国发电总量的80%以上。其中，水电占比高达66%，风电和太阳能发电占比达到11%，生物质能发电达到8%左右，核电占比达到2%，化石燃料发电仅占12%。[③]预计未来，巴西将在能源转型领域获得更大成

---

① 中国现代国际关系研究院能源安全研究中心：《国际能源大转型：机遇与挑战》，时事出版社 2020 年版，第 1 页。

② "El Futuro Energético del Sistema Eléctrico en América Latina", *GE Reports Latinoamérica*, 5 de julio de 2020, https：//gereportslatinoamerica. com/el-futuro-energ% C3% A9tico-del-sistema-el% C3% A9ctrico-en-am% C3% A9rica-latina-a54105757c7（2022 – 06 – 08）.

③ "La Energía Hidroeléctrica Representó el 66% de la Generación Eléctrica de Brasil en 2020", september 7, 2021, https：//www. worldenergytrade. com/energias-alternativas/agua-y-vapor/la-energia-hidroelectrica-represento-el-66-de-la-generacion-electrica-de-brasil-en-2020（2021 – 10 – 09）.

就。一些油气资源匮乏的拉美国家积极发展清洁能源，取得明显成效。智利积极开发风能、太阳能和地热能。2020 年，智利开始建设首批装机容量超过 200 兆瓦的光伏园区，还计划在阿塔卡玛地区建设大型风电场。① 据统计，2021 年智利可再生能源发电占全国发电总量的比重已达 53.3%，其中 24% 来自水电，17.8% 来自太阳能发电，9.9% 来自风力发电，1.5% 来自生物质能发电。② 哥斯达黎加 2019 年发布《国家脱碳计划》，宣布到2030 年实现 100% 可再生能源发电。据统计，2020 年该国可再生能源发电占比已达到 99.78%，水电成为电力主要来源，占比近 72%，地热能、风能、生物质能和太阳能成为补充能源。③ 乌拉圭政府推动可再生能源尤其是风电发展。2019 年，乌拉圭 98% 的电力来自可再生能源，在世界经济论坛发布的"能源转型指数"排行榜中位于第 11 位。④

除了上述四国外，其他拉美国家也积极开发使用清洁能源。阿根廷采取混合水电、核能、太阳能和风能的模式。据阿根廷电力监管机构统计，2020 年该国 11 个省共实施 39 个可再生能源项目，全年可再生能源发电在阿根廷全国供电总量中占比达到 9.7%，其中 2020 年 12 月 8 日当天创下23.3% 的历史新高。⑤ 哥伦比亚总统杜克上台后，制定了"清洁增长计划"，具体内容包括 27 个战略性可再生能源和输电项目，其中包括 9 个风能项目、5 个太阳能项目、3 个地热能项目、1 个氢能项目以及 9 条输电线路，总投资超过 16 万亿比索（约合 45.4 亿美元），预期将为哥伦比亚带

① 吴月婷：《浅析拉美主要国家碳减排经验及中拉合作潜力》，中国贸易促进会驻智利代表处网站，2021 年 5 月 30 日，http：//www.ccpit.org/Contents/Channel_ 4287/2021/0530/1345335/content_ 1345335.htm（2021 – 10 – 10）。

② "Generación Eléctrica en Chile", 2 de febrero de 2022, http：//generadoras.cl/generacion-electrica-en-chile（2022 – 05 – 26）。

③ "Costa Rica will Receive $250 Million from Green Fund for Electric Train", July 2, 2021, https：//ticotimes.net/2021/07/02/costa-rica-will-receive-250-million-from-green-fund-for-electric-train（2022 – 06 – 08）.

④ "Oportunidades de Inversión Energías Renovables", junio 2020. https：//www.uruguayxxi.gub.uy/uploads/ informacion/cc8975afd04dcec9210407b1ff1b8c2212bb9bcc.pdf（2021 – 05 – 08）.

⑤ "Las Energías Renovables Lograron un Crecimiento Histórico en 2020", 28 de enero de 2021, https：//www.argentina.gob.ar/noticias/las-energias-renovables-lograron-un-crecimiento-historico-en-2020（2021 – 10 – 08）.

来超过5.5万个工作岗位。[①] 2020年，厄瓜多尔能源部推出《能源战略规划项目》，计划建设包括风电、太阳能、水电、生物质能发电四类清洁能源的多个发电站，预计投资总额为9.68亿美元。目前，在西班牙、法国、中国以及厄瓜多尔本国公司的参与下，一些大型可再生能源项目已经在建或投运。

表2	拉美国家可再生能源消费增长率	单位:%
国家	2009—2019年年均增长率	2020年增长率
巴西	10.0	0.7
墨西哥	13.8	19.9
阿根廷	22.0	10.0
智利	18.9	12.9
秘鲁	14.4	7.0
厄瓜多尔	13.2	9.4
哥伦比亚	9.0	-6.6
委内瑞拉	—	-0.6
特立尼达和多巴哥	-15.1	-0.6
其他拉美国家	12.8	0.3

资料来源: BP, Statistical Review of World Energy 2021, 70th edition, July 2021, p. 55, https://www.bp.com/content/dam/bp/business-sites/en/global/corporate/pdfs/energy-economics/statistical-review/bp-stats-review-2021-full-report.pdf（2021 - 10 - 26）。

第二，积极开展可再生能源电网建设。近年来，拉美国家积极推进农村电气化建设，尤其是加大偏远地区可再生能源发电和微电网工程建设，提高农村居民的生活水平，同时减少直接燃烧化石能源或木材产生的温室气体排放。巴西为西北部地区制定了可再生能源利用方案，加大太阳能使用力度，积极实现农村电气化。阿根廷制定了农村市场可再生能源项目，

---

① "Compromiso Por Colombia / Transición Energética y Crecimiento Limpio, en el Foco del Gobierno para los Próximos dos Años", 7 de agosto de 2020, https://id.presidencia.gov.co/Paginas/prensa/2020/COMPROMISO-POR-COLOMBIA-Transicion-energetica-y-crecimiento-limpio-en-el-foco-del-Gobierno-para-proximos-dos-anios-200807.aspx（2021 - 10 - 20）.

鼓励私人电力公司为人口密度低且距离集中电网较远的地区供电，在部分村庄建设完全由清洁能源项目进行持续供电的系统。预计，该国政府将投资470万美元，首期将建成四个微型电网，为350多个农村家庭及其社区的学校、卫生站供电。其中，里奥内格罗省已经开始建设用于输送风电和太阳能电力的小型电网。① 乌拉圭也利用风力资源为偏远地区供电。玻利维亚制定了"国家农村能源战略"，通过光伏电站和小型水电站为农村供电。

第三，减少农业部门甲烷排放。甲烷是产生温室效应的重要气体之一。拉美地区农业部门的温室气体排放占总排放量的26%，其中畜牧业饲养牛产生的甲烷是重要来源之一。拉美国家正在积极推进智慧农业发展，具体措施包括使用单宁、藻类等能够减少甲烷的饲料添加剂以抑制牲畜体内的产甲烷菌类，改变牲畜粪便管理方式，加强对牲畜粪便产生的甲烷的利用等。2018年，洪都拉斯、尼加拉瓜、哥斯达黎加和巴拿马开展畜牧业温室气体项目，共同开发低排放的畜牧业生产系统。2019年，包括巴西、墨西哥、阿根廷在内的拉美11国成立农业气候行动平台，以加强合作、减少农业温室气体排放。2022年1月，绿色气候基金（GCF）和泛美农业合作研究院宣布开启合作，旨在减少美洲地区农业的甲烷排放。②

第四，加快工业部门绿色升级。拉美多国政府制定相应政策，推动工业部门加大使用清洁能源。一些国家重视改造电厂设备，将一些使用石油和煤炭发电的电热厂改为使用污染更少的天然气发电。截至2020年11月，拉美地区共有约500座热电厂，其中至少有274家热电厂采用天然气发电。③ 其中，智利承诺在2024年前关闭8座煤电厂，并在2040年前淘汰煤

① "Inicia la Construcción de una Mini Red de Generación Eléctrica Eólica y Solar en Naupa Huen", 17 de enero de 2022, https：//rionegro. gov. ar/articulo/40356/inicia-la-construccion-de-una-mini-red-de-generacion- electrica-eolica-y-solar-en-naupa-huen（2022 – 06 – 11）.

② "Plan para Reducir el Metano en América", 20 de enero de 2022, https：//www. ansalatina. com/ americalatina/noticia/sociedad/2022/01/20/plan-para-reducir-el-metano-en-todo-a-merica_ 638d65b8 – 55af – 4d94-a658-b615277a724c. html（2022 – 06 – 08）.

③ Andrés Bermúdez Liévano, "¿Energía Varada？：Mapeando las Termoeléctricas de América Lati-na", 9 de noviembre de 2020, https：//dialogochino. net/es/clima-y-energia-es/38222/（2022 – 06 – 09）.

电。[1] 一些国家还通过提高设备科技含量，提升工业部门的能源利用效率。墨西哥在国内建设了多座联合循环发电厂，利用多种热力学循环串联来获得更高热效率。[2] 同时，拉美国家还积极建设低排放、低能耗以及加强废物循环利用的工业生产体系。2003 年，墨西哥、哥伦比亚、萨尔瓦多、洪都拉斯、哥斯达黎加、秘鲁等 11 个拉美国家成立了"拉丁美洲清洁生产网络"，加大对该地区国家提高资源利用效率和清洁生产的科技和资金支持。[3] 2017 年，联合国工业发展组织出台"拉美和加勒比地区可持续工业园区发展计划"。截至 2017 年 5 月，阿根廷、玻利维亚、哥斯达黎加、巴拿马、乌拉圭、萨尔瓦多等国均已有企业开始参与可持续工业园区建设。[4]

第五，推进交通部门低碳化。拉美地区有多个人口超过 1000 万的超大城市，包括圣保罗（2240 万）、墨西哥城（2200 万）、阿根廷（1537 万）、里约热内卢（1363 万）、波哥大（1364 万）和利马（1105 万）[5]。但拉美国家城市化与经济发展不协调，城市内部产生了一系列经济、社会和环境问题，如空气质量恶化、交通堵塞等。[6] 为此，一些拉美国家提高城市基础设施水平，改善交通和卫生条件，建设低碳环保安全的智慧城市。其中，鼓励自行车骑行、公共交通出行和促进交通电气化成为重要政策之

① Ministerio de Energía de Chile, "Plan de Retiro y Reconversión de Unidades a Carbón", mayo de 2020, p. 5, https: //energia. gob. cl/sites/default/files/plan_ de_ retiro_ y_ o_ reconversion_ centrales_ carbon. pdf（2022 – 06 – 09）.

② "Iberdrola se Consolida como el Mayor Productor Privado de Electricidad de México con Cuatro Nuevos Ciclos Combinados", septiembre de 2021, https: //www. iberdrola. com/conocenos/lineas-negocio/proyectos-emblematicos/centrales-ciclo-combinado-mexico（2021 – 10 – 20）.

③ "Red Latinoamericana de Producción Más Limpia Cumplió 10 Años. ONUDI y Cooperación Suiza Ratifican Compromiso con Esta Iniciativa", 26 de enero de 2014, https: //www. cooperacionsuiza. pe/red-latinoamericana-de-produccion-mas-limpia-cumplio-10-anos-onudi-y-cooperacion-suiza-ratifican-compromiso-con-esta-iniciativa/（2022 – 06 – 09）.

④ "Desarrollo de Parques Industriales Sostenibles en los Países de América Latina", Organización de las Naciones Unidas para el Desarrollo Industrial, mayo de 201, https: //www. unido. org/sites/default/files/files/2018 – 05/Sustainable% 20Ind% 20Park% 20 – % 20Desarrollo% 20de% 20Parques% 20Industriales% 20Sostenibles% 20LA. . . . pdf, p. 20（2022 – 06 – 08）.

⑤ "Ciudades con la Mayor Cantidad de Habitantes en América Latina en 2022", Statista Research Department, 6 de may de 2022, https: //es. statista. com/estadisticas/1192117/ciudades-sudamericanas-mas-pobladas/（2022 – 06 – 08）.

⑥ 袁东振：《混乱和无序：拉美城市化的教训》，《科学决策》（月刊）2005 年第 6 期。

一。哥伦比亚、哥斯达黎加、厄瓜多尔和墨西哥的碳中和路径提出，到
2050 年公共交通将占全国机动化道路的 45%—70%。哥伦比亚首都波哥大
已实现 2/5 的市民出行选择公交，政府还提出到 2035 年实现公共交通全部
零排放。智利称 2040 年本国公交全部采用电力，2050 年实现 40% 的私家
车使用电力。墨西哥和厄瓜多尔计划通过加强城市及基础设施规划减少交
通距离，提出到 2050 年人均旅行距离比 2010 年减少 10%。哥斯达黎加计
划到 2035 年 30% 的公交车实现零排放，到 2050 年 85% 的公交车实现零排
放；私家车的相应目标分别是 30% 和 95%。厄瓜多尔首都基多则成立了强
化生态效率委员会，并且在城市的选定区域建立拼车系统，以加大车辆利
用率、减少交通拥堵。哥斯达黎加提出，到 2050 年大城市公共交通的作用
将大幅提升，且自行车等非机动车辆占出行比重提高至 10%。交通电气化
也成为各国关注的重点。目前，瓜亚基尔、麦德林、巴拿马城等多个拉美
城市正在建设电动公交系统。包括基多和墨西哥城在内的 14 个拉美城市承
诺，自 2025 年起只购买零排放公交车。

（二）恢复森林和海洋等生态系统的储碳功能

第一，减少森林砍伐，恢复森林植被。据调查，拉美地区许多国家 1/4
以上的温室气体排放来自农业和森林砍伐。秘鲁境内亚马孙地区乱砍滥伐造
成的排放占该国温室气体排放总量的 50%。近年来，拉美国家开始严格限制
森林砍伐，并且加大植树造林，恢复生态系统。在 2021 年 10 月底 11 月初召
开的格拉斯哥气候变化大会上，包括巴西、墨西哥、阿根廷、哥斯达黎加等
八国在内的 100 多个国家签署联合声明，承诺在 2030 年前停止所有森林砍
伐。巴西总统博索纳罗宣布将全面实施《森林法》，通过终止砍伐减少 40%
的二氧化碳排放；强化环境部门监管职能，加强打击破坏环境的犯罪行为。
墨西哥总统洛佩斯·奥夫拉多尔出台"播种生命"计划，宣布任内将种植 30
亿棵树木。危地马拉总统吉米·莫拉莱斯称已投资 2 亿美元用于植树造林，
计划到 2032 年恢复 120 万公顷森林。[1] 哥伦比亚提出借助森林、草地和湿
地加强碳固存，截至 2020 年 12 月已种植 1 亿棵树，并计划在 2022 年前种

---

① Daniel Gross, "Los Compromisesde América Latina y el Mundo en la Cumbre sobre la Acción
Climática", 23 de septiembre de 2019. http：//news. un. org/es/story/2019/09/1462582（2021 - 10 - 26）.

植 1.8 亿棵树，以保护亚马孙地区和荒原地区的生态系统。哥斯达黎加目前森林覆盖率达到 52%，计划到 2030 年将该比重提高至 60%。目前，该地区在减少森林砍伐、恢复森林植被方面取得成效。据 2020 年联合国粮农组织发布的《世界森林状况》报告显示，2010—2020 年南美地区的森林砍伐速度相比 2000—2010 年明显放缓。①

第二，恢复海洋碳汇能力。海洋碳汇是利用海洋和海岸带生态系统吸收大气中的二氧化碳，并将其固定和存储的过程、活动和机制。据统计，在储存碳的三个地方——大气、海洋和陆地生物圈中，海洋和沿海生态系统储存了地球上约 93% 的二氧化碳，是地球上最大的碳库。② 海洋每年可以清除大气中 30% 以上的二氧化碳。③ 其中，红树林、盐沼和海草床滨海生态系统具有强大的海洋碳汇功能。通过恢复海洋生态系统来恢复海洋碳汇能力日益成为拉美各国努力的方向之一。墨西哥是全球范围内红树林面积第四大国，其红树林面积达到 78 万公顷。近年来，该国不断加大对红树林的保护力度。墨西哥国家林业委员会与国家自然保护区委员会、环境与自然资源局等部门共同行动，减少对红树林的砍伐，并展开红树林恢复行动。④ 2019 年 1 月，墨西哥环境和自然资源部扩大了海草和珊瑚等濒危物种清单。⑤ 古巴、海地、波多黎各和多米尼加在"加勒比生物走廊倡议"中将恢复红树林列为优先事项。⑥ 2020 年 11 月，哥伦比亚环境部宣布启动红树林蓝碳战略项目，通过加强监测、对社区居民进行培训等多种方式保

---

① Organización de las Naciones Unidas para la Alimentacíín y la Agricultura, *El Estado de los Bosques del Mundo 2020*, 2021, p. 13.

② "Carbon Dioxide in the Ocean and Atmosphere", http：//www. waterencyclopedia. com/Bi-Ca/Carbon-Dioxide-in-the-Ocean-and-Atmosphere. html（2021 – 10 – 20）.

③ The Ocean Portal Team, "Ocean Acidification", https：//ocean. si. edu/ocean-life/invertebrates/ocean-acidification（2021 – 10 – 20）.

④ "Bosques de Mangle, Aliados para Enfrentar Cambio Climático", 10 de febrero de 2021, https：//www. portalambiental. com. mx/sabias-que/20210210/bosques-de-mangle-aliados-para-enfrentar-cambio-climatico（2021 – 05 – 12）.

⑤ "México Actualiza NOM-059 para Proteger Pastos Marinos y Corales", 21 de noviembre de 2019, https：//www. portalambiental. com. mx/politica-ambiental/20191121/mexico-actualiza-nom-059-para-proteger-pastos-marinos-y-corales（2021 – 07 – 20）.

⑥ "Seis Recomendaciones para Conservar a los Vitales Manglares", 27 de julio de 2021, https：//www. elnuevosiglo. com. co/articulos/07 – 27 – 2021-seis-recomendaciones-para-conservar-los-vitales-manglares（2021 – 10 – 26）.

护该国 29 万公顷的红树林。[①]

(三) 运用市场和行政手段

第一，积极实施相关税收政策。哥斯达黎加等国已开始对油气燃料进行征税。墨西哥 2014 年引入生产和服务特别税，针对碳排放进行征税。智利于 2017 年开始征收碳税，2020 年 2 月进一步改革税收政策。阿根廷也于 2017 年开始税收改革，通过了碳税法，决定对液体燃料、煤炭和焦炭等燃料使用进行征税，税率价格在 10 美元/吨二氧化碳，大约可覆盖全国排放量的 20% 左右。[②]

第二，探索碳交易机制。美洲国家在碳定价机制合作方面已经有所进展。2017 年 12 月 12 日，在巴黎召开的"同一个星球"峰会上，加拿大、智利、哥伦比亚、哥斯达黎加、墨西哥以及美国加利福尼亚州和华盛顿州宣布出台《美洲碳定价宣言》。2018 年年初，墨西哥索诺拉州宣布加入该宣言。就具体国别而言，墨西哥自 2020 年 1 月开始试行碳交易政策。[③] 智利和秘鲁拥有社会碳定价机制，旨在促进有利于减排的公共投资项目。[④] 此外，智利和巴西正在考虑实施碳交易政策。博索纳罗表示巴西对国际合作敞开大门，将根据《巴黎协定》第 5 条和第 6 条中有关碳交易的内容推动合作。

第三，加强碳足迹监测。智利、秘鲁、厄瓜多尔和哥斯达黎加等国已

---

① "ONU Advierte sobre la Importancia de Proteger los Ecosistemas de Carbono Azul en Colombia", 1 de marzo de 2021, https: //www. infobae. com/america/colombia/2021/03/01/onu-advierte-sobre-la-importancia-de-proteger-los-ecosistemas-de-carbono-azul-en-colombia/ (2021 – 10 – 26).

② Verónica Gutman, "Argentina: Descarbonización Energética y Precios al Carbono", noviembre de 2019, https: //www. researchgate. net/publication/337444711_ Argentina_ Descarbonizacion_ energetica_ y_ precios_ al_ carbono_ In_ Precio_ al_ carbono_ en_ America_ Latina_ Tendencias_ y_ oportunidades (2021 – 10 – 26).

③ "Emission Trading Worldwide, International Carbon Action Partnership (ICAP) Status Report 2021", 20 de diciembre de 2021, https: //icapcarbonaction. com/en/icap-status-report-2021 (2022 – 01 – 06).

④ Jolita Butkeviviene, "Avances en la Acción Climática de América Latina: Contribuciones Nacionalmente Determinadas al 2019", Serie de Estudios Temáticos EUROCLIMA +, 30 de diciembre de 2019, p. 12.

建立全国性的碳足迹监测项目。① 秘鲁制定了气候目标实施项目，与国家采购监督局共同行动，测量公开招标中的碳足迹。哥斯达黎加自 2012 年起一直在运行国家碳足迹平台，运用五个识别级别来计算事件和产品中的碳足迹，并且在产品中标上碳中和标签，以降低成本和优化资源配置。② CAF——拉丁美洲开发银行为支持地方政府展开减排行动，专门设计了一套模型，对拉美城市的碳和水足迹进行测量，确定是否要采取措施加强减排，以期改善居民生活质量、减少温室气体和其他污染物的排放。玻利维亚首都拉巴斯、厄瓜多尔首都基多和秘鲁首都利马实施了减少碳足迹的试点项目。其中，拉巴斯建立了生态社区，市政动物园安装了废物集成系统，对废物进行生物降解后，利用其进行施肥和发电，并回收废水。截至2018 年 3 月，已有拉巴斯、利马、瓜亚基尔等 14 个拉美城市在碳和水足迹测量方面取得进展。

（四）积极参与国际协作

第一，积极参与全球性气候融资机制，积极争取资金支持。世界银行通过其管理的清洁技术基金向巴西、墨西哥、智利等国提供融资支持，2003—2019 年向该地区 31 个项目提供了 9.3 亿美元融资。③ 上述机制长期以来一直是该地区气候融资的主要来源。其中，智利参与了世界银行碳伙伴基金项目，后者是由世界银行管理，由政府、企业、民间社会和土著民众组织成立的全球协会，致力于减少毁林和森林退化。智利与该基金项目达成 2600 万美金的资助协议，成为第一个达成此类协议的拉美国家。④

---

① "Países de América Latina y el Caribe Comparten Avances y Experiencias sobre la Huella de Carbono", 19 de junio de 2020, https: //www. gob. pe/institucion/minam/noticias/187692-paises-de-america-latina-y-el-caribe-comparten-avances-y-experiencias-sobre-la-huella-de-carbono（2021 – 10 – 26）.

② 吴月婷:《浅析拉美主要国家碳减排经验及中拉合作潜力》，中国贸易促进会驻智利代表处网站，2021 年 5 月 30 日，http: //www. ccpit. org/Contents/Channel_ 4287/2021/0530/1345335/content_ 1345335. htm（2021 – 10 – 26）.

③ Charlene Watson y Liane Schalatek, *Reseña Regional Sobre el Financiamiento para el Clima: América Latina*, Overseas Development Institute, febrero de 2020, p. 2.

④ 吴月婷:《浅析拉美主要国家碳减排经验及中拉合作潜力》，中国贸易促进会驻智利代表处网站，2021 年 5 月 30 日，http: //www. ccpit. org/Contents/Channel_ 4287/2021/0530/1345335/content_ 1345335. htm（2021 – 10 – 26）.

第二，加强地区内部协调行动。近年来，拉美国家多次召开地区环境和气候会议。2018 年 3 月，拉美和加勒比地区 24 个国家在哥斯达黎加签署《埃斯卡苏协定》，成为该地区第一个关于环境问题的多边条约。近年来，拉美国家在联合国气候变化框架公约下成立了拉丁美洲区域合作中心。2020 年，该合作中心举行了拉美地区温室气体管理项目联盟会议，智利、哥斯达黎加等拉美多国就监测与核查温室气体排放展开经验交流。2021 年，拉美国家建立了拉美和加勒比循环经济联盟，旨在通过该地区政府、企业和社会之间的协作，在拉美推广循环经济。① 此外，以拉美国家为主体的美洲开发银行也长期为拉美气候治理提供融资和技术支持。2021 年格拉斯哥大会期间，美洲开发银行宣布未来五年内将筹集 250 亿美元用于促进拉美地区的绿色增长。②

第三，与美国加强可再生能源合作。美国高度关注拉美的能源转型和绿色发展机遇，近年来一些美国智库提出构建西半球能源一体化的构想，欲推动美拉合作，得到了部分拉美国家的响应。在 2021 年 4 月召开的气候峰会上，美国宣布扩大对参与"拉丁美洲和加勒比可再生能源倡议"国家的支持。该倡议由哥伦比亚、智利和哥斯达黎加牵头，旨在到 2030 年将可再生能源比重提高至 70%。美国将与美洲开发银行、拉丁美洲能源组织和全球电力系统改造财团合作提供支持。预计未来，拉美将继续和美国在绿色发展领域开展合作。

第四，与欧盟加强气候领域合作。拉美与欧盟跨区域合作机制框架下专门设立了气候议题，欧盟持续为拉美地区气候治理提供资金和智力支持。此外，欧盟通过拉美投资基金和加勒比地区投资基金开展投资项目，并向巴西和墨西哥等国提供碳市场工具、加强应对森林退化等方面的技术援助，得到了拉美国家的积极响应。③

---

① "Latin America and the Caribbean Circular Economy Coalition Launches"，2021，https：//ellen-macarthurfoundation. org/news/latin-america-and-the-caribbean-circular-economy-coalition-launches（2022 – 06 –09）.

② "CAF Reafirma en la COP26 el Compromiso de Convertirse en el Banco Verde de América Lati-na"，12 de noviembre 2021，https：//www. caf. com/es/actualidad/noticias/2021/11/caf-reafirma-en-la-cop26-el-compromiso-de-convertirse-en-el-banco-verde-de-america-latina/（2021 – 11 –26）.

③ "Latin America and the Caribbean"，https：//climate. ec. europa. eu/eu-action/international-action-climate-change/ cooperation-non-eu-countries-regions/latin-america-and-caribbean_ en（2021 – 10 – 26）.

四　拉美国家碳中和政策效果及前景

拉美国家普遍重视气候变化议题，在碳中和议题上表现出较强的责任感和行动力。而且近年来，拉美国家在控制温室气体排放量上取得了一定成效，但拉美实现碳中和亦面临一些挑战。

（一）碳中和政策效果评估

据联合国统计，在 2020 年全球新冠疫情暴发前，全球温室气体排放量仍然呈持续上升势头。[①] 但拉美地区总体表现较好，根据联合国拉美经委会统计，拉美地区温室气体排放总量已经连续数年呈现下降趋势（见图5）。

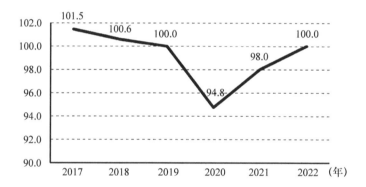

图3　拉美和加勒比地区温室气体排放量趋势图（2017—2022 年）

注：以拉美和加勒比地区 2019 年温室气体排放量为 100 参考值。

资料来源：CEPAL, *Panorama de las Actualizaciones de las Contribuciones Determinadas a Nivel Nacional de Cara a la COP 26*, 2022, https：//www. cepal. org/en/ node/55638（2021 – 11 – 26）。

从具体国家看，2017—2020 年巴西、阿根廷等拉美主要经济体的二氧化碳排放量持续减少，对地区排放总量下降发挥了重要作用（见表3）。2018 年墨西哥和厄瓜多尔的二氧化碳排放量均经历了小幅上升，随后在 2019 年又迅速减少，其中墨西哥达到了 2015—2019 年的最低排放纪录。

---

① ONU, *Informe Sobre la Brecha en las Emisiones del 2020*, https：//wedocs. unep. org/bitstream/handle/ 20. 500. 11822/34438/EGR20ESS. pdf? sequence = 35, p. 5（2021 – 10 – 26）.

2019 年哥伦比亚二氧化碳排放量同比 2018 年有所增加，但仍低于 2016 年的排放最高纪录。2017—2019 年，秘鲁二氧化碳排放有所增长，但实际增幅很小（见图6）。

表3　　　　　　　　2015—2020 年拉美部分国家 CO_2 排放量统计　　　　单位：亿吨

年份	巴西	墨西哥	阿根廷	哥伦比亚	智利	秘鲁	厄瓜多尔	多米尼加
2015	5239.85	4914.83	2107.24	854.52	840.52	547.93	425.83	238.17
2016	4902.82	4988.18	2105.92	953.98	885.23	572.66	409.14	248.07
2017	4979.04	5011.96	2045.94	830.15	893.52	548.23	396.70	237.41
2018	4770.54	5046.09	2021.99	864.59	889.55	548.88	411.16	254.69
2019	4769.8	4875.7	1887.38	926.23	905.83	550.82	400.07	280.57
2020	4518.01	4076.95	1765.1	902.52	845.56	444.79	332.79	290.93

资料来源：西班牙财经网站 Datosmacro 根据国际各大碳数据库统计得出，https：// datosmacro. expansion. com/ （2021 – 10 – 26）.

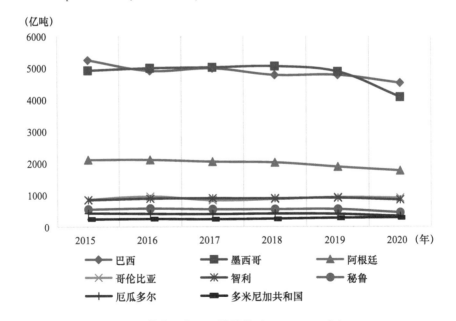

图 4　拉美国家 CO_2 排放量（2015—2020 年）

资料来源：西班牙财经网站 Datosmacro 根据国际各大碳数据库统计得出，https：// datosmacro. expansion. com/ （2021 – 10 – 26）。

（二）拉美实现碳中和仍面临重重挑战

首先，值得注意的是，2020 年拉美地区温室气体排放量同比减少的重要原因之一是新冠疫情冲击造成的经济活动减弱。随着 2021 年全球经济开始缓慢复苏，一些国家的温室气体排放量也出现报复性反弹。预计拉美地区在 2022 年温室气体排放量将恢复至 2019 年疫情前水平。初步统计 2021 年巴西温室气体排放量比 2019 年增长约 7%。[①] 如何在促进经济增长与减少碳排放之间取得平衡将是包括许多拉美国家在内的世界各国需要面对的议题。

其次，部分拉美国家仍未出台碳中和目标。联合国《2021 年排放差距报告》显示，当前制定的国家气候承诺不足以实现全球控温目标，到 21 世纪末全球气温仍将上升 2.7 摄氏度，远高于《巴黎协定》将全球变暖幅度控制在 1.5 摄氏度以内的目标。[②] 就拉美地区而言，截至 2022 年 6 月，仍有包括墨西哥等在内的部分国家没有出台本国的碳中和目标。要实现全球控温目标，需要包括拉美国家在内的世界各国积极参与，未来拉美地区需要进一步协调各国计划和行动，加强整体合力以推动实现碳中和目标。

最后，部分拉美国家能源转型恐面临困难。在当前复杂的国际形势下，拉美一些油气资源密集型国家或缺乏推进能源转型的动力。一方面，资金不足问题限制其能源转型。2020 年以来，部分国家受疫情冲击而面临财政困难和外资引进不足，在推进能源转型上遭遇困难，为短期内节约成本，或继续维持高碳能源结构。据世界银行统计，2021 年拉美地区公共债务已达经济总量的 75.38%。据拉美经委会统计，2020 年该地区吸引外国直接投资额同比下跌 34.7%，初步估计 2021 年吸引外资增幅将低于 5%。面对经济困境，一些拉美国家放宽环保标准，继续依赖廉价的石油发电，

---

① UN, "Emission Gap Report 2021: The Heat is On, A World of Climate Promises Not Yet Delivered", October 26, 2021, https://www.unep.org/emissions-gap-report-2021 (2021 - 10 - 28).

② UN, "Emission Gap Report 2021: The Heat is On, A World of Climate Promises Not Yet Delivered", October 26, 2021, https://www.unep.org/emissions-gap-report-2021 (2021 - 10 - 26).

甚至加大对低成本的油气开发和利用。[1] 据统计，2020 年委内瑞拉以及特立尼达和多巴哥的可再生能源消费同比 2019 年均减少了 0.6%，而哥伦比亚可再生能源消费降幅达到了 6.6%。[2] 巴西博索纳罗政府也曾在经济恢复计划中表示，将考虑在自然保护区的石油天然气勘探项目，扩大油气生产潜力。另一方面，美欧对拉美油气需求加大或将促进该地区传统油气产业发展。随着 2022 年年初俄乌冲突爆发，拉美一些油气资源丰富的国家再度被纳入美欧视野范围，后者欲加大对拉美油气资源的开发和输出。美国拜登政府为争取获得委内瑞拉石油输出，已和马杜罗政府展开谈判并且部分放松对委内瑞拉石油的制裁。在当前复杂的国际格局下，部分油气资源丰富的拉美国家或缺乏推进可再生能源开发的动力，从而不排除未来其在碳中和议题上出现进展缓慢的情况。

尽管目前部分拉美国家持续推进低碳绿色发展面临一些困难和障碍，但该地区大部分国家已经在相应政策制定和落实上走在世界前列。2020 年年初新冠疫情的暴发促使公众提高对环境和生态安全的认知，为各国低碳发展提供了历史机遇。"绿色复苏"正日益成为全球倡导和实施的方案，在后疫情时代可能发挥更大促进作用。[3] 为了实现碳中和目标，拉美各国政府需继续坚持绿色政策，凝聚社会共识，加大资金投入，并且通过区内外合作，夯实可持续发展的能力，补齐部分国家的资金技术短板，为所有地区国家共同实现碳中和目标助力。

（作者曹廷，复旦大学国际问题研究院拉美研究室副主任、副研究员）

---

① 张锐：《新冠疫情影响下的拉美能源转型》，《拉丁美洲研究》2021 年第 1 期。

② BP, *Statistical Review of World Energy 2021 ǀ 70th edition*, July 2021, p. 55, https://www.bp.com/content /dam/bp/business-sites/en/global/corporate/pdfs/energy-economics/statistical-review/bp-stats-review-2021-full-report.pdf（2021 – 10 – 26）.

③ 张锐：《新冠疫情影响下的拉美能源转型》，《拉丁美洲研究》2021 年第 1 期。

Carbon Neutrality Goals, Measures, and Prospects
of Latin American Countries

Cao Ting

Abstract: Over recent years, climate change has been a key issue of global concern to which countries in Latin America and the Caribbean (LAC) are attaching increasing importance and actively joining and participating in the global climate governance agreements. Many LAC countries have taken the initiative to propose their own carbon neutrality goals and take measures such as accelerating energy transition and restoring ecosystems, which have led to admirable results. Generally speaking, historical and cultural traditions, as well as economic development needs, are the driving forces for LAC countries' emphasis on addressing the climate issue. In the future, countries in the region will continue to work towards the goal of carbon neutrality and further strengthen the implementation of relevant policies. However, persistent and creative efforts are called for to overcome the socio-economic challenges brought by the COVID – 19 pandemic to achieve carbon neutrality targets. In order to achieve the goal of carbon neutrality, the governments of LAC countries need to continue to adhere to green policies, build social consensus, and increase capital investment.

Key words: Latin America; Carbon neutrality; Climate change; Sustainable development

中拉经贸合作中的"美国因素"分析[*]

宋海英　黄嘉淳

摘　要： 经贸合作已成为中国与拉美国家关系的"压舱石"和"稳定器"，尽管中拉经贸合作不断取得新的突破，充分展现出韧性与活力，但仍面临来自"美国因素"的影响。美国借助"美洲增长"倡议、"重建更美好世界"计划、"美洲经济繁荣伙伴关系"计划、近岸外包和友岸外包政策等对中拉经贸合作进行干扰或阻挠。对此，我们应加强与美方在拉美事务中的沟通与交流、以务实的合作提升中国在拉美地区的正面影响力、进一步推进中拉高质量共建"一带一路"、通过经济的复苏推进中拉命运共同体建设。

关键词： 拉美；美国因素；经贸合作；"一带一路"

拉丁美洲是"21世纪海上丝绸之路"的重要战略地区，在中国的对外贸易中，中拉合作占据重要地位，双方的合作前景广阔，但也面临诸多挑战。其中，美国在拉美地区的影响力不容忽视。近年来，中美在拉美地区的关系日渐紧张，美国屡次加大对拉美国家的控制，在拉美地区对中国进行压制，阻碍中拉合作的顺利进行。且从长远看，美国强大的影响力仍将继续阻碍中拉经贸关系的发展。

---

* 本文系浙江省哲学社会科学领军人才培育课题"大变局下基于供应链协同治理的粮食贸易安全研究"（编号：23QNYC17ZD）的阶段性成果。

一　引　言

近年来，中拉经贸合作发展迅速①，合作领域持续拓展，特别是许多拉美国家②积极参与"一带一路"倡议，使其成为中拉合作的新舞台，为中拉合作升级注入新的动力。但这引起了美国政府的不满与猜忌，特别是特朗普上任总统后，中美两国在拉美地区的竞争关系越发紧张。美国拜登政府的《国家安全战略》把中国界定为"战略竞争对手"，多次利用各种手段公开给中拉合作制造障碍，包括时常在拉美事务中发表反华言论、加大对拉美左翼政权的抨击、笼络右翼政权共同反华、对与中国建立新外交关系的拉美国家进行警告……这些不仅对中拉关系产生了负面影响，而且导致个别拉美国家对中国的态度发生转变。在 2021 年召开的 G7 峰会上，美国总统拜登试图强迫 G7 就涉疆议题公开指责中国，企图干涉中国内部事务，组建"反华联盟"，中美关系的发展态势不容乐观。同时，拉美地区正处于政治分裂、社会局势恶化的困难时期，再加上新冠疫情的后续影响，经济复苏变得异常困难。美国想趁机加大对拉美国家的控制，并制约中国在拉美地区的影响力，中拉关系的进一步发展面临各种"美国因素"的挑战。放眼未来，基于中、美、拉三边关系的特殊性，中拉经贸合作将继续保持积极的发展趋势，但美国越来越成为中拉经贸合作中不容忽视的制约力量。

国内外学者对这一问题展开了丰富的研究，主要分为两大领域：

其一，对中拉经贸合作的研究。朱楠楠和苏聪认为，中拉经贸合作正处于前所未有的战略机遇期。③ 吕洋和吕新锋的研究表明，尽管新冠疫情

---

① 《中国与厄瓜多尔签署自由贸易协定》，中国自由贸易区服务网，http：//www. mofcom. gov. cn，2023 年 5 月 11 日。

② 截至 2022 年 3 月，已同中国签订"一带一路"合作文件的 21 个拉美国家分别为：哥斯达黎加、巴拿马、萨尔瓦多、多米尼加、特立尼达和多巴哥、安提瓜和巴布达、多米尼克、格林纳达、巴巴多斯、古巴、牙买加、智利、圭亚那、玻利维亚、乌拉圭、委内瑞拉、苏里南、厄瓜多尔、秘鲁、尼加拉瓜、阿根廷。

③ 朱楠楠、苏聪：《中国与拉美经贸合作的现状与发展前景》，《经济研究导刊》2018 年第 24 期。

对拉美经济造成了史无前例的冲击，但中拉经贸合作的前景仍然广阔。[①]
周冲和周东阳指出，中国与多数拉美国家的贸易关系有很大的发展潜力。[②]
王飞和周全认为，新冠疫情引发拉美三重危机：经济衰退加深、政治局势
不稳、社会不稳定加剧，但拉美国家积极发展与中国的友好关系，推动中
拉合作步入新的战略高度。[③]

Kotschwar 认为，中拉在 21 世纪初显著加强经济关系[④]，这给许多拉美
国家带来巨大的机遇，中国资金的流入可以帮助拉美国家实现发展的目
标。Gil-Barragan 等人分析了中国与拉美经济政治关系的知识结构和发展趋
势，主张加强对中国、拉美和美国合作方案的阐释。[⑤]

其二，对"美国因素"影响中拉经贸合作的研究。丁宁认为，美国在
拉美地区的影响力是中拉经贸合作诸多挑战中不容忽视的重要方面，而美
国在能源政策上的变化为中拉能源合作的优化升级提供发展的机会。[⑥] 冯
硕和封宁认为，21 世纪以来，中国商品在拉美地区的市场占有率显著提
升，中国市场对拉美经济的影响力有明显的提高，但美国与拉美的关系更
为密切、长久，而这必然对中国在拉美的影响力造成阻碍。[⑦] 崔守军指出，
中拉关系从"自发反应型"向"自主构建型"过渡，且具有极高的经济互
补性，是不可多得的天生合作伙伴，双边关系处于历史最好时期；但美国
加强了对拉美事务的干预，从而对中拉关系的深化造成阻碍。[⑧] 杨建民通

---

① 吕洋、吕新锋：《新冠疫情对拉美经济和中拉经贸合作的影响》，《国际研究参考》2020
年第 4 期。

② 周冲、周东阳：《"一带一路"背景下中国与拉美国家贸易潜力研究——基于引力模型的
实证分析》，《工业技术经济》2020 年第 4 期。

③ 王飞、周全：《新冠肺炎疫情冲击下的拉美：危机叠发及其破困之道》，《全球化》2021
年第 5 期。

④ Kotschwar B. , "China's Economic Influence in Latin America", *Asian Economic Policy Review*,
Vol. 9, No. 2, 2014, pp. 202 – 222.

⑤ Gil-Barragan J. , Aguilera-Castillo, A. , Suárez G. , "A Bibliometric Analysis of China-Latin A-
merica Economic and Political Relations", *Latin American Policy*, Vol. 11, No. 2, 2020, pp. 290 – 312.

⑥ 丁宁：《特朗普政府的美国能源政策动向：中拉能源合作的新机遇》，《太平洋学报》2018
年第 10 期。

⑦ 冯硕、封宁：《21 世纪以来中国对拉美的经济影响力》，《消费导刊》2019 年第 31 期。

⑧ 崔守军：《中国和拉美关系转型的特征、动因与挑战》，《中国人民大学学报》2019 年第 3
期。

过对比"一带一路"倡议和"美洲增长"倡议在拉美地区的拓展，指出"美洲增长"倡议不仅附带明显的意识形态色彩，而且空间利益鲜明，意在制约中国在拉美地区的影响力。[1] 曹廷认为，特朗普政府阻碍了中拉关系发展；短时间内美国对中拉关系的干预已产生消极影响，但从长远看，中拉关系将继续向前发展。[2]

　　Jauregui 和 Tussie 指出，拉美是中美竞争的主战场之一。[3] Montoya 等人认为，尽管中国通过投资、贸易、贷款和官方援助等在拉美的存在感有所增加，但美国的影响力仍是理解巴西—中国和墨西哥—中国之间双边关系差异的重要因素。[4] Ellis 认为，中国的全球（包括拉美地区）参与威胁到了美国的地位。[5] Yang 和 Lee 认为，中国并不打算直接对抗美国，但它在拉美地区的参与挑战了美国的霸权地位[6]。Rodríguez 和 Rüland 认为，拉美已成为中美竞争的舞台，"一带一路"倡议在拉美取得喜忧参半的结果：使拉美国家有了新的资金来源；但也使中国对拉美能源、食品和工业原料的进口依赖性增强，对拉美市场的出口依赖性增强。[7] Santoro 指出，在过去 20 年中，中国在贸易和投资方面成为拉美的主要经济力量之一，但中国的行动引发了美国的担忧，美国正试图遏制中国在拉美的成长。[8]

　　综上所述，国内学者主要分析中拉经贸关系与"美国因素"，并研究

---

① 杨建民：《试论美国对拉美的新战略："美洲增长"倡议》，《学术探索》2020 年第 9 期。

② 曹廷：《中国与拉美国家关系中的美国因素》，《和平与发展》2020 年第 1 期。

③ Juliana González Jauregui, Diana Tussie, "China's BRI Extension to South America: Challenges and Opportunities for the Regional Order in the Post-Pandemic", *Regional and International Cooperation in South America After COVID*, 2022, pp. 43 – 62.

④ Montoya, M., Lemus, D., Kaltenecker, E., "The Geopolitical Factor of Belt and Road Initiative in Latin America", *Latin American Journal of Trade Policy*, Vol. 2, No. 5, 2020, pp. 6 – 21.

⑤ Ellis, R. E., "Chinese Engagement in Latin America in the Context of Strategic Competition with the United States", https://www.uscc.gov/sites/default/files/2020 – 06/Ellis_ Testimony. pdf. 2020/6/24.

⑥ Yang H., Lee, S., "China's Engagement with Latin America and Its Implications for Soft Balancing against the United States", *Asian Perspective*, Vol. 44, No. 4, 2020, pp. 587 – 615.

⑦ Rodríguez, F. and Rüland, J., "Cooperative Counter-hegemony, Interregionalism and 'Diminished multilateralism': the Belt and Road Initiative and China's Relations with Latin America and the Caribbean", *Journal of International Relations and Development*, Vol. 25, No. 2, 2022, pp. 476 – 496.

⑧ Santoro, M., "China in Latin America in the 21st century", Ибероамериканские тетради, Vol. 8, No. 3, 2021, pp. 24 – 34.

中拉经贸合作的未来发展前景，国外学者主要从不同的角度阐释中拉经贸合作与中美关系对中、美、拉三个地区的影响。从目前的文献看，研究中国与拉美贸易的文章较多，但对中拉经贸合作中"美国因素"的实证研究还比较少，且中美关系的变化和新冠疫情的发展动向具有时效性，需要密切关注局势并结合现实因素寻找中拉经贸合作的新发展与新思路。因此，为了准确反映"美国因素"对中拉经贸合作的影响，笔者收集最新的数据，借助多元线性回归模型，进行拟合度及显著性检验分析，进而结合三者关系、局势的变动等展开系统性研究。这对于中拉双边的良性互动、构建中拉命运共同体、实现全方位的合作具有重要意义。

二 中拉经贸合作发展动态

（一）中拉经贸合作发展历程概述

1. 积累期（1978—2001 年）

1978 年，中共十一届三中全会做出了把党的工作重点转移到经济建设上来的重要决策，同时决定扩大对内对外的经济贸易。在此阶段，拉美国家也逐渐将经济发展模式转变为以出口为导向的外向型模式，以缓解债务危机。中拉在这一阶段同时加快了经济发展，为双方经贸合作打下基础。

在这个阶段，中国与拉美的贸易和投资合作规模有所扩大。1978—2001 年，中拉双边贸易额超过 1976—1977 年总额的 13 倍，达到 767 亿美元。同时，中国初步对拉美部分国家的铁矿、石油等进行规模性投资，具体涉及林业、渔业等经营项目。拉美对中国多个领域的投资存量也超过 200 亿美元。[1]

然而，拉美在中国对外经贸合作中的地位并未发生明显的变动。这是因为中国和拉美的对外合作需求相近，在一定程度上存在竞争，因此在这一阶段中拉经贸的主要合作方式仍以双边贸易为主，合作的规模变化不

---

[1] 郑秉文、孙洪波、岳云霞：《中国与拉美关系 60 年：总结与思考》，《拉丁美洲研究》2009 年第 S2 期。

大。1978—2001 年，中国同拉美贸易额的年均增长率（4.9%）远低于同期中国对外贸易总额的年均增长率（14.3%）。2001 年，中国与拉美的贸易额下降，占中国对外贸易总额的 2.9%，中国自拉美进口额占中国进口总额的 2.8%，中国对拉美出口额占中国出口总额的 3.1%，相对于改革开放前的水平都有所降低。因此，中拉经贸合作在改革开放初期的增速并不高，且呈现的发展特征为"积累型"。

2. 跨越期（2002—2012 年）

2001 年 12 月 11 日，中国正式加入世界贸易组织（WTO），意味着中国的改革开放跨入了全面对接全球贸易规则、深入推进对外交流与合作的时期。在国际良性形势和国内福利政策的支持下，中国逐渐在制造和货物贸易领域发展成了世界第一大国。拉美在这个时期为了实现对外经济合作的多样化，开始将中国纳入其战略布局的重要位置。中国与拉美在经济结构、市场规模和资源禀赋方面高度互补，推动双方的经贸合作迅猛发展。

中拉经贸合作取得了前所未有的发展。合作规模方面，拉美在这一阶段是中国对外经贸合作规模发展最迅速的地区。ITC 的数据①显示，2002—2012 年，中拉贸易额扩张高达 17 倍，中国对拉美的投资总额上涨 44 倍。合作形式方面，中拉在普通的贸易形式之外，开始发展货币互换等全新的金融合作形式，并通过援助项目开展更为多样化的经济技术合作。

拉美地区在中国对外贸易中的重要程度得到明显的提升。中国同拉美的贸易额在中国对外贸易总额中的占比在 2012 年达到 6.8%，其中，中国自拉美的进口额在中国进口总额中的占比提高至 6.9%，中国对拉美的出口额在中国出口总额中的比重提升至 6.6%，二者都超出了拉美在全球贸易中的相应比重；拉美同中国的贸易额在拉美对外贸易总额中的占比提高到 11.9%。中国成为拉美的第三大贸易伙伴，位居美国、欧盟之后，同时，拉美成为中国对外投资的第二大目的地和海外资金的第二大来源地。自此，在积极参与国际贸易的过程中，中拉经贸合作表现出跨越式发展

---

① 数据来源：https://www.trademap.org/。

态势。

3. 主动构建期（2013 年以来）

2013 年以来，世界进入后金融危机时代，贸易保护主义抬头并迅速发展，在世界经济发展困难的局势下，中国开始转变改革方式和贸易结构。[①] 在这个时期，拉美也进入优化结构的新阶段，中拉双方的经贸合作出现了新变化，如表 1 所示。

表 1　　　　2021 年末中国对拉丁美洲直接投资存量排前五位的行业

地区	行业	存量（亿美元）	占比（%）
拉丁美洲	租赁和商务服务业	3277.3	47.2
	信息传输/软件和信息技术服务业	1092.1	15.7
	批发和零售业	795.9	11.5
	制造业	506.5	7.3
	金融业	439.8	6.3
	合计	6111.6	88.0

资料来源：中华人民共和国商务部、国家统计局、国家外汇管理局编：《2021 年度中国对外直接投资统计公报》，中国商务出版社 2022 年版，第 29 页。

中拉经贸的合作规模波动幅度较大，整体变得更有战略性。一方面，中拉经贸合作成为双方对外合作的重要部分。2015 年与 2018 年的第一、第二届中拉论坛部长级会议分别通过了两份中拉国家中长期合作规划，对中拉经贸合作做出了崭新的规划。另一方面，中拉经贸合作的整体性逐渐明朗。2014 年，在习近平主席访问拉美期间，正式提出了构建"1 + 3 + 6"新框架的合作倡议并得到了积极的反响；2015 年，李克强总理出访拉美四国，进一步提出中拉产能合作"3 × 3"模式；2017 年，《"一带一路"国际合作高峰论坛圆桌峰会联合公报》明确提出"一带一路"，并向世界范

---

① 朱楠楠、苏聪：《中国与拉美经贸合作的现状与发展前景》，《经济研究导刊》2018 年第 24 期。

围内的所有国家及地区开放①，其中就包括拉美。并且，贸易在中拉优化合作过程中逐渐被削弱，而经贸合作的发展动力却在加强，成为推动其他领域合作的支柱性力量。由此可见，中拉合作开始进入深水期，中拉经贸合作随之步入主动构建发展的新阶段。

（二）中拉进出口贸易分析

随着中国改革开放的深化以及拉美市场的发展，中国以极快的速度融入国际贸易市场。作为中国自"海上丝绸之路"时期就开始合作的贸易伙伴，拉美地区也加快了与中国的贸易合作。国家统计局的数据显示，中国与拉美地区的进出口总额从 2001 年的 149.39 亿美元增长到 2021 年的 4514.07 亿美元，其中中国向拉美的出口总额为 2289.89 亿美元，中国从拉美的进口总额为 2224.18 亿美元，在 20 年间上涨到原来的约 29.22 倍。中国跃升为拉美的第二大贸易伙伴。

从进口规模来看，中国自拉美的进口总额从 2001 年的 67.02 亿美元增加到 2021 年的 2224.18 亿美元；从增长速度来看，2001—2021 年中国从拉美进口总额的年均增长 19.14%。2013—2020 年拉美地区货物出口总额年均增长 5.76%，出口规模较上一阶段的增速大幅放缓，这是由于国际经济格局对贸易产生了不利影响；2001—2021 年拉美地区自中国货物进口额占该地区货物总进口比重整体呈上升态势，2021 年升至 20.84%，说明中国在拉美进口市场中的地位不断提升。

2013 年 1 月，中拉双边贸易额的增长率低于中国对外贸易的整体增长率，这种情况在 2003 年 6 月以后是初次出现；5 月，中拉双边贸易额出现了自 2000 年以来的首次负增长。在这样的趋势下，中拉双边贸易额在 2013 年和 2014 年的增长率几乎为 0，且在 2015 年和 2016 年分别同比下降 10.2% 和 8.4%②，到 2017 年才重新实现正向增长，且在 2021 年疫情期间保持稳定的增长态势（见图 1）。

---

① 国务院新闻办公室：《中国与拉美国家合作蒸蒸日上》，http：//www.scio.gov.cn/m/zhzc/35353/35354/ Document/1520451/1520451.htm，2016 年 11 月 16 日。

② 李紫莹：《中国—拉美经贸合作方兴未艾》，《唯实》2015 年第 9 期。

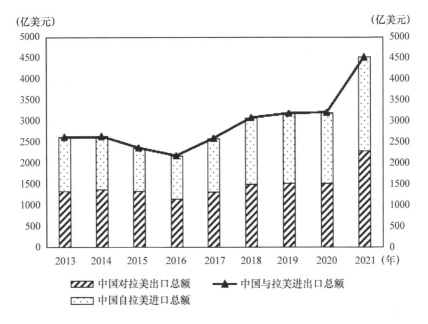

图1　2013—2021 年中国同拉美进口、出口、进出口总额

资料来源：国家统计局编：《中国统计年鉴》（历年），中国统计出版社。

（三）中国对拉美直接投资分析

进入主动构建期以来，中国企业大力实行"走出去"战略，中拉贸易往来增长迅速，对拉美投资的数额也随之大幅提高。2015 年，中国对拉美地区的非金融直接投资为 214.6 亿美元，同比增长 67.1%，且中国在拉美的直接投资存量超过了 1200 亿美元[①]。2017—2019 年以及 2016 年中国对外直接投资达到历史最高点后，中国在拉美直接投资占拉美地区外国直接投资总额的 8%，并分别占拉美地区固定资本形成总额与 GNP 的 0.2%。[②] 2019 年，中国对拉直接投资在对外直接投资总额中的比重为 7.57%，并分别占固定资本形成总额和 GNP 的 1.21% 和 0.24%[③]，这意味着中国在拉美

---

① 谢文泽：《中国经济中高速增长与中拉经贸合作》，《拉丁美洲研究》2016 年第 4 期。

② 中华人民共和国商务部：《中国对拉美直接投资超 2000 亿美元　跨境电商、共享创新助力合作业态多元化》，http：//fec. mofcom. cn/article/ywzn/xgzx/guonei/201802/2018020270811 73. shtml，2018 年 2 月 5 日。

③ Enrique Dussel Peters：《2020 年中国在拉丁美洲和加勒比地区直接投资报告》2020 年版。

地区的影响程度有所上升。2020年，全球经济受新冠疫情的打击呈现低速增长态势，中国对外直接投资流量也受到国际局势的重大影响。尽管如此，中拉投资仍然不减，并保持良好的增速（见图2）。当前，中拉经贸合作有着全方位优化升级的新目标。中拉在构建合作的整体性和双边合作关系方面呈现喜人的发展动向。

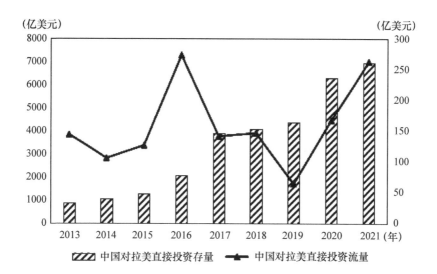

图2　2013—2021年中国对拉美直接投资情况

资料来源：中华人民共和国商务部、国家统计局、国家外汇管理局编：《2021年度中国对外直接投资统计公报》，中国商务出版社2022年版，第53、59页。

在此趋势中，中拉双边合作愈发务实。随着中拉双方发展需求的转变和经济结构的优化，中拉合作向着多元化的方向迈进。党的十九大以来，"一带一路"倡议成为中拉合作的"新抓手"，在中国未来发展布局中的地位越来越突出，对中拉合作的发展也更具重要性。由习近平主席提出的中拉共同构建"1+3+6"合作新框架和李克强总理提出的中拉产能合作"3×3"新模式，正在有序落实。此外，随着创新驱动发展战略的深入推进，中国企业先进的技术和商业创新模式逐渐被移植、分享到拉美地区，为中拉经贸合作注入新动力。中拉双方在经济互补上具有天然优势，在投资、金融、产能、基础设施建设、数字经济等新兴领域的合作迅速发展，给中拉经贸合作带来新的强劲动力。

三　"美国因素"对中拉经贸合作的影响

（一）美国对中拉经贸合作的影响

1. 增强在拉美的影响打压中国势力

自从 19 世纪初"门罗主义"发表后，美国利用多种多样的计策维持其在拉美的影响力。[①] 并且，美国的发展模式更符合拉美国家的认知，软实力更强。2013 年，美国杜克大学全球民意中心对拉美 24 国人民的调查显示，25.1% 的拉美民众认为中国对拉美有更大的影响力，而 50.3% 的被调查者认为美国有更大的影响力；19.9% 的拉美民众认为中国发展模式处于落后水平，而 33.6% 的被调查者认为美国拥有世界最高水平的发展模式。

虽然奥巴马政府曾表明要与拉美重建良好关系，摒弃"门罗主义"，可这只是改变了美国与拉美的相处模式，而美国企图借此掌控拉美"后院"的实际目的与以前的政府并没有本质上的差别。因此，特朗普政府以及当前的拜登政府组建以来，美国继续干涉拉美左翼政权并予以大力打击，意在通过政治、经济、军事等手段制造连环效应，从根本上将拉美"反美铁三角"[②] 完全摧毁，从而实现压制拉美地区与左翼政权有密切联系的中国势力的最终目的。

首先，全方位加大对委内瑞拉的打击力度。据《纽约时报》报道，美国白宫安全委员会在特朗普上任后设计了一份针对委内瑞拉的"干预路线图"，拟定了美国在什么样的局势下通过政治、经济、军事等手段，迫使委内瑞拉国内局势恶化，最终推翻由马杜罗总统领导的左翼政权。其次，削弱委内瑞拉的盟友——古巴的左翼联盟，对其进行政治、经济、军事等方面的压制。特朗普暂停了奥巴马政府推进与古巴缓和关系的计划，并通过舆论压力持续加强对古巴的打压和制裁。最后，美国企图用相同的手段

[①]　崔守军：《中国和拉美关系转型的特征、动因与挑战》，《中国人民大学学报》2019 年第 3 期。

[②]　拉美地区的"反美铁三角"为委内瑞拉、古巴、尼加拉瓜。

推翻尼加拉瓜奥尔特加政府。美国早先就对左翼的奥尔特加政府持敌对态度，2018 年，美国借由社保改革游行事件对尼加拉瓜奥尔特加政府施加压力，并公开支持反对派和示威者，还予以资金援助，从而削弱奥尔特加政府，对拉美国家团结和地区一体化产生负面影响。

2. 干涉拉美国家事务阻碍中拉经贸合作

尽管近几年美国对拉美地区的影响程度有所减弱，但在拉美的重要贸易伙伴和投资国中，美国依旧占据首位，其在拉美地区拥有霸权的根本事实并未改变。也就是说，只要美国重新考虑拉美，那它在拉美地区的影响力将继续不可估量。

上任以来，特朗普政府逐渐加大对拉美地区政治、经济、军事等方面的干预力度①，再者，中美全方位竞争关系日渐紧张，美国开始对部分拉美国家施加压力，分化中国在拉美的一些传统友好国家。由于畏惧美国，有的拉美国家对中国的态度变得犹豫，甚至在新政府成立后以强硬的态度面对中国。

2019 年以来，由于新政府的更替，巴拿马、萨尔瓦多等与中国建立新外交关系的国家对中国的态度和政策发生了一定的变化。萨尔瓦多新总统布克尔多次对中国展示强硬态度，声明要重审两国关系，只为对美国示好；巴西作为地区大国，为避免与美国发生冲突，也选择中立于中美之间，不与中国有较密切的关系，甚至还与中国保持距离，更不愿与中国签署"一带一路"合作备忘录。② 作为中国的传统友好国家，古巴和委内瑞拉在短期内可能推迟一些与中方合作的重大项目，但长此以往，若是亲美政府正式成立，那么中国与这些拉美国家的经贸关系必然遭遇巨大打击。

由此可见，美国逐渐加强对拉美地区各方面事务的干预，不仅对拉美地区的政治与社会稳定直接产生消极影响，而且对中拉合作产生负面影响。

3. 借助各种倡议计划阻碍中拉经贸合作

（1）"美洲增长"倡议

中国的"一带一路"倡议自 2013 年提出以来在世界范围内稳步推进，

---

① 严谨：《特朗普执政以来美国对拉美政策的调整及其影响》，《拉丁美洲研究》2020 年第 2 期。

② 郭语：《美国"美洲增长倡议"评析》，《拉丁美洲研究》2020 年第 4 期。

在全世界包括拉美得到广泛认可。在这种刺激下，各方国际势力均以更加积极的姿态在拉美地区进行基础设施建设的部署。作为美国历史上的"后花园"，拉美自然是其战略要地，因此拉美地区的基础设施建设也成为美国国际竞争的重要目标。

2019 年 12 月，美国国务院发布新的政策——"美洲增长"倡议（Growth in the Americas Initiative），宣布在此框架下同除委内瑞拉、古巴和尼加拉瓜之外的 30 个拉美国家开展合作，目的在于拉动当地企业对拉美地区能源和基础设施的投资，创造更多的就业机会并带动经济增长。① 在"助力拉美经济复苏"，"完善拉美基础设施建设"等面具下，美国公开声明希望通过增加对拉美国家的能源、电信等方面的基础设施投资来实现与中国的抗衡，进而削弱中国在拉美地区的影响力。拉美区域价值链和生产网络的稳定性受到大国同质化项目对冲的冲击，对中拉共建"一带一路"产生消极影响。

"美洲增长"倡议具有鲜明的意识形态色彩，其战略意图在于让参与倡议的 30 个拉美国家加强对美国的依赖，从而抗衡中国在拉美地区的影响力，并对拉美国家的左翼政府施压。因此，削弱中国"一带一路"倡议在拉美的影响力，刺激美国投资从中国回到拉美是"美洲增长"倡议出台的最直接原因。②

（2）"重建更美好世界"计划

2021 年 6 月，美国等 7 个发达国家在 G7 峰会后宣布推出"重建更美好世界"（Build Back Better World，B3W）的全球基础设施建设计划，意在提高对发展中国家基础设施建设的投资。同年 9 月，美国派代表团前往厄瓜多尔、巴拿马和哥伦比亚洽谈基建投资，并声称为这些国家提供全面的金融工具支持。

B3W 计划和"一带一路"倡议有不少相似之处：它们的目标都在于帮助参与国完善基础设施建设，互相建立战略伙伴关系，并且都主张环保和可持续发展。该计划预计投入超过 40 万亿美元，无论是其聚焦的领域——

---

① 郭语：《美国"美洲增长倡议"评析》，《拉丁美洲研究》2020 年第 4 期。
② 杨建民：《试论美国对拉美的新战略："美洲增长"倡议》，《学术探索》2020 年第 9 期。

气候、健康、数字技术和性别平等，还是奉行的"价值驱动、高标准、透明"原则，都是为了与"一带一路"倡议形成直接的竞争。①

但是，B3W 计划和"一带一路"倡议也有一些不同之处：前者的目标在于中低收入国家，而对后者最有需求的国家大都是中高风险国家，如果我们不能在美国突破传统风险理论之前构建新的投融资体系，到时西方私人资金就会大举进入中低收入国家的基础设施市场，对"一带一路"建设产生极强的负面影响。

（3）"美洲经济繁荣伙伴关系"计划

2022 年 6 月 8 日，美国总统拜登在美洲峰会上宣布建立"美洲经济繁荣伙伴关系"（Americas Partnership for Economic Prosperity）计划，承诺美国增加在美洲的经济参与、促进新冠疫情后的地区经济"公平复苏"，给美洲各国带来收入和就业机会。

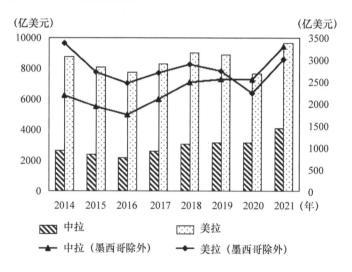

图 3　近年来中拉与美拉贸易额

资料来源：联合国 ITC 数据库。

"美洲经济繁荣伙伴关系"计划的重点内容与合作领域大多涉及投资和贸易，进而推动经济发展。这一计划的提出与近年来中拉之间的贸易和

---

① 汤莉：《B3W 计划对"一带一路"冲击有限》，《国际商报》2021 年 8 月 2 日第 3 版。

投资合作快速增长直接相关。图3显示，与美拉贸易持续波动所不同的是，中拉贸易在 2016 年以来呈现稳定的增长态势。需要指出的是，除了墨西哥之外，中拉贸易额已于 2020 年超越美拉贸易；2021 年，虽然美拉贸易增长迅速，但仍未能扭转中拉（除墨西哥外）贸易大于美拉贸易的格局。因此，拜登政府在美洲峰会上紧急推出"美洲经济繁荣伙伴关系"计划，以刺激美国与拉美的经贸合作，从而在一定程度上打压中拉之间的经贸往来，给中拉共建"一带一路"施压。

（二）"美国因素"影响中拉经贸合作的实证分析

为了考察"美国因素"对中拉经贸合作的影响，笔者运用多元线性回归模型进行实证分析。

1. 变量的选取与模型的构建

因变量的选取。考虑到主要研究"美国因素"对中拉经贸合作的影响，我们将中国与拉美各国间的贸易往来作为因变量。由于中国对拉美的出口额大于进口额，因此，出口额更能反映中拉之间的重要经贸关系。进而，将中国对拉美 18 个国家[①]的出口额作为被解释变量进行面板数据模拟（下同），相关数据均来自历年《中国统计年鉴》。另外，考虑到数据的收集必须满足所有变量均无数据缺失，笔者选取 2013 年（"一带一路"倡议的起始年份）、2015—2018 年、2020 年的数据[②]进行分析。

自变量的选取。本文重点研究"美国因素"对中拉经贸合作的影响，因此将拉美国家是否受"美国因素"的影响作为主要的自变量。该变量的数据来自拉美晴雨表[③]，由于拉美晴雨表的公开数据有限，只有 2013 年、

---

① 尽管拉美地区有 33 个主权国家和十几个殖民地，但拥有完整数据且符合实证研究需求的仅有 18 个国家：阿根廷、玻利维亚、巴西、智利、哥伦比亚、哥斯达黎加、多米尼加、厄瓜多尔、萨尔瓦多、危地马拉、洪都拉斯、墨西哥、尼加拉瓜、巴拿马、巴拉圭、秘鲁、乌拉圭、委内瑞拉。

② 未将 2021 年的数据纳入分析，主要是因为解释变量"美国因素"用拉美晴雨表的数据，而截至 2023 年 1 月，拉美晴雨表中的国际关系数据仅更新到 2020 年。

③ 拉美晴雨表是位于智利首都圣地亚哥的非营利组织进行的一项民意调查，专门负责数据的制作发布，使用衡量态度、价值观和行为的民意指标研究民主、经济和整个社会的发展。自 1995 年起，每年该组织在 18 个拉美国家进行约 2 万次采访，代表 6 亿多居民的观点和态度，它们的研究结果被该地区的社会政治行为者、国际行为者、政府和媒体使用。

2015—2018 年、2020 年的 18 个拉美国家的数据，因此这几个年份也就成为笔者的研究时段，并将此期间 18 个拉美国家对美国的看法中"好"的占比数值设置为该国的变量。进而提出假设："美国因素"与中国对拉美各国的出口额呈现显著的负相关关系，即"美国因素"对中拉经贸合作产生消极影响，或者说"美国因素"阻碍中拉间的经贸往来。

控制变量的选取。除了"美国因素"外，中拉经贸合作还受到其他因素的影响，因此，我们将其他的重要变量作为控制变量纳入模型。根据引力方程模型，贸易双方的 GDP 对两者之间的贸易往来产生较大的影响，因而选取拉美国家以及中国的 GDP 作为控制变量，GDP 的相关数据来自世界银行的世界发展指标数据库。同时，中国对拉美地区的直接投资也影响中拉间的经贸合作，因此将中国对拉美国家的直接投资额纳入控制变量，相关数据均取自《中国统计年鉴》。根据贸易引力模型，两地之间的地理距离也是重要变量，相关数据来自 CEPⅡ数据库。[①]

根据上述分析，我们构建如下多元线性回归模型：

$$XI_{ijt} = \beta_0 + \beta_1 US_j + \beta_2 GDP_{it} + \beta_3 GDP_{jt} + \beta_4 Dis_{ijt} + \beta_5 FDI_{ijt} + \mu_{ijt}$$

上式中，i 和 j 分别表示中国和拉美国家，t 表示时间（年份）；XI_{ijt} 表示第 t 年中国 i 对拉美国家 j 的出口额，μ_{ijt} 为随机扰动项，解释变量如表 2 所示。

表2　　　　　　　　　解释变量的预期符号、说明及数据来源

解释变量	预期符号	变量说明	数据来源	单位
US_j	—	调查统计中，拉美国家对美国"好"的看法占比	拉美晴雨表	/
GDP_i	+	表示第 t 年中国 i 的经济总量	世界银行数据库	万美元
GDP_j	+	表示第 t 年拉美国家 j 的经济规模	世界银行数据库	万美元
Dis_{ijt}	—	表示第 t 年中国 i 与拉美国家 j 之间的地理距离	CEPII 数据库	千米
FDI_{ij}	+	表示第 t 年中国 i 对拉美国家 j 的直接投资额	中国统计年鉴	万美元

---

① 周冲、周东阳：《"一带一路"背景下中国与拉美国家贸易潜力研究——基于引力模型的实证分析》，《工业技术经济》2020 年第 4 期。

考虑到固定效应回归模型的共线性及研究主要集中于一个区域，拉美与中国地理距离遥远，单一拉美国家与中国的地理距离的解释力变弱，因此在固定效应回归中省略掉 Dis_{ijt} 变量。

2. 相关检验与回归结果

笔者采用 Eviews 软件进行面板数据的实证模拟，并对样本数据分别进行固定效应估计和随机效应估计，具体分析结果如表3所示。

表3　　　　　　　　　　　　　　模型估计结果

变量	固定效应	随机效应
$\ln US_j$	-1.588 ** （-3.36）	-1.087 * （-2.34）
$\ln GDP_i$	0.146 （0.85）	0.236 （1.34）
$\ln GDP_j$	0.577 *** （4.97）	0.713 *** （9.48）
$\ln Dis_{ijt}$	—	0.165 （0.16）
$\ln FDI_{ij}$	-0.000 （-0.03）	0.004 （0.26）
常数项	1.480 （0.33）	-4.601 （-0.40）
R^2	0.7322	0.7675
F	18.83	—
Hausman 检验	这些数据拟合的 chi2 < θ = = > 模型不满足该检验的渐进假设，即固定效应优于随机效应	

注：括号里为 t 值或 z 值。*** 、** 、* 分别代表在 1% 、5% 、10% 的显著性水平。

针对两种回归分析结果，笔者进行 Hausman 检验，结果表明固定效应估计比随机效应估计更理想，因此，我们采纳固定效应回归的结果。

3. 模型结果分析

从表3可以看出，模型中 US_j 的回归结果在 5% 的显著性水平下为负效应，也就是说拉美国家对美国的看法中"好"的占比数值每上升 1% ，中国对该拉美国家的出口额就会下降 1.59% ，这表明"美国因素"对中拉经贸合作产生了显著的消极影响，即拉美国家对美国的看法越好，越不利于中国同拉美国家发展贸易，中国越难以扩大对拉美的出口。中美贸易摩擦将两国放在了对立面，倾向于一方时，对另一方的支持与联系必然会下降，中国想要转变这种局面，就必须继续提升自己的实力，落实推进与拉美的合作项目，提升中国在拉美地区的正面影响力。

中国、拉美国家的 GDP 与中拉双边贸易呈正向关系，中国对拉美国家的直接投资与中拉双边贸易呈负向关系，但拉美国家的 GDP 与中国对拉美国家的直接投资的影响均不显著。

由此得出，"美国因素"在一段时间内对中拉经贸合作的推进产生阻碍，但我们也有理由相信，中国能够凭借其自身的优势减少"美国因素"带来的负面影响，化被动为主动。

四 中—美—拉三边互动的政策建议

（一）加强中美在拉美事务中的沟通与交流

中国可建议美国恢复或建立新的中美对话桥梁，完善相应机构的建设，[1] 努力加强中、美、拉美三方交流，提高政策的透明度，减少误会或误判对方政策意图，强调中国在拉美主要是经济合作，并没有政治和军事方面的诉求，消除美方猜疑。

此外，可加强在多方共同关切领域的合作，积极寻找与美国在拉美合作的新型增长领域，在不敏感的领域与美国、拉美国家建立三方合作关系。近期美国和加拿大较为关心的是拉美移民、贩毒和反恐问题，中国可以与美、加和拉美开展合作，在展现负责任大国形象的同时增强与发达国家的交流，从而推动中拉经贸合作。

（二）提升中国在拉美地区的影响力

中国和拉美国家不仅有近似的历史经历，也都致力于建立并维护国际政治经济新秩序，为发展中国家争取利益，因此，拉美国家一直是中国最重要的伙伴之一。只有拉美国家愿意接受中国在当地的影响，中拉双方才能达成互利共赢的目标。

在当前复杂的局势下，中国不能因为美国的干涉和阻碍而放弃与拉美

---

① 冯硕、封宁：《21 世纪以来中国对拉美的经济影响力》，《消费导刊》2019 年第 31 期。

国家发展合作关系，而是应该始终坚持共同发展的正确观念和互利共赢的原则，切实推进与拉美国家的多方面合作，切实推动造福拉美当地民生项目的进程，以有力的事实回应美国的不实指责。当前拉美经济形势欠佳，巴西、委内瑞拉、阿根廷等国尤为突出，中国可鼓励一些企业与有才能、有经验的美国公司联合，尽快落实合作计划，共同开拓拉美市场并推进项目落地。

同时，中国应增强风险意识，最大限度地确保项目的可行性，保障资金的安全性，用事实来反击部分媒体的债务陷阱谣言。并且，中国要重点选择社会相对稳定、对中国持友好态度的拉美国家进行合作，这可以在一定程度上防止美国再次阻挠合作的顺利进行。

（三）继续推进中拉共建"一带一路"

从理论上看，"美洲增长"倡议、B3W 计划、"美洲经济繁荣伙伴关系"计划等对"一带一路"倡议的冲击都是有限的，因此，我们要树立信心，敢于创新，敢于作为。中国应持续推进中拉"一带一路"合作，在最大程度上削弱这些规划对中拉经贸合作的影响。

中国应以拉美的实际需求为着力点，发展健康的双边贸易[①]，大力拓展多维度、多方面的合作，深入交流双方共同关注的议题，巩固和维护中拉的共同利益，推进中拉共建"一带一路"。

在未来的合作中，中国将继续在航空航天、5G 通信和能源等领域对拉美施以援手，推动建立双方健康的贸易关系，深入推进"一带一路"倡议在拉美地区的切实落地。在高新技术和新能源等领域，中国可以为拉美提供先进技术和人才的指导；而在资源方面，拉美可为中国提供丰富的资源，在此过程中积累的资金可拉动拉美社会、经济的发展。在健康的双边贸易中，中拉关系将实现更持久更有效地发展。

（四）推进中拉命运共同体建设

新冠疫情给世界各国的经济带来不同程度的冲击。由于全球经济的周

---

① 宋海英、王敏慧：《"美洲增长"倡议对中拉共建"一带一路"的经济影响》，《拉丁美洲研究》2021 年第 6 期。

期性和拉美国家的经济结构性，2014 年以来，拉美经济本就停滞不前，而疫情的打击使其脆弱的经济雪上加霜。①

作为防疫强国，中国所展现出来的作为大国的责任感和使命感全世界有目共睹。当前，中国应坚持"开放、绿色、廉洁"理念和"共商、共建、共享"原则，在稳住自身步伐的同时，继续展现大国的责任和担当，给包括拉美国家在内的其他国家和地区提供帮助，并加强与拉美国家在政策、资金、贸易、基础设施、民心等领域的合作，② 推进中拉命运共同体建设。这不单是为了促进双方之间的经贸往来，更是希望在危难时刻，中拉人民能携手并进，共渡难关。

在此过程中，拉美国家会认识到中国是拉美地区最忠实的伙伴之一，待到拉美经济日渐复苏之时，中拉之间的经贸合作一定会更加密切。

（作者宋海英，浙江外国语学院国际商学院教授；

黄嘉淳，浙江外国语学院国际商学院）

Analysis of "American Factors" in China-Latin America Economic and Trade Cooperation

Song Haiying；*Huang Jiachun*

Abstract：Economic and trade cooperation has become the "ballast" and "stabilizer" of China's relations with Latin American countries. Although China-Latin America economic and trade cooperation has made new breakthroughs and fully demonstrated resilience and vitality, it still faces the impact of "American factors". The United States interferes or obstructs the economic and trade cooperation between China and Latin America through the "Growth in the Americas" initiative, the "Build Back Better World" plan, the "Americas Partnership for

---

① 吕洋、吕新锋：《新冠疫情对拉美经济和中拉经贸合作的影响》，《国际研究参考》2020 年第 4 期。

② 王飞、周全：《新冠肺炎疫情冲击下的拉美：危机叠发及其破困之道》，《全球化》2021 年第 5 期。

Economic Prosperity" plan, the offshore outsourcing and the friendly offshore out-sourcing policies. In this regard, we should strengthen communication and ex-change with the United States in Latin American affairs, enhance China's positive influence in Latin America with practical cooperation, further promote the high-quality joint construction of "the Belt and Road" between China and Latin Amer-ica, and promote the construction of China-Latin America Community of Shared Future through economic recovery.

Key words: Latin America; American Factors; Economic and Trade Coop-eration; the Belt and Road Initiative

中国和阿根廷渔业贸易合作发展分析

俞潇栩　龙贵虎　吕宏芬

摘　要： 阿根廷是世界水产品主要出口国之一，其渔业资源产量大、品种丰富，但渔业发展水平有限，出口多以未加工或初加工产品为主，水产养殖和加工技术水平有限。阿根廷红虾是世界上重要的海捕虾之一。阿根廷是阿根廷红虾最主要的生产国，也是唯一的阿根廷红虾出口国。近年来，阿根廷红虾的出口额占阿根廷渔业出口总额的 50% 以上，是阿根廷渔业最重要的品种。本文主要介绍阿根廷的渔业生产，分析阿根廷渔业目前存在的困境，深入剖析中阿渔业合作现状，并以阿根廷出口到中国最多的红虾为例，对中阿未来渔业合作的可行性进行分析，内容主要涉及面临的挑战、如何改善，并提出总的优化建议。从中阿的红虾案例中引申出如何从国家层面、产品层面以及本土化层面对中阿渔业未来的合作提出借鉴建议，以促进中阿的渔业合作的进一步发展，并为促进其他中阿合作产业的发展贡献经验。

关键词： 阿根廷红虾；渔业贸易；中阿贸易

一　中国和阿根廷渔业合作发展现状

阿根廷与中国的渔业合作互补性强，合作前景广阔。中国与阿根廷的远洋渔业合作始于 20 世纪 80 年代，除了远洋渔业合作，阿根廷面向中国的水产品出口量和出口额均有稳步上升，中国养殖技术的输出也成为合作亮点。① 在深化远洋渔业合作的同时，中阿两国还应拓展水产养殖、水产品加工、渔业资源养护与管理、渔业产业投资等领域的合作，使中阿渔业合作在平等互利、优势互补的基础上得以全面发展。

（一）阿根廷渔业生产概况

阿根廷是南美地区水产资源最为丰富的国家之一，从自然条件来看，阿根廷地处温带，气候温和，适合鱼类繁殖生长；南部处于巴西暖流和福克兰寒流交汇的位置，鱼类饵料丰富；另外，国内还有拉普拉塔河等多条河流注入，为鱼类带来了营养物质。阿根廷渔业资源丰富，渔业生产60%在南部，近50%集中在马德普拉塔港口。主要渔业产品为鳕鱼、鱿鱼等。除此之外，鱼类品质高，可以满足国际市场的不同需求，对外出口规模相对较大。②

（二）中国和阿根廷渔业产品贸易结构

阿根廷渔业产品种类众多，适应于不同国家市场的需求，但其国内水产品需求量较少，仅2%左右的水产品捕捞量用于国内销售，水产品进口市场规模不大。由表1统计数据可见，2015—2019年，阿根廷年捕捞渔业产品数量呈稳步增长态势，其中鱼类产品数量占比超过45%，位居各类渔业产品首位，甲壳类产品位居其次，整体占比呈先增后降趋势。2019年上半年，阿根廷渔业总出口量有所增长，这主要是受无须鳕和长尾鳕等鱼类产品捕获量增加的影响，其出口数量分别达到169662吨和24885吨，比上年分别增长47%和58.5%。

在中国进口阿根廷渔业产品结构中，阿根廷红虾占据重要地位，总体占中国红虾进口量的95%以上。2015—2019年上半年，阿根廷红虾捕捞量屡创新高，其出口增速虽逐渐放缓，但整体呈增长态势，这得益于国际价

---

① 郑国富：《新时代中国与阿根廷农产品贸易合作发展的机遇、挑战与前景》，《区域与全球发展》2020年第5期。

② 王晓晴：《阿根廷红虾（Pleoticus muelleri）对中国贸易进程及面临的机遇和挑战》，《渔业信息与战略》2022年第1期。

格上浮和中国水产品市场的大量需求。

表1　　　　　2015—2019 年阿根廷渔业产品出口中国贸易结构　　　（单位：吨）

产品种类	2015 年	2016 年	2017 年	2018 年	2019 年
甲壳类产品出口数量	122989	161700	184620	18678	15964
软体动物出口数量	99037	50758	82218	96648	83768
鱼类动物出口数量	219928	214110	190183	205757	224514

资料来源：联合国商品贸易库。

根据阿根廷渔业部门的估算，2020 年受疫情期间全球海产品市场消费和购买减少，阿根廷渔业产品出口将下降30%，与2019 年的18.6 亿美元相比，2020 年将约13 亿美元的收入。针对主要目的地市场（中国、西班牙、美国和意大利）的出口在2020 年下降3.24 亿美元，2020 年第一季度的捕捞量下降了20.9%，2020 年达到174599 公吨，而2019 年为220804公吨，仅3 月份的捕捞量就下降了27.2%。与上年同期相比，阿根廷三种主要渔业产品鱿鱼、阿根廷鳕鱼和对虾的捕获量分别下降了30.5%、10%和25.7%；截至2020 年第一季度分别下降到61009 公吨、49591 公吨和33788 公吨。2020 年前两个月其几个主要市场的价格和出口量的严峻形势，其中包括：对虾对中国的出口额下降了38%，鱿鱼对中国的出口总额下降了42%。在渔业出口中，甲壳类和软体动物，从2018 年到2019 年下降了17.8%，至13.3 亿美元。与2018 年第一季度相比，2020 年第一季度中国出口量下降了70.9%。

2021 年阿根廷对中国出口排名第二，呈现出不同的趋势。2021 年对中国的出口总量为48874 吨，价值1.813 亿美元，下降53%。主要出口相比于2020 年，虽然出口排名第二，但量价减半，以虾类出口为主。

（三）中国和阿根廷渔业合作现状

1. 中国和阿根廷渔业合作方式

为确保渔业资源的可持续发展，阿根廷对鱿鱼、红虾等渔业资源采取配额管理政策。相对于公海渔业生产，阿根廷专属经济区产量优势明显，许多国家远洋渔船相继来到阿根廷渔场作业。由于受到阿根廷入渔许可限制，中国渔企常通过境外收购的方式来获得入渔许可和国际捕捞配额，已获得对阿根廷渔业资源的长期稳定的开发权利。

2. 中国和阿根廷两国渔业产业结构互补

中国具有丰富的水产养殖经验，而阿根廷水产养殖空间广阔，潜力巨大，加强双方技术交流将有助于实现阿根廷水产养殖业的内涵建设。阿根廷从北到南纬度跨越大的地理特点有助于开展多样化特色养殖实践。在工厂化养殖、综合养殖、绿色养殖等方面，中国均具有出色的实践经验，可以帮助阿根廷改善国内养殖品种单一、技术含量低的现状，实现阿根廷渔业产业结构的战略性调整。

中阿两国就渔业双边合作展开多次会谈，在加强双边渔业合作上取得显著成效。中方将加大对阿根廷渔业技术的培训支持，为其国际捕捞船提供卫星定位系统，加大对阿根廷水产养殖业的投资；阿根廷将降低中方渔船入渔门槛，增加对中方渔船捕捞许可证的发放数量，简化入渔许可证的审批程序，以促进中阿双边渔业贸易渠道的畅通。①

二　阿根廷渔业国际竞争力指数分析

本部分测算阿根廷及其他拉美国家的国际市场占有率指数、显性比较优势指数、贸易竞争力指数，分析阿根廷渔业国际竞争力。

（一）国际市场占有率（IMS）指数分析

1. 阿根廷渔业国际市场占有率指数分析

国际市场占有率指数是指一国的出口总额占世界出口总额的比重，可反映一国某产业或产品的国际竞争力或竞争地位的变化，比例提高说明该国该产业或产品的出口竞争力增强。国际市场占有率指数 = 一国出口总额÷世界出口总额。国际市场占有率指数的取值在 0 到 1，这个值越高，

① 阎永哲、田鹏、李加林：《中国渔业产业高质量发展水平的时空演变》，《中国渔业经济》2022 年第 5 期。

就表示该产品所处的产业所具有的国际竞争力越强，反之则越弱。

表 2 是对阿根廷在 2015—2019 年渔业的国际市场占有率指数的测算，阿根廷渔业的国际市场占有率指数 = 阿根廷渔业出口总额 ÷ 世界渔业出口总额。国际市场占有率指数的取值在 0 到 1，这个值越高，就表示该产品所处的产业所具有的国际竞争力越强，反之则越弱。从表中可以看出 2015—2019 年阿根廷渔业出口总额持续上升，IMS 指数从 0.0153 上升至 0.017，又降低至 0.0143，反映出阿根廷渔业在世界领域的地位和影响力变化不大，甚至有所降低。相比于秘鲁、厄瓜多尔的地位和影响力较弱，数值接近 0，说明在世界范围内影响力较弱。

表 2　　　　　　　　　　　阿根廷渔业国际市场占有率指数

时间（年）	阿根廷渔业出口总额（美元）	世界渔业出口总额（美元）	IMS 指数
2015	1434496536	93856507032	0.0153
2016	1674593319	102837468237	0.0163
2017	1950491975	114857626849	0.0170
2018	2008274154	125563666597	0.0160
2019	1741583639	121815290263	0.0143

资料来源：EPS DATA。

2. 其他拉美国家渔业国际市场占有率指数分析

（1）秘鲁渔业国际市场占有率指数

表 3 是对秘鲁在 2015—2019 年渔业的国际市场占有率指数的测算，秘鲁渔业的国际市场占有率指数 = 秘鲁渔业出口总额 ÷ 世界渔业出口总额。国际市场占有率指数的取值在 0 到 1，这个值越高，就表示该产品所处的产业所具有的国际竞争力越强，反之则越弱。从表中可以看出 2015—2019 年秘鲁渔业出口总额持续上升，IMS 指数从 0.0069 上升至 0.0099，反映出秘鲁渔业在世界领域的地位和影响力逐渐提高，但数值较小，在世界范围内影响力不大。[①]

---

① 李慕菡、郝瑞姣、张黎：《"一带一路"背景下中国——秘鲁渔业合作基础与展望》，《农业展望》2017 年第 12 期。

表3　　　　　　　　　　　　秘鲁渔业国际市场占有率指数

时间（年）	秘鲁渔业出口总额 （美元）	世界渔业出口总额 （美元）	IMS 指数
2015	651578404	93856507032	0.0069
2016	700455524	102837468237	0.0068
2017	799704386	114857626849	0.0070
2018	958739021	125563666597	0.0076
2019	1204590615	121815290263	0.0099

资料来源：EPS DATA。

（2）厄瓜多尔渔业国际市场占有率指数

表4是对厄瓜多尔在2015—2019年渔业的国际市场占有率指数的测算，厄瓜多尔渔业的国际市场占有率指数 = 厄瓜多尔渔业出口总额 ÷ 世界渔业出口总额。国际市场占有率指数的取值在0到1，这个值越高，就表示该产品所处的产业所具有的国际竞争力越强，反之则越弱。从表中可以看出2015—2019年厄瓜多尔渔业出口总额持续上升，IMS 指数从0.0272上升至0.0348，反映出厄瓜多尔渔业在世界领域的地位和影响力逐渐提高，2019年厄瓜多尔的国际市场占有率指数为秘鲁的35倍，相比秘鲁有较高的地位和影响力，但数值接近0，说明在世界范围内影响力较弱。

表4　　　　　　　　　　　厄瓜多尔渔业国际市场占有率指数

时间（年）	厄瓜多尔渔业出口总额 （美元）	世界渔业出口总额 （美元）	IMS 指数
2015	2553872891	93856507032	0.0272
2016	2842000691	102837468237	0.0276
2017	3308363845	114857626849	0.0288
2018	3566416418	125563666597	0.0284
2019	4241981421	121815290263	0.0348

资料来源：EPS DATA。

3. 阿根廷与其他拉美国家渔业国际市场占有率指数比较

以下是对秘鲁、厄尔瓜多、阿根廷三个国家在 2015—2019 年渔业的国际市场占有率指数的测算，并进行国家间的国际市场占有率指数对比，从而反映出阿根廷渔业在世界领域的地位和影响力。表 5 展示了 2015—2019 年秘鲁、厄尔瓜多、阿根廷三个国家的国际市场占有率指数，厄瓜多尔的渔业国际竞争力较强，秘鲁渔业国际竞争力较弱，而阿根廷渔业国际市场占有率指数的增长回旋，2017 年国际市场占有率指数最高，阿根廷渔业还有很大的发展空间。

表 5   秘鲁、厄瓜多尔、阿根廷渔业国际市场占有率指数比较

时间（年）	秘鲁	厄瓜多尔	阿根廷
2015	0.0069	0.0272	0.0153
2016	0.0068	0.0276	0.0163
2017	0.0070	0.0288	0.0170
2018	0.0076	0.0284	0.0160
2019	0.0099	0.0348	0.0143

资料来源：EPS DATA。

（二）显性比较优势（RCA）指数分析

1. 阿根廷渔业显性比较优势指数分析

显性比较优势指数，又称出口绩效指数，是分析一个国家或地区的某种产品是否具有比较优势时经常使用的一个测度指标。该指数的含义是：一个国家某种出口商品占其出口总值的比重与世界该类商品占世界出口总值的比重二者之间的比率。显性比较优势指数可以反映出一国渔业在世界渔业市场中的竞争地位。当 RCA > 2.5 则表明该国渔业具有极强的竞争力；当 $1.25 \leqslant RCA \leqslant 2.5$，则表明渔业竞争力较强；当 $0.8 \leqslant RCA \leqslant 1.25$，则表明渔业竞争力一般；当 $0 < RCA \leqslant 0.8$，表明渔业竞争力较弱。其计算公式为：$RCA = (Xi \div Xt) \div (Wi \div Wt)$。式中 $Xi \div Xt$ 表示 j 国某种商品的出口额在该国所有产品出口额中所占的比例；$Wi \div Wt$ 表示世界该类商品的出口额在世界全部产品出口额中所占的比例。

表 6 是对阿根廷在 2015—2019 年渔业的显性比较优势指数的测算，阿根廷渔业的显性比较优势指数 =（阿根廷渔业出口额÷阿根廷商品出口总额）÷（世界渔业出口额÷世界商品总出口额），显性比较优势指数可以反映出一国渔业在世界渔业市场中的竞争地位。当 RCA > 2.5 则表明该国渔业具有极强的竞争力；若 1.25 ≤ RCA ≤ 2.5，则表明渔业竞争力较强；若 0.8 ≤ RCA ≤ 1.25，则表明渔业竞争力一般；若 0 < RCA ≤ 0.8，表明渔业竞争力较弱。从表 6 中可以看出 2015 年至 2019 年阿根廷渔业出口额持续上升至 2018 年，2019 年出口额下降，RCA 指数从 4.7589 上升至 5.5493，2019 年下降至 4.5033，RCA > 2.5，表明阿根廷渔业具有极强的竞争力，较秘鲁强劲，较厄瓜多尔弱。

表 6　　　　　　　　　　**阿根廷渔业显性比较优势指数**

时间（年）	阿根廷渔业出口额（美元）	阿根廷商品出口总额（美元）	世界渔业出口额（美元）	世界商品总出口额（美元）	RCA 指数
2015	1434496536	56787982288	93856507032	17681988540943	4.7589
2016	1674593319	57879344622	102837468237	15597535789980	4.3882
2017	1950491975	58384193387	114857626849	17729953220000	5.1570
2018	2008274154	61558356524	125563666597	21358256843783	5.5493
2019	1741583639	65114126783	121815290263	20509951723606	4.5033

资料来源：EPS DATA。

2. 其他拉美国家渔业显性比较优势指数分析

（1）秘鲁渔业显性比较优势指数

表 7 是对秘鲁在 2015—2019 年渔业的显性比较优势指数的测算，秘鲁渔业的显性比较优势指数 =（秘鲁渔业出口额÷秘鲁商品出口总额）÷（世界渔业出口额÷世界商品总出口额），显性比较优势指数可以反映出一国渔业在世界渔业市场中的竞争地位。当 RCA > 2.5 则表明该国渔业具有极强的竞争力；当 1.25 ≤ RCA ≤ 2.5，则表明渔业竞争力较强；当 0.8 ≤ RCA ≤ 1.25，则表明渔业竞争力一般；当 0 < RCA ≤ 0.8，表明渔业竞争力较弱。从表 6 中可以看出 2015 年至 2019 年秘鲁渔业出口额持续上升，

RCA 指数从 3.6981 降低至 2.7846 又回升至 4.4237，RCA > 2.5，表明秘鲁渔业具有极强的竞争力。

表 7　　　　　　　　　　**秘鲁渔业显性比较优势指数**

时间（年）	秘鲁渔业出口额（美元）	秘鲁商品出口总额（美元）	世界渔业出口额（美元）	世界商品总出口额（美元）	RCA 指数
2015	651578404	33244871778	93856507032	17681988540943	3.6981
2016	700455524	36309957176	102837468237	15597535789980	2.9242
2017	799704386	44237947804	114857626849	17729953220000	2.7846
2018	958739021	48015146755	125563666597	21358256843783	3.3898
2019	1204590615	46131563130	121815290263	20509951723606	4.4237

资料来源：EPS DATA。

（2）厄瓜多尔渔业显性比较优势指数

表 8 是对厄瓜多尔在 2015—2019 年渔业的显性比较优势指数的测算，厄瓜多尔渔业的显性比较优势指数 =（厄瓜多尔渔业出口额÷厄瓜多尔商品出口总额）÷（世界渔业出口额÷世界商品总出口额），显性比较优势指数可以反映出一国渔业在世界渔业市场中的竞争地位。当 RCA > 2.5 则表明该国渔业具有极强的竞争力；当 1.25 ≤ RCA ≤ 2.5，则表明渔业竞争力较强；当 0.8 ≤ RCA ≤ 1.25，则表明渔业竞争力一般；当 0 < RCA ≤ 0.8，表明渔业竞争力较弱。从表 8 中可以看出 2015—2019 年厄瓜多尔渔业出口额持续上升，RCA 指数从 26.2476 波动上升至 33.3959，2019 年降至 31.9856，RCA > 2.5，厄瓜多尔渔业具有极强的竞争力，较秘鲁强劲。

表 8　　　　　　　　　　**厄瓜多尔渔业显性比较优势指数**

时间（年）	厄瓜多尔渔业出口额（美元）	厄瓜多尔商品出口总额（美元）	世界渔业出口额（美元）	世界商品总出口额（美元）	RCA 指数
2015	2553872891	18330607692	93856507032	17681988540943	26.2476
2016	2842000691	16797664662	102837468237	15597535789980	25.6614

续表

时间（年）	厄瓜多尔渔业出口额（美元）	厄瓜多尔商品出口总额（美元）	世界渔业出口额（美元）	世界商品总出口额（美元）	RCA指数
2017	3308363845	19092351243	114857626849	17729953220000	26.7486
2018	3566416418	21606132808	125563666597	21358256843783	33.3959
2019	4241981421	22329377960	121815290263	20509951723606	31.9856

资料来源：EPS DATA。

3. 秘鲁、厄瓜多尔、阿根廷渔业显性比较优势指数比较

如表9所示，厄瓜多尔渔业的显性比较优势指数较其他两个国家优势明显，是渔业竞争力较强的国家。秘鲁自2017年起，显性比较优势回升，但较阿根廷和厄瓜多尔的显性比较优势指数低。从2015年到2019年，阿根廷始终是三个国家之中RCA指数居中的国家，阿根廷渔业的显性比较优势指数皆大于2.5，阿根廷渔业的显性比较优势指数一直处于相对优势的地位。

表9　　　　　秘鲁、厄瓜多尔、阿根廷渔业显性比较优势指数比较

时间（年）	秘鲁	厄瓜多尔	阿根廷
2015	3.6981	26.2476	4.7589
2016	2.9242	25.6614	4.3882
2017	2.7846	26.7486	5.1570
2018	3.3898	33.396	5.5493
2019	4.4237	31.986	4.5033

资料来源：EPS DATA。

（三）贸易竞争力（TC）指数分析

1. 阿根廷渔业贸易竞争力指数分析

贸易竞争力指数，是对国际竞争力分析时比较常用的测度指标之一，它表示一国进出口贸易的差额占进出口贸易总额的比重，即TC指数 =（出口额 – 进口额）÷（出口额 + 进口额）。该指标作为一个与贸易总额的相对值，剔除了经济膨胀、通货膨胀等宏观因素方面波动的影响，即无论

进出口的绝对量是多少，该指标均在 -1 和 1 之间。其值越接近于 0 表示竞争力越接近于平均水平；该指数为 -1 时表示该产业只进口不出口，越接近于 -1 表示竞争力越薄弱；该指数为 1 时表示该产业只出口不进口，越接近于 1 则表示竞争力越强。

表 10 是对阿根廷在 2015—2019 年渔业的贸易竞争力指数的测算，阿根廷渔业的 TC 指数 = （出口额 - 进口额）÷ （出口额 + 进口额）。该指标作为一个与贸易总额的相对值，剔除了经济膨胀、通货膨胀等宏观因素方面波动的影响，即无论进出口的绝对量是多少，该指标均在 -1—1。从表 10 中可以看出 2015—2018 年阿根廷渔业出口额持续上升，2019 年下降，TC 指数从 0.9195 波动上升至 0.9338， -1 < TC < 1，该指数接近于 1，表示阿根廷渔业只出口不进口，竞争力强。

表 10　　　　　　　　　　**阿根廷渔业贸易竞争力指数**

时间（年）	出口额（美元）	进口额（美元）	TC 指数
2015	1434496536	60124393	0.9195
2016	1674593319	70879402	0.9188
2017	1950491975	84371600	0.9171
2018	2008274154	76690007	0.9264
2019	1741583639	59623071	0.9338

资料来源：EPS DATA。

2. 其他拉美国家渔业的贸易竞争力指数分析

（1）秘鲁渔业贸易竞争力指数

表 11 是对秘鲁在 2015 年到 2019 年渔业的贸易竞争力指数的测算，秘鲁渔业的 TC 指数 = （出口额 - 进口额）÷ （出口额 + 进口额）。该指标作为一个与贸易总额的相对值，剔除了经济膨胀、通货膨胀等宏观因素方面波动的影响，即无论进出口的绝对量是多少，该指标均在 -1 和 1 之间。从表 11 中可以看出 2015—2019 年秘鲁渔业出口额持续上升，2015—2018 年进口额持续上升，2019 年下降，TC 指数从 0.5937 波动上升至 0.7584， -1 < TC < 1，进口额大于出口额，竞争力相对较强。

表 11　　　　　　　　　　　秘鲁渔业贸易竞争力指数

时间（年）	出口额（美元）	进口额（美元）	TC 指数
2015	651578404	166107044	0.5937
2016	700455524	169753430	0.6099
2017	799704386	213339735	0.5788
2018	958739021	249954624	0.5864
2019	1204590615	165520037	0.7584

资料来源：EPS DATA。

（2）厄瓜多尔渔业贸易竞争力指数

表 12 是对厄瓜多尔在 2015—2019 年渔业的贸易竞争力指数的测算，厄瓜多尔渔业的 TC 指数 =（出口额 – 进口额）÷（出口额 + 进口额）。该指标作为一个与贸易总额的相对值，剔除了经济膨胀、通货膨胀等宏观因素方面波动的影响，即无论进出口的绝对量是多少，该指标均在 – 1—1。从表 12 中可以看出 2015—2019 年厄瓜多尔渔业出口额持续上升，TC 指数从 0.9368 波动上升至 0.9401， – 1 < TC < 1，该指数接近于 1，表示厄瓜多尔渔业只出口不进口，竞争力强。

表 12　　　　　　　　　　厄瓜多尔渔业贸易竞争力指数

时间（年）	出口额（美元）	进口额（美元）	TC 指数
2015	2553872891	83369889	0.9368
2016	2842000691	78688071	0.9461
2017	3308363845	82272814	0.9515
2018	3566416418	112515016	0.9388
2019	4241981421	131078511	0.9401

资料来源：EPS DATA。

3. 秘鲁、厄瓜多尔、阿根廷渔业贸易竞争力指数比较

从表 13 计算得，秘鲁、厄瓜多尔、阿根廷三个国家的渔业贸易竞争力

指数。三个国家的渔业贸易竞争力指数皆小于 1，阿根廷的 TC 指数和厄瓜多尔的 TC 指数相近，但从总体来看，厄瓜多尔的贸易竞争力指数大于阿根廷，可见厄瓜多尔渔业贸易竞争力较强，阿根廷相对较弱，秘鲁的渔业贸易竞争力指数较低，处于平均水平。2015—2019 年，阿根廷的 TC 指数从 0.9195 波动上升到了 0.9338，上升幅度较大。

表 13　　　　秘鲁、厄瓜多尔、阿根廷渔业贸易竞争力指数比较

时间（年）	秘鲁	厄瓜多尔	阿根廷
2015	0.5937	0.9368	0.9195
2016	0.6099	0.9461	0.9188
2017	0.5788	0.9515	0.9171
2018	0.5864	0.9388	0.9264
2019	0.7584	0.9401	0.9338

资料来源：EPS DATA。

三　中国和阿根廷渔业合作的可行性分析——以红虾为例

阿根廷红虾是世界上重要的海捕虾之一。阿根廷是阿根廷红虾最主要的生产国，也是唯一的阿根廷红虾出口国。近年来，阿根廷红虾的出口额占阿根廷渔业出口总额的 50% 以上，是阿根廷渔业最重要的品种。

（一）阿根廷红虾出口中国面临的挑战

1. 新冠疫情对阿根廷出口红虾的影响

2020 年，在全球新冠疫情的背景下，阿根廷出口中国的红虾降至 19607 吨，红虾出口总量占 15.11%，但红虾出口市场格局变化不大，中国红虾市场地位依然保持第二。阿根廷红虾产业正面临疫情以来最艰难时期。2021 年夏季，很多船员感染了新冠，船只无法出海，导致渔获量减少，当时价格一直上涨，所有市场需求强劲，市场氛围非常浓烈。而 2021 年中国需求萎缩，订单明显减少，2022 年开始增多，但是增加数量

依然有限。

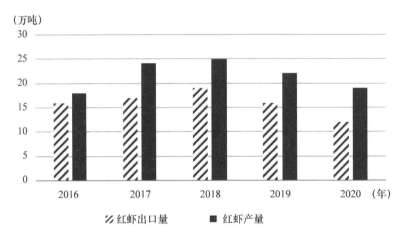

（万吨）

图1 2016—2020 年阿根廷红虾产量与出口量

资料来源：参考文献整理所得。

2. 阿根廷海关阻止对虾出口商减免关税

2021 年 11 月，阿根廷国家农业部和国家渔业部副部长宣布第 754 号法令生效，该法令对关税结构进行了修改，以"促进渔业部门在阿根廷国内通过加工生产的消费产品的出口"。海关重新定义了该措施，实际上阻止了部分企业获得税收优惠。对于不超过两公斤的包装中的尾虾，税收部分将降低到 3%。另一方面，两公斤以上的则增加两个百分点至 9%；作为一种不鼓励虾在国外再加工的惩罚。这种海关障碍导致使用这些产品安排作业的渔业公司在劳动力和供应方面产生了更高的成本。

3. 美元强势周期

2018 年以来，由于受美元强势周期等诸多因素影响，阿根廷陷入经济危机，其货币连续暴跌，濒临崩溃。阿根廷央行曾一度在八天之内连续加息 3 次，经过多种政策的实施，比索方才在外汇市场稳住阵脚。报道称，由阿根廷内阁部长、财政和生产部长以及农业部长签署的 793 号法令规定，从 9 月 4 日开始，所有出口产品都将额外支付约 12% 附加税，以出口商品的 FOB 价格为计价标准，税额初级商品的最高限价为 4 比索，其他加工产品最高限价为 3 比索。同时也包括对海产品出口加征 9% 的关税，这对其

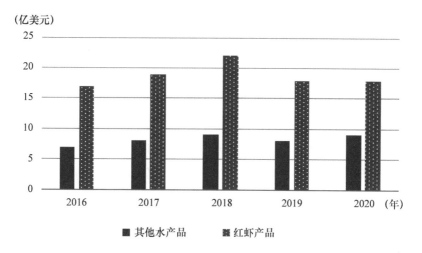

（亿美元）

图 2　2016—2020 年阿根廷渔业出口额

资料来源：参考文献整理所得。

渔业的发展造成了严重的损害，也导致中国进口红虾成本增加，令阿根廷红虾在中国市场的供应缩紧。

（二）阿根廷红虾出口中国面临的机遇

1. 中阿关系处于"三好"时期

自 2014 年中阿关系提升为全面战略伙伴关系后，中阿关系持续升温。2017 年和 2019 年，阿根廷总统毛里西奥·马克里曾两次出席"一带一路"国际合作高峰论坛，阿根廷成为中国"一带一路"倡议在拉美地区"自然延伸"发展的"后起新秀"。2018 年 11 月 28 日，中国国家主席习近平访问阿根廷，并在阿根廷主流媒体《号角报》发表了题为《开创中阿关系新时代》的署名文章，文章首次提出中阿"三好关系"：相互信任的好朋友、共同发展的好伙伴和兼收并蓄的好知音，携手开创"全面战略伙伴关系"的新时代。

2. 中国红虾市场极具潜力

中国是传统的水产品消费大国。虾产品营养丰富，烹饪方便，是最受国人欢迎的水产品之一。中国是虾类养殖、消费和出口大国。近几年，中国国内对虾养殖受苗种病害、污染管控等因素影响，发展受到限制。与此同时，中国国民消费水平不断提高，虾类产品需求旺盛。中国进口虾类产品规模迅速增长。进口虾类的产地主要是厄瓜多尔、印度、越南、泰国、印尼和阿根廷等国。其中，除从阿根廷进口的红虾是海捕虾外，其他多是以凡纳滨对虾为主的养殖虾类。

红虾是产自冷温带海域的海捕虾，与养殖虾相比，在品质和市场接受程度等方面更具优势，市场需求旺盛。经过近几年的发展，中国经销红虾的商家不断增加，红虾产品流通方式日趋多元化，在中国水产品市场的份额持续扩大，在虾类消费市场占据了一席之地。但目前，中国从阿根廷进口的红虾数量仅占进口虾类的极小部分，红虾产品在中国消费市场具有很大的潜力。

3. 中国进口红虾关税下调

2014 年以后，阿根廷有关部门曾多次向中国有关部门提出对中国出口水产品的标准、关税等问题。国务院关税税则委员会根据产业发展现状、行业运行情况和国内市场需求等因素，决定自 2017 年 12 月 1 日起，将冻红虾进口关税率由 5% 降至 2%，进口环节税（增值税）由 10% 降至 9%。红虾进口降税政策实施后，中国企业进口成本降低，进口量增加，国内销售价也相应下降，降低关税使正常进口红虾的企业受益。[①] 2018 年，出口到中国的红虾达到 4.7 万吨，比 2017 年的 3.4 万吨增长 38.24%。占当年阿根廷红虾出口总量的 35.24%。阿根廷红虾对中国贸易规模明显扩大，中国政府减关税的政策作用开始显现。

（三）阿根廷红虾的国际竞争力分析

1. 加拿大北极虾出口中国概况

2022 年第一季度北极虾进口中国进口额创历史新高，中国 3 月进口量涨 49.2%，加拿大占 57.6%。2022 年 4 月北极虾进口再创历史新高，进口量增长 113.8%，加拿大占比 45%。2022 年 5 月北极虾进口量增长

---

① 任怀斌：《海关税政调研为水产业送红利》，2018 年 1 月 10 日，http：// www. customs. gov. cn/ qingdao_ customs/index/index. html （2021 - 05 - 01）。

228.1%，进口额增长 266.1%，加拿大占比 40.7%。2022 年 1—8 月北极虾进口量突破 4 万吨，其中从加拿大进口超过 1.5 万吨；进口额超过 3 亿美元。2021 年中国进口加拿大北极虾总共 17588 吨，平均单价 4.73 美元/千克。总价值 7.6806 千万美元。

表 14　　加拿大北极虾出口中国数据（2021 年 6 月、2022 年 6 月）

项目	国家	2021 年 6 月	2022 年 6 月	增长（%）
加拿大北极虾出口中国（重量）	加拿大	1098 吨	1129 吨	2.8
加拿大北极虾出口中国（总价格）	加拿大	4920 万美元	7287 万美元	48.1
加拿大北极虾出口中国（单价）	加拿大	4.48 美元/千克	6.45 美元/千克	44.0

资料来源：中华人民共和国海关总署。

表 15　　中国进口加拿大北极虾数据（2021 年 9 月、2022 年 9 月）

项目	国家	2021 年 9 月	2022 年 9 月	增长（%）
中国进口加拿大北极虾（重量）	中国	1078 吨	2513 吨	133.1
中国进口加拿大北极虾（总价格）	中国	4610 万美元	23979 万美元	420.2
中国进口加拿大北极虾（单价）	中国	4.28 美元/千克	9.54 美元/千克	123.1

资料来源：中华人民共和国海关总署。

中国的北极虾进口地主要有加拿大、俄罗斯、格陵兰岛。但其中最主要的进口地还是加拿大，这主要由于加拿大北极虾生产商协会与北京海桥市场营销公司多年来坚持深度开发中国市场，从而吸引更大、更多优秀的海产进口商、批发商、零售商加入销售北极虾的行业中。同时加拿大渔业和海洋部表示受海水变暖影响，加拿大的北极虾种群数量提升 150%，而且 10—12 月份是中国北极虾的进口旺季，中国的北极虾进口量和进口额很有可能会继续突破新高。

目前电商以及市场上销售的最火爆的两种野生虾就是这一对来自地球一北一南的加拿大野生北极虾和阿根廷红虾。对比加拿大北极虾出口中国，截至 2021 年 6 月底，阿根廷红虾捕捞量达到了 7.4 万吨，虽然尚未恢复到 2019 年疫情流行前的发展水平，但与 2020 年相比渔获量增长了 42% 左右。到 2021 年 11 月，中国进口的阿根廷红虾数量超过 1.1 万吨，进口金额达到 8589.3 万美元。

2. 秘鲁全虾出口中国概况

2021 年 1—3 月，秘鲁对虾的主要买家是中国，出口额 12366000 美元，销售指数增长了 281.8%，主要产品类型是冷冻全虾，出口额 10539000 美元。一季度秘鲁虾出口占 45.4%，对华冷冻虾出口额同比骤增 281.8%。秘鲁出口商及外经贸部部长表示："秘鲁将在中国获得 5 亿美元的潜在市场，虾是秘鲁第二大出口渔业产品，仅次于巨型乌贼，未来将继续加大对虾养殖力度，增强与中国对虾贸易往来。"

表 16　　　　　　　　　　秘鲁虾类出口中国出口额及增长情况

年份	2016	2017	2018	2019	2020
出口全虾（美元）	136331200	186766400	191604000	199000200	185364800
增长（%）	3.16	36.99	2.59	3.86	−6.85

资料来源：中华人民共和国海关总署。

目前在阿根廷，当地虾类仍作为类似于大宗商品的方式出口，简而言之，缺少附加值。相反目前比如秘鲁这样的周边国家通过从阿根廷进口当地的红虾，运输到本土后进行再加工（去壳、去虾线并装袋），重新出口来获得更高的附加值。马德普拉塔作为阿根廷重要的渔业和货运港口，在每个捕捞季都有数以万计的红虾在这里上岸。按一个装满红虾的货柜来计算，红虾的再加工需要雇用 30 个人持续工作 30 天，在马德普拉塔进行这种工作的工人每小时的薪水约为 270 比索，每天工作 8 小时，每天即为 2160 比索，每月约为 43000 比索，远远高于秘鲁同等工作的薪水。所以在马德普拉塔，这些捕捞并加工后的红虾在国际市场反而因为居高不下的人工成本竞争不过秘鲁这样的非原产地的国家。

3. 对比厄瓜多尔白虾出口中国概况

厄瓜多尔水产养殖协会（CNA）统计，2021 年厄虾出口总量达到 84 万吨，比上年增长 24%，出口额突破 50 亿美元，比上年增长 41%，实现了自 2012 年以来最高产值增速。2022 年，全球白虾产量预计达到 500 万吨。厄瓜多尔当之无愧为全球最成功的虾类出口国。厄瓜多尔在 2021 年全年向中国出口了共计约 39 万吨白虾，同比增长了 8%，12 月份，销往中国市场的白虾占总出口量的 52% 以上，欧、美两大市场的份额相似，都在 19% 左右。美国市场份额的增加比较明显。

表 17　　　　　　　　　　　**厄瓜多尔白虾出口数据**　　　　　　　　单位：美元

时间（年）	2012	2013	2014	2015	2016	2017
厄瓜多尔出口世界金额	94997179	2080637154	2877895517	2553872891	2842000691	3308363845
厄瓜多尔出口中国金额	675441	75115046	132600788	190072217	79115330	116774049
阿根廷出口世界金额	1305755273	1480596748	1556018954	1434496536	1674593319	1950491975
阿根廷出口中国金额	75739997	137118478	135449478	204672933	269665034	287557103

资料来源：中华人民共和国海关总署。

厄瓜多尔作为中高收入国家，其渔业产品出口额较阿根廷来说规模更大。在 2013 年中国对渔业产品需求暴增，带动了厄瓜多尔及阿根廷对中国出口水产品数量的增长，而在 2016 年为节点，中国推进深化中阿两国贸易往来合作，战略及政策上与阿根廷的贸易往来更为频繁。

中国是厄虾最大的出口市场，在出口总量中占比接近 50%。厄瓜多尔是中国最大的白虾来源国，在进口总量中占比超过 50%。2021 年 11 月份中国暖水虾类产品（包括南美白虾、阿根廷红虾）到港数量再创新高，达到 70305 吨，比 10 月份到港数量增长 25%。到港数量最多的仍是厄瓜多尔白虾，11 月份中国总计到港厄瓜多尔白虾 48548 吨，货值 3.1 亿美元。

其次是印度虾类产品到港 8068 吨，而阿根廷红虾到港为 3139 吨。

从近五年来厄瓜多尔对中国出口对虾的情况看，今年总体出口量都比往年同期高出不少。随着国人对虾需求量的日益增长，冻虾进口量的增长是必然的趋势，2022 年全球虾产量突破 500 万吨。厄瓜多尔已经持续两年成为世界第一大对虾出口国，也是中国最大的对虾进口国。

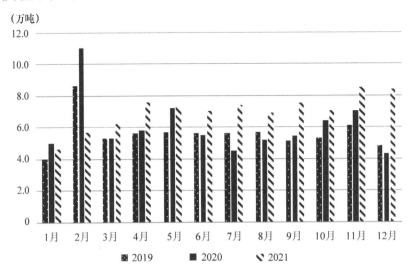

（万吨）

图 3　2019—2021 年厄瓜多尔白虾出口数

资料来源：参考文献整理所得。

4. 阿根廷红虾的国际竞争力对比

加拿大北极虾在中国市场号召力加强，进口价格也一路上涨，说明北极虾在中国市场已经逐步进入中产阶层，不过其竞争力较阿根廷红虾弱，红虾进口中国虽受部分因素影响但市场格局变化不大，在中国水产品市场的份额持续扩大，在虾类消费市场占据了一席之地。到了 2019 年，无论是从出口额还是出口量来看，中国已是阿根廷水产品最大的出口市场。秘鲁是阿根廷红虾类的加工业重镇，出口美国的产品中很大一部分为阿根廷红虾加工成品。秘鲁能成为阿根廷红虾的代加工基地，主要原因是秘鲁的劳动力成本比阿根廷有很大优势。中国一直是厄瓜多尔白虾的主要出口国，厄瓜多尔一半以上的虾公司都与中国有生意，大约 90% 的产品都出口到中国。

综合数据可以看出，中国对暖水虾进口需求是日益增高的，而阿根廷红虾受限于产业规模及产业结构，即使在中国是阿根廷红虾最大进口国的情况下，进口数量也远不如厄虾。因此单论暖水虾类产品阿根廷方面缺少竞争力。然而提升产业规模、增高产量不是一蹴而就的，因此在与阿根廷水产方面深化合作应该开辟更多的方向，比如帮助开发加工产业、开发更多产品来创造中国市场需求等。

多种渠道稳定扩大红虾。贸易红虾是捕自天然海域的野生产品，在品质等方面有着独具一格的优势。在中国市场有着持续需求的潜力。当前，阿根廷国家渔业当局对其红虾渔业的管理战略主要是在加强现有红虾渔场养护管理的前提下，对北部渔场的红虾资源进行调查开发，控制小规格红虾的捕捞量，保持 20 万吨规模的红虾渔业，红虾生产和出口将走可持续发展道路。

四　中国和阿根廷渔业合作面临的问题

虽然中阿渔业合作前景广阔，但在开展实质性合作之前必须做到知己知彼，以应对未来合作中可能出现的问题。

（一）阿根廷政策不稳定，渔业出口下降

鉴于国内相关政策和法律的不健全，阿根廷渔业发展较为缓慢。2020年上半年，阿根廷渔业生产量达 174598.6 吨，相较于 2019 年 12 月份的171292.2 吨有所增长，但鱼类和虾类却分别下降了 31% 和 40%，由此可见，下降的比例是比较大的。由于阿根廷政府将整体捕捞季向前推移，许多鱿鱼还没能成长到合适的尺寸就被捕捞，从而造成阿根廷鱿鱼的规格普遍较小。与此同时，从今年 12 月 14 日起阿根廷渔业副部长实施了第 1/22号规定，为了简化程序和加强管制和管制制度，关于阿根廷鱿鱼捕捞船队的新措施将生效，通过远程程序平台，公司必须提供有关卸货、地面处理和阿根廷船员的数据，以核实船东的承诺。[①]

---

① 陈涛涛、吴敏、徐润：《阿根廷投资环境与中国企业的机会及挑战》，《国际经济合作》2020 年第 1 期。

这一政策的实施对捕捞也会产生一定的影响。此外，出口关税政策也给阿根廷渔业出口带来很大压力，2018年以来，由于受美元强势周期等诸多因素影响，阿根廷经济陷入经济危机之中，其货币连续暴跌，濒临崩溃。① 阿根廷政府在采取其他紧急措施的同时也对海产品的出口加征9%的关税，这对其渔业产业的发展造成了严重的损害，也导致中国进口红虾成本增加，令阿根廷红虾在中国市场的供应再次缩紧。

（二）阿根廷水产加工业薄弱，产品附加值低下

虽然阿根廷水产资源十分丰富，但阿根廷国内水产品加工业发展有待提升，其水产品出口多是未经加工或初加工。因此为提高水产品出口贸易额，阿根廷只能加大捕捞量来推动出口规模的增长，以此来弥补加工产业的薄弱所带来的损失。② 2022年上半年阿根廷出口248356吨水产品，价值8.294亿美元，出口量同比下降5.2%。出口额下降4%。阿根廷红虾、鳕鱼的出口量分别下降了31.7%和6.4%。红虾的出口量和出口额均大幅下降，出口量下降31.7%至40609吨，出口额下降27%至2.977亿美元。在出口贸易下降的情况下，对国内加工业的升级和转型就变得尤为重要。作为渔业产业结构中的重要组成部分，水产品相关加工业的发展不但能够提高产品附加值和出口价格，还能有力推动国内市场消费的增长，而如何充分发掘其发展潜力也成为阿根廷渔业发展的重要问题。

（三）阿根廷水产养殖业发展缓慢，渔业结构单一

阿根廷地处温带，气候温和，适合鱼类繁殖生长；南部处于寒暖流交汇的位置，鱼类饵料丰富；另外，国内还有拉普拉塔河等多条河流注入，可以为鱼类带来营养物质。然而，虽然阿根廷拥有着良好的水产养殖条件，但国内的水产养殖行业发展仍然缓慢，这主要有以下几个方面原因：阿根廷国内的渔业政策与法律制度尚未完善；渔业资源养护不力；拥有的

---

① 孟萍莉、李乐园：《我国企业赴阿根廷投资面临的风险及应对策略》，《江苏商论》2021年第3期。

② 马双：《阿根廷国家科技创新体系与中阿科技合作进展》，《科技中国》2022年第9期。

养殖技术较为落后。其水产养殖的年产出有限，水产品出口占比不到2%，水产养殖业基本属于空白。在此背景下，阿根廷政府出台了相关政策，进一步促进与中国、挪威等国之间的国际合作。2021年7月31日阿根廷媒体报道阿根廷渔业与水产养殖政府部门与中国官方举行虚拟会议，就两国渔业与水产养殖产业合作交换意见。① 阿根廷渔业与水产养殖部秘书长表示："在会议讨论的提案和主题中，我们强调创建知识交流、技术创新、基础设施建设和水产养殖业培训的可能性议题，中国科学院与阿根廷国家水产养殖局达成重要共识。"这次会议是发展阿根廷国家水产养殖生产和商业化集群的新举措，规划项目设计和适应生产链的所有阶段，并利用中国提供的巨大竞争优势。

（四）疫情冲击，渔业经济持续低迷

疫情暴发以来，阿根廷渔业部门今年的出口额将下降30%，与2019年的16.7亿美元相比，下降约5亿美元。阿根廷渔业部负责人表示，阿根廷渔业的主要出口市场——中国、西班牙、美国和意大利受到严重影响。预计这几个主要市场将下降3.24亿美元（2.95亿欧元），该协会在一份报告中称，第一季度捕鱼量下降了20.9%，达到174599公吨，而2019年同期为220804公吨，仅3月份捕鱼量就下降了27.2%。与去年相比，阿根廷三种主要渔业产品——鱿鱼、鳕鱼和红虾——的捕获量分别下降了30.5%、10%和25.7%。可以看出疫情不仅对阿根廷渔业产生了影响，而且还令中阿渔业贸易合作受到了很大冲击。同时因为疫情，中国对阿根廷的直接投资也会受到影响，投资者可能抱有对未来阿根廷渔业经济持续低迷的消极判断从而减少甚至放弃对阿根廷相关产业的投资。毫无疑问这对中国和阿根廷来说都非益事。

五　促进中国和阿根廷渔业合作的建议

为了进一步拓展中阿之间的渔业合作，巩固中阿的渔业合作，促进两

---

① 罗眉：《中阿渔业跨境合作面临的困境及对策》，《对外经贸实务》2020年第5期。

国的渔业合作业务，本文提出四点优化中阿两国之间渔业合作的建议。

（一）关注政策变动，落实紧急措施

渔业产业的可持续发展离不开长期稳定的经济政策环境，因此了解阿根廷的政治环境有利于中阿两国渔业企业开展良好的合作。2015 年以来，阿根廷政府在经济领域进行了以减少政府干预、市场为导向的经济政策改革，改善经营和投资环境，恢复特许经营和 PPP 模式等政策，期望吸引更多的外国投资，来推动国家经济的发展，与此同时中国对阿根廷渔业的投资日益增加。阿根廷央行与中国人民银行于 2020 年 8 月 6 日，再次签署了未来 3 年 185 亿美元的货币互换协议，这是继 2009 年、2014 年、2017 年和 2018 年之后第五次签署货币互换协议。中阿本币互换有助于阿根廷政府加强金融环境以支持中阿两国的贸易和投资，也有助于人民币国际化的进程。此外阿根廷农牧渔业部将和中国签署渔业合作协议，加强两国在渔业捕捞和生产等领域的合作。

根据阿根廷农牧渔业部发表的公告，两国将在平等互利的基础上签署渔业合作协议，在渔业捕捞和养殖、水产品加工、渔船建造和维修、渔具设备生产、渔业资源管理和保护等领域全面加强合作。两国还将在深化两国渔业部门合作，建立渔业合资企业，允许对方渔船进入本国港口进行船只的补给和维修、卸载或转运水产品等领域加强沟通与合作，并且还同意在中阿农业合作委员会下设立渔业合作分委员会，明确和协调在两国专属经济区的渔业①。中国政府对进口红虾采取减关税、参照其他进口水产品简化红虾的质量检验标准等政策，就是贯彻落实《中国—拉丁美洲和加勒比农业部长论坛宣言》精神的具体举措之一，也是落实"一带一路"倡议的具体实践，促进了阿根廷对中国的水产品贸易，给中阿双方都带来了好处。

---

① 史磊、秦宏、刘龙腾：《世界海洋捕捞业发展概况、趋势及对我国的启示》，《海洋科学》2018 年第 11 期。

（二）加速产业结构转型，增加渔业养殖合作

经过数十年的发展，中国远洋渔业发展势头良好。2021 年，年末渔船总数 52.08 万艘、总吨位 1001.58 万吨。其中，机动渔船 35.70 万艘、总吨位 977.48 万吨、总功率 1845.20 万千瓦；非机动渔船 16.39 万艘、总吨位为 24.10 万吨，装备水平提升显著。对于中国来讲，加强同阿根廷水产养殖等方面的渔业合作，有利于中国远洋渔业的进一步发展；另一方面对于阿根廷来讲，通过对中国资本投资的引入，能够加快本国渔业装备水平的改造升级和海洋捕捞技术的提高。比如中国可以在阿根廷合资或独资设立水产养殖研究中心，并委派一些具备相关专业知识的专家以及工作人员与阿根廷当地技术人员充分交换意见，因为中国在工业化养殖、绿色养殖等海洋水产养殖方面有着丰富的实践经验，通过零距离接触，可以较好地传授技术以及实践经验。同时阿根廷政府可以呼吁本地企业投资商进行有关水产养殖方面的投资，逐步形成产业集群效应，实现在地理位置接近，在技术和人才上互相支持，这种地理上的相对集中缩短了相互之间的沟通距离，加强了创新和交流。

（三）丰富产业加工种类，加强本土化建设

阿根廷国内水产品市场消费需求有限。相对而言，中国在水产品加工方面的实践经验丰富，已形成冷冻冷藏、腌熏、药物研发、工艺品等数十个加工种类。2021 年中国海水加工产品 1708.81 万吨，同比增长 1.76%；淡水加工产品 416.23 万吨，同比增长 1.15%。水产品出口规模稳步增长，中方渔企可了解当地加工水产品市场的具体需求，能够在当地建立相应的水产品加工基地，从而减少出口成本。通过中阿两国的渔业合作，两国水产品加工企业可从水产品再加工、综合利用方面着手，加强在药物、化工和功能食品等水产品加工领域的合作。此外，在中阿两国渔业贸易的推动下，中国企业可以境外并购等方式，加大对阿根廷渔业领域的投资，以渔业为中心开展远洋捕捞、加工养殖、渔船制造和维护、渔业设备生产、港口建设等诸多领域开展深度合作。

由于中阿两国在宗教习俗、风俗传统、思维习惯、价值观和企业经营

理念等方面有着较大差异，随着中阿两国渔业的深入合作，中国企业应该充分意识到阿根廷投资环境，深入了解当地文化风俗和经济，通过雇用阿根廷当地员工，充分利用当地渔业资源，建立加工制造中心和销售网络。在处理劳资关系时，中国企业应充分控制劳动力成本，合理规避劳资问题，同本地工会展开有效的沟通和交流，以确保企业正常运营。同时，应积极融入当地社会，将当地文化融入自身发展之中，以减少不同文化之间的分歧，制造出适合当地市场需要的水产品，进而推动中阿两国的交流。

（四）开展渔业投资，开辟适销对路

中国企业要积极稳定扩大红虾贸易，建议主要做好以下几方面工作：一是中国企业要从长远出发，与阿方建立长期贸易合作关系，把握阿根廷政策及红虾生产的变化，争取更多的红虾产品进入中国市场；二是近几年，阿根廷冰鲜红虾产量比重增加，相应的陆冻原条虾、去头虾等产品出口比重也会提高，企业要及时调整进口和销售策略，开辟适销对路的产品和市场；三是积极开展红虾渔业投资合作，从生产、加工的源头掌控资源和产品。目前，中国已有数家远洋渔业企业采取收购、控股阿根廷企业和渔船等方式涉足阿根廷的红虾生产作业，但与阿根廷开展红虾渔业合作有着相当的困难与风险，企业必须在人才培养、税收政策、企业管理以及社会的融入等方面有充分的准备。

（五）把握进口环节，保证产品质量

阿根廷出口到中国的红虾产品质量虽有很大提高，但随着冰鲜红虾产量增加，众多的红虾加工厂管理水平参差不齐，难免会出现产品质量问题。在运输环节上，如冷藏集装箱破损、断电等情况造成红虾变质的情况仍有发生。对于中国企业来说；一是要聘请在阿根廷有资质或有能力的第三方机构，在产品装入集装箱前，对产品进行抽样检验，以确保产品在装箱前处于完好状态；二是进口商应对进口红虾产品投保货物运输险，以保障被保险人的货物在运输途中因意外引致的损失得到赔偿。

（六）加强产品管理，规范加工与销售

冷冻水产品包冰是一个涉及广大消费者利益的问题。阿根廷企业应该严格按照《冷冻水产品包冰规范》来对冷冻水产品包冰技术要求规范和包冰含量的测定等方面做出明确规定，对包装食品标识标注净含量以及标示沥干物（固形物）的含量等方面做出监督管理的规定。以规范去头虾包冰的加工与销售。只有从货品源头解决问题，才能促进中国与阿根廷之间的渔业合作。

（作者俞潇栩，浙江外国语学院国际商学院学生；龙贵虎，浙江外国语学院国际商学院学生；吕宏芬，浙江外国语学院国际商学院教授）

Analysis on the Development of Fishery Trade Cooperation between China and Argentina

Yu Xiaoxu；*Long Guihu*；*Lv Hongfen*

Abstract：Argentina is one of the world's major exporters of aquatic products, with abundant fishery resources and a wide variety of products. However, the level of fishery development is limited, and exports are dominated by unprocessed or primarily processed products, with limited aquaculture and processing technology. Argentine red shrimp is one of the world's important sea-caught shrimp. Argentina is the leading producer of Argentine red shrimp and the only exporter of it. In recent years, the export volume of Argentine red shrimp accounts for more than 50% of Argentina's total fishery exports, making it the most important variety in Argentina's fishery. This article mainly introduces an overview of Argentina's fishery production, analyzes the current difficulties facing Argentina's fishery, and deeply analyzes the current situation of Sino-Argentine fishery cooperation. Taking the red shrimp exported to China by Argentina as an example, it analyzes the feasibility of future Sino-Argentine fishery cooperation, mainly involving challenges faced, how to improve, and finally puts forward general optimization suggestions. Drawing lessons from the case of Sino-Argentine red shrimp, this article proposes suggestions on how to promote future cooperation between China and Argentina at the national, product, and localization levels, in order to further develop Sino-Argentine fishery cooperation and contribute experience to other Sino-Argentine cooperation industries.

Key words：Argentine red shrimp；Fishery trade；Sino-Argentine trade

中国对拉美地区投资意愿的
影响因素研究
——以社会认知理论为视角

张秀媛　　陈胜男（通讯作者）

摘　要：伴随着经济的快速发展，中国对拉美直接投资总量逐年增加。本文对社会认知理论进行修正和拓展后，利用SPSS26.0对问卷数据进行处理分析，研究发现：中国投资人的绩效期望、投资能力、认知水平会正向影响投资意愿，而且影响要大于拉美的宏观经济、劳动力市场环境和中国的政治、人文社会环境的影响；拉美地区的社会制度、基础设施、商业服务环境和我国的经济、技术环境不会影响投资人的投资意愿；中国企业的企业性质和行业类别也会对投资意愿产生影响。为进一步扩大中国投资规模，增加非国有企业的投资，中国企业应将眼光放长，追求可持续发展，关注新兴领域，中国政府应加大对国内民营企业的扶持，继续开展中拉人文交流活动并培养国内企业家的社会责任感。

关键词：拉美投资；影响因素；社会认知理论

一　引言

拉美地区自20世纪末开始一直是全球资本的主要流入地之一。21世纪以来该地接收的外商投资量大致呈上升趋势，仅在2001年、2008年和2019年出现过较为明显的下跌。2019年新冠疫情暴发后国际大宗商品价格下跌，该地区出现了较为严重的经济危机，外资投入量大幅下降。联合国贸发会发布的《2022年世界投资报告》显示，拉丁美洲和加勒比地区的外国直接投资在 2021 年出现了反弹，较 2020 年增长了 56%，达到 1344 亿美元①。拉美的外国投资主要集中在少数国家，2021 年巴西和墨西哥吸收的外国直接投资额分别达到 503 亿美元和 316 亿美元，分别占整个拉美地区的 37% 和 24%。此外，外商投资部门相对集中。过去，外国对拉美的投资主要集中在自然资源和制造业上。近年来，随着拉美经济市场的不断开放，拉美国家的电力、运输、信息技术、金融和科创等行业吸收的外资日益增多。

在"一带一路"框架下，拉美地区逐渐成为中国对外直接投资的重要场所。拉美能矿资源丰富，可以保障我国能源安全。② 拉美的基础设施和技术水平相对落后，迫切需要进行交通建设，而我国轨道交通等行业已经积攒了大量海外实践经验，对拉美直接投资将促进中国的经济转型和产业升级。③ 中国部分行业在国内市场呈现饱和状态，拉美正是中国寻找和开辟的新兴海外市场。与此同时拉美国家也表现出对外来投资的热情和渴望，出台多种政策以吸引中国投资者。

中国和拉美地理距离遥远，历史上几乎没有政治联系，相互投资甚少，直至 20 世纪 90 年代，中拉贸易才有了较快的增长。④ 随着双边贸易规模的扩大，在中国"走出去"战略的鼓励下，不少中企开始在拉美投资。在中国经济进入新常态前，投资目标主要是一些能矿资源丰富的国家。现在我国在拉丁美洲投资的国家数量不断增加，在一些自然资源相对不丰富的国家的投资存量有了显著的增长。投资领域也不断向着多元化发展，基础设施建设、制造业、金融业、批发零售业、信息传输、软件和信息技术服务业开始占据越来越重要的地位。⑤

---

① United Nations Conference on Trade and Development. Word Investment Report 2022，https：//unctad. org/system/files/official-document/ wir2022_ en. pdf（2022 - 07 - 27）.

② 钟文新、孙依敏、金焕东：《拉美地区油气投资环境及中拉合作建议》，《世界石油工业》2019 年第 3 期。

③ 岳云霞：《拉美结构性调整与中企投资机遇》，《清华金融评论》2019 年第 12 期。

④ ［西班牙］徐里奥·里奥斯：《中国与拉美及加勒比地区双边关系的发展与未来趋势》，蓝博译，《江苏师范大学学报》（哲学社会科学版）2017 年第 2 期。

⑤ 吕晓梅：《中国对拉美地区直接投资产业选择研究》，硕士学位论文，山东师范大学，2016 年。

近年来中国在拉美地区的直接投资额快速增长，2019 年中国对拉美投资流量达 63.9 亿美元，截至 2020 年对拉美的投资存量达 6298 亿美元。但从总量看，中国对拉美地区的直接投资存量仍不如美国等发达国家。中国对拉美地区直接投资的主体主要是一些大型国有企业，非国有企业数量较少，投资规模也较小，主要原因在于中国企业对拉美地区投资起步较晚，除此之外还存在着非国有企业融资困难、企业投资准备不足等因素。①

意愿是行为的始因，本文对社会认知理论进行修正和拓展，从投资人个体和投资环境两个角度出发，研究和探讨中国企业对拉美地区投资意愿的影响因素，通过分析这些因素希望向中国企业提供对拉美地区直接投资的理论依据和指导，从而解决中国企业目前在拉美投资数量较少、投资规模较小、投资产业相对集中等问题。

二　理论基础与文献综述

（一）社会认知理论

20 世纪 70 年代，美国心理学家 Albert Bandura 结合行为主义和社会学习理论提出了社会认知理论，该理论强调人类的行为受个人与环境两个因素及其交互作用的影响。② 该理论模型广泛应用于企业决策、知识管理、组织行为等方面，也为拉美投资意愿的影响因素研究提供了新视角。在社会认知理论的背景下，投资行为受投资个体和投资环境的影响，投资行为可以表现为投资意愿，因此本文主要关注投资人和投资环境两个因素，研究二者对中国企业对拉美地区投资意愿的影响。

（二）文献综述

1. 对外直接投资的影响因素

国内外的学者从不同角度出发，研究了对外直接投资的影响因素。他

① 张姗：《中国对拉美地区直接投资影响因素研究》，硕士学位论文，河北大学，2018 年。
② Spencer E. Cahill, Albert Bandura, "Social Foundations of Thought and Action: A Social Cognitive Theory", *Contemporary Sociology A Journal of Reviews*, 1987, Vol. 16, No. 1.

们发现：东道国的投资激励政策[1]、双边友好关系[2]、母国的经济政策不确定性[3][4]、国内不断上升的劳动力成本[5]、国内企业的技术水平[6]、产业竞争力[7]、东道国政府财政分权[8]、东道国金融发展水平[9]、东道国的对外开放度、自然资源禀赋和劳动力规模[10]以及行业特征[11]都能够促进对外直接投资。

与此同时，东道国经济政策的不确定性、政治风险[12]、汇率波动[13]、

[1] Cuervo Cazurra, Alvaro and Silva Rêgo, Bernardo and Figueira, Ariane, "Financial and Fiscal Incentives and Inward Foreign Direct Investment: When Quality Institutions Substitute Incentives", *Journal of International Business Policy*, 2022.

[2] 吴怡：《双边友好外交关系对中国对外直接投资的影响——以"一带一路"沿线国家为例》，硕士学位论文，南京财经大学，2022年。

[3] 邢佳佳：《经济政策不确定性对我国企业对外直接投资的影响研究》，硕士学位论文，北京邮电大学，2021年。

[4] 杨淑媛：《经济政策不确定性对中国对外直接投资影响的实证研究》，硕士学位论文，浙江大学，2021年。

[5] 张相伟、龙小宁：《劳动力成本上升对中国对外直接投资的异质性影响》，《中国经济问题》2021年第3期。

[6] 张希颖、王艺环：《技术进步如何影响对外直接投资发展——基于河北省规模以上工业企业数据研究》，《河北企业》2021年第4期。

[7] 吕静怡：《中国服务业对外直接投资与产业竞争力关系的研究》，硕士学位论文，哈尔滨商业大学，2021年。

[8] Do Manh Hung and Park Sang Chul, "Factors Affecting Foreign Direct Investment and Economic Performance in Developing Economies: Evidence from Vietnam", *International Journal of Public Administration*, 2022.

[9] 彭青青：《东道国金融发展对我国对外直接投资的影响》，硕士学位论文，重庆理工大学，2021年。

[10] 杭成：《"一带一路"沿线国家投资便利化对中国对外直接投资的影响研究》，硕士学位论文，内蒙古大学，2021年。

[11] Ping L. V., Curran Louise, Spigarelli Francesca, "Barbieri Elisa, One Country, Many Industries: Heterogeneity of Chinese OFDI Motivations at Meso Level", *China Economic Review*, 2021 (prepublish).

[12] 杜晓君、石茹鑫、冯飞、张铮：《东道国政治风险对企业对外直接投资绩效的影响——基于企业风险管理能力与东道国自由裁量权的联合调节效应》，《技术经济》2022年第3期。

[13] 王鹏宇：《人民币汇率波动对对外直接投资的影响研究——基于企业微观数据的实证分析》，硕士学位论文，兰州大学，2021年；钟雯：《"一带一路"沿线国家汇率风险对中国对外直接投资的影响研究》，硕士学位论文，安徽大学，2021年。

东道国税率水平和地理距离、企业融资约束①、制度差异②、文化距离③则与对外直接投资呈负相关关系，会成为对外直接投资的阻碍。

2. 中国对拉美直接投资的影响因素

学术界对中国在拉美地区直接投资影响因素的研究主要采用定性分析和面板数据回归分析两种方法，研究内容主要集中在政治风险、法律环境、社会制度、经济状况、劳动力水平、文化距离几个方面。

Syed Hasanat Shah 等认为与东道国之间的制度差异不会显著影响中国对外直接投资的流量，自然资源禀赋会影响对外直接投资的区位选择。Lisette Paola Cervantes Galvan 等的研究结果表明：拉美国家的出口、政府支出和互联网对吸引外国直接投资到拉丁美洲具有积极的意义，而进口和人均 GDP 负向影响中国对该地区的投资。④ 同时，Néstor Castañ Eda 认为中国对拉美地区直接投资主要是出于贸易利益、大宗商品市场的演变以及与自然资源相关的政策目标，而非政治动机。⑤

吕洋⑥指出中国企业开拓海外市场的需求、中国经济发展的资源需求和外交战略都推动着中国企业在拉美投资；张姗⑦从东道国、国内、拉美避税区三个角度运用线性回归进行实证分析得出：东道国和中国的经济发展状况都能影响我国对外投资，一定的税收优惠政策也能吸引投资。

李大霞⑧从母国和东道国的角度出发构建了经济增长模型，得出政治

---

① 张佳：《融资约束与企业对外直接投资——基于企业生产率的中介效应分析》，硕士学位论文，西南财经大学，2021 年。

② Syed Hasanat Shah, Muhammad Abdul Kamal, Hafsa Hasnat, Li Jun Jiang, "Does Institutional Difference Affect Chinese Outward Foreign Direct Investment? Evidence from Fuel and Non-fuel Natural Resources", *Journal of the Asia Pacific Economy*, 2019, Vol. 24, No. 4.

③ 朱嘉琦：《政治风险、文化距离对中国民营企业对外直接投资的影响》，硕士学位论文，山东财经大学，2021 年。

④ Lisette Paola Cervantes Galvan and Diana Arriaga and Lina Uribe, "Analysis of China's Outward FDI in Latin America and the Caribbean Countries", *Journal of International Finance Studies*, 2017, Vol. 17, No. 2.

⑤ Néstor Castañ eda, "New Dependency?: Economic Links between China and Latin America", *Issues & Studies*, 2017, Vol. 53, No. 1.

⑥ 吕洋：《中国对拉美投资的现状及问题》，《国际研究参考》2016 年第 11 期。

⑦ 张姗：《中国对拉美地区直接投资影响因素研究》，硕士学位论文，河北大学，2018 年。

⑧ 李大霞：《拉美国家政治风险对中国企业 OFDI 影响的研究》，硕士学位论文，贵州财经大学，2022 年。

风险会阻碍中国企业对外投资；王冠伦等[1]指出拉美地区基础设施薄弱、法治环境不完善、劳动力市场不成熟都是中国在拉投资的障碍；马盼盼[2]认为中企在拉美投资存在众多社会风险，社会不稳定、劳工素质低、文化壁垒都是中企在拉美投资的障碍。

3. 文献评述

回顾已有的相关文献可以发现，许多实证研究存在一定的矛盾与局限性。例如，颜媛媛[3]认为中国对外投资具有风险偏好的特点，吴彤和陈瑛[4]也认为拉美地区的政治不稳定和经济波动并不会阻碍中国投资者对其投资，李大霞等人的研究结果却与之相反。除此之外，大多数学者使用的数据都停留在已有的投资者，较少研究未投资的个体，他们的研究结果是否代表国内未涉足拉美地区投资的企业也犹未可知。这为本文的研究提供了新的思路和视角，同时使本文具有了一定的研究意义。

三　研究设计

（一）问卷设计与发放

本文采用问卷调查法，针对投资人个体和投资环境两个核心要素编制了调查问卷来研究对于拉美地区投资意愿的影响因素。问卷分为企业基础信息题和投资意愿影响因素的量表题，量表采用李克特量表（Likert Scale），将等级划分为从非常不同意到非常同意，对应 1 分到 5 分。

本文将投资人个体因素划分为绩效期望、投资能力和认知水平三个维度，将投资环境分为拉美的投资环境与我国的投资环境。考虑到东道国与

---

① 王冠伦、高强、王征：《促进中国企业对拉美直接投资路径探析》，《山东经济战略研究》2019 年第 3 期。

② 马盼盼：《中国企业在海外直接投资的社会风险——以拉美为例》，《现代营销（下旬刊）》2017 年第 8 期。

③ 颜媛媛：《汇率与中国对外直接投资的实证研究——基于"811 汇改"视角》，硕士学位论文，汕头大学，2021 年。

④ 吴彤、陈瑛：《中国对拉美主要国家直接投资的风险分析》，《国际经济合作》2015 年第 10 期。

母国的环境对企业投资的影响作用机制有所差异，因此对二者采用不同维度的细化标准。参考世界银行和联合国数据库，将拉美地区的投资环境划分为社会制度、基础设施、宏观经济、劳动力市场和商业服务五个维度。[①]依据 PEST 研究模型，本文将我国的投资环境划分为政治、经济、人文社会和技术四个维度。

（二）研究假设

以社会认知理论为视角，结合文献综述中学者们对中国企业在拉美直接投资意愿的影响因素的研究，本文提出以下七个假设并构建了本文的研究假设模型：

H1：投资人的绩效期望正向影响投资意愿

H2：投资人的投资能力正向影响投资意愿

H3：投资人的认知水平正向影响投资意愿

H4：企业性质会影响投资意愿

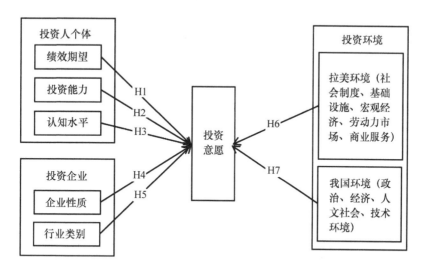

图 1　研究假设模型

---

① 潘子龙、马莲：《"一带一路"沿线国家投资环境评价研究》，《经营与管理》2022 年第 6 期。

H5：企业的行业类别会影响投资意愿

H6：拉美的投资环境正向影响投资意愿

H7：我国的投资环境正向影响投资意愿

（三）数据采集与分析

1. 描述性统计与分析

本次调查共发放问卷175份，回收有效问卷160份，有效率为91.43%。

根据回收数据，对被调查者的基本信息进行统计可知：本次调研对象中私营企业数量最多，占所有调研对象的40%，国有企业占25.63%，外资企业占11.25%，股份制企业占10.63%。行业类别以制造业，金融业，信息传输、软件和信息技术服务业为主，占比分别为19.38%、17.50%、11.25%。未对拉美地区进行投资者居多，占74.38%，其中未来对拉美有投资意愿的占36.13%，这说明中国企业未来对拉美地区投资的潜力很大，具有较大的上升空间。

表1　　　　　　　　　调研对象所在企业性质统计

企业性质	填写人数（人）	所占比例（%）
国有企业	41	25.63
外资企业	18	11.25
私营企业	64	40.00
股份制企业	17	10.63
其他	20	12.50
总计	160	100

注：因四舍五入，最终比例之和略大于或小于100%，表中仍取100%，后表同。

表2　　　　　　　　　调研对象所在企业的行业类别的统计

行业类别	填写人数（人）	所占比例（%）
农、林、牧、渔业	8	5.00
采矿业	2	1.25
建筑业	9	5.63
金融业	28	17.50

续表

行业类别	填写人数（人）	所占比例（%）
制造业	31	19.38
零售和批发业	14	8.75
电力、热力、燃气及水生产和供应业	2	1.25
信息传输、软件和信息技术服务业	18	11.25
房地产业	2	1.25
科学研究和技术服务业	4	2.50
水利、环境和公共设施管理业	4	2.50
文化、体育和娱乐业	15	9.38
教育、卫生和社会工作	16	10.00
其他	7	4.38
总计	160	100

2. 信度与效度分析

使用 SPSS 26.0 对本次问卷整体信度进行检验得到 Cronbach's Alpha 系数，系数为 0.912，超过 0.9，表明问卷具有很高的信度。如表 3 所示，对各变量分别进行检验得到其各自系数，其中"商业服务"变量的 Alpha 系数大于 0.7，其他系数均大于 0.8，说明问卷具有较高的可靠性。

表3　　　　　　　　　**各变量的 Cronbach's Alpha 系数**

变量	Alpha 系数	变量	Alpha 系数
绩效期望	0.843	劳动力市场	0.831
投资能力	0.887	商业服务	0.798
认知水平	0.916	政治环境	0.923
社会制度	0.913	经济环境	0.925
基础设施	0.861	人文社会	0.933
宏观经济	0.846	技术环境	0.920

采用 KMO 及 Bartlett 的球形检验对量表的效度水平进行检验，KMO 值为 0.918，大于 0.9，表示非常适合，显著性概率为 0.000，小于 1%，也表示非常适合。

3. 相关性分析

将"绩效期望""投资能力""认知水平"等变量分别与"投资意愿"作双变量相关性分析，得到 Pearson 相关系数。结果如表 4 所示，"绩效期望""投资能力"和"认知水平"的相关系数范围是 0.4—0.6，说明三者与投资意愿呈中等程度的正相关关系。拉美地区"宏观经济"与"劳动力市场"以及中国的"政治环境"和"人文社会环境"的相关系数在 0.2—0.4 之间，与投资意愿呈较弱的正相关关系。"社会制度""基础设施""商业服务""经济环境"和"技术环境"因素的相关系数均在 0.2 以下，与投资意愿不存在相关关系。

表4　　　　各变量与"投资意愿"的 Pearson 相关系数

变量	Pearson 系数	变量	Pearson 系数
绩效期望	0.440	商业服务	0.199
投资能力	0.510	政治环境	0.223
认知水平	0.509	经济环境	0.170
社会制度	0.194	人文社会环境	0.218
基础设施	0.173	技术环境	0.150
宏观经济	0.314	拉美总环境	0.258
劳动力市场	0.269	我国总环境	0.198

控制"投资能力"变量，对"绩效期望"与"认知水平"进行偏相关分析。结果如表 5 所示，检验的显著性 P 值分别为 0.028 和 0.005，均小于 0.05，说明排除投资能力的影响，绩效期望与认知水平仍与投资意愿相关。

表5　　　　控制"投资能力"的偏相关分析

控制变量			投资行为	绩效期望	认知水平	投资能力
—	投资行为	相关性	1.000	0.440	0.509	0.510
		显著性（双尾）	—	0.000	0.000	0.000
投资能力	投资行为	相关性	1.000	0.174	0.221	
		显著性（双尾）	—	0.028	0.005	

控制"认知水平"变量，检验"绩效期望""投资能力"与"投资意

愿"的相关性。结果如表6所示，"绩效期望"的显著性水平为0.509，大于0.05，说明绩效期望与投资意愿不相关，"投资能力"的显著性水平为0.004，小于0.05，与投资意愿相关。

表6　　　　　　　　　　控制"认知水平"的偏相关分析

控制变量			投资行为	绩效期望	投资能力	认知水平
—	投资行为	相关性	1.000	0.440	0.510	0.509
		显著性（双尾）	—	0.000	0.000	0.000
认知水平	投资行为	相关性	1.000	0.053	0.225	
		显著性（双尾）	—	0.509	0.004	

4. 单因素方差分析

将企业性质分为国有企业与非国有企业，"投资意愿"作为因变量，检验"企业性质"对"投资意愿"是否有影响。方差齐性检验结果如表7所示，显著性值 P 大于0.05，说明各处理组之间方差是齐的，满足方差分析的适用条件。方差分析结果如表8所示，显著性值 $P = 0.000$ 小于0.05，说明各企业性质对投资意愿的影响效果不同。

将不同的"行业类别"作为固定因子，"投资意愿"为因变量，检验"行业类别"对"投资意愿"是否有影响。表7中基于中位数的显著性值 $P = 0.616$ 大于0.05，说明各处理组之间方差是齐的，满足方差分析的适用条件。方差分析的显著性值 $P = 0.000$ 小于0.05，说明各行业类别对投资意愿的影响效果不同。

表7　　　　　　　　　　与"投资意愿"的方差齐性检验

		莱文统计	自由度1	自由度2	显著性 P
企业 性质	基于平均值	1.380	1.000	158.000	0.242
	基于中位数	0.987	1.000	158.000	0.322
	基于中位数且有调整后自由度	0.987	1.000	140.117	0.322
	基于剪除后平均值	1.487	1.000	158.000	0.225

		莱文统计	自由度1	自由度2	显著性 P
行业类别	基于平均值	1.867	13.000	146.000	0.038
	基于中位数	0.841	13.000	146.000	0.616
	基于中位数且有调整后自由度	0.841	13.000	124.708	0.616
	基于剪除后平均值	1.842	13.000	146.000	0.042

表8　　　　　　　　　　　　　与"投资意愿"的方差分析

		平方和	自由度	均方	F	显著性 P
企业性质	组间	264.707	1.000	264.707	16.940	0.000
	组内	2468.887	158.000	15.626		
	总计	2733.594	159.000			
行业类别	组间	678.632	13.000	52.202	3.709	0.000
	组内	2054.962	146.000	14.075		
	总计	2733.594	159.000			

（四）研究结果

H1、H2、H3 成立，投资人的绩效期望、投资能力、认知水平均与投资意愿呈正相关关系，而且在控制了认知水平的影响后，绩效期望与投资意愿不存在相关性，说明投资人个体的绩效期望、投资能力和认知水平越高，投资人对拉美投资的可能性越大，而且认知水平不变时，绩效期望与投资意愿无关。

H4、H5 成立，企业性质和行业类别会影响投资意愿，国有企业与非国有企业的投资意愿不同，不同行业类别的投资意愿也不同。在所得的问卷数据中 73.17% 的国有企业对拉美有投资意愿，而只有 45.38% 的非国有企业对拉美有投资意愿，比起私营和股份制企业，外资企业更倾向于对拉美地区直接投资。

H6 成立，但 H7 不成立，拉美地区的宏观经济、劳动力市场、中国的政治、人文社会环境与投资意愿呈正相关关系，而拉美地区的社会制度、基础设施、商业服务环境、中国的经济、技术环境与投资意愿无关，说明当拉美地区的宏观经济条件和劳动力市场越好，中国对拉美的政治和人文社会环境越稳定时，中国投资人投资意愿越高。

表9　　　　　　　　　　　　　研究结果

假设	路径	指标	结果
H1	绩效期望→投资意愿	相关系数0.440	成立
H2	投资能力→投资意愿	相关系数0.510	成立
H3	认知水平→投资意愿	相关系数0.509	成立
H4	企业性质→投资意愿	方差显著性0.000	成立
H5	行业类别→投资意愿	方差显著性0.000	成立
H6	拉美环境→投资意愿	相关系数0.258	成立
H7	我国环境→投资意愿	相关系数0.198	不成立

四　讨论与建议

（一）讨论

1. 投资人短视与动力不足

投资人的绩效期望、投资能力与认知水平对投资意愿产生影响主要是因为投资人存在着"短视"与动力不足的问题。我国投资者的投资能力参差不齐，众多企业没有足够的跨境投资资金，而有能力的投资者中，大部分投资者只重视短期投资绩效，忽略长期企业价值。地理距离使他们认为拉美地区的未知性和风险太大，新冠疫情也加剧了该地的不确定性，投资在短期内并不能看到显著且满意的回报，这便导致大部分的企业对拉美没有投资意愿。中国大部分企业家缺乏全球化的胸怀和视野，满足于现状，并无深耕拉美市场的需求，在企业盈利达到一定程度时，他们倾向于维持现状而选择最稳妥的经营战略，而不是在承担一定风险的情况下继续拓展新市场，进一步扩大市场规模，提升市场占有率。

2. 企业责任与行业特点

企业性质和行业类别对投资意愿产生影响是由于不同企业的企业责任和行业特点存在不同。国有企业生来就承担着国家责任，国企的投资并购就是中国政府的投资并购。大型国有企业或国有控股能源企业为了解决我国能源短缺问题迈出海外并购的步伐，同时国企的投资也服务于国家外交战略。而非国有企业承担国家战略和发展责任的意识薄弱，相比之下投资意愿自然就小很多。另外，国内民营企业普遍没有长远的发展规划，而外资企业的运作均按照既定的战略规划进行，长远目标明确，所以外资企业的投资意愿大于民营企业。

不同行业具有不同的投资特点，投资意愿也略有不同。我国企业对矿产资源开发、制造业等领域的投资时间较长，已经形成了较为稳定的投资环境，所以制造业及采矿业这类行业进入风险较小，投资意愿较大。物流运输、金融服务和信息技术等行业对拉美地区直接投资起步时间较晚，还未形成较大的投资规模，投资风险未知，所以投资意愿较低。

3. 跨境贸易与趋利动机

目前已有的文献显示，东道国的社会制度、基础设施、宏观经济、劳动力市场和商业服务等都会影响中国企业的投资情况，而本文的研究结果表明，只有拉美地区的宏观经济与劳动力市场、中国的政治与人文社会环境会对投资意愿产生影响，原因是目前中国企业与拉美地区进行的经济交往活动以跨境贸易为主，中国出口商对进口商的选择会在一定程度上基于政治关系和对该国人文社会的了解，但二者并不起决定作用。企业的趋利动机使中国的中小民营企业局限在获取短期利润，将企业的短期业绩视作企业价值。中国企业倾向于向购买力强的国家出口，而进口国的就业率越高、经济发展水平越高时，其居民的购买力越强。另外，在跨境贸易阶段交易主要采用 FOB、CIF 这类合同和信用证结算的方式，进出口商的运输风险与责任明确，结算安全性也高，所以进口国的社会制度、交通运输水平和付款方式不会显著影响贸易。

（二）建议

基于上述讨论可以发现，中国对拉美地区的投资仍具有很大的上升空间，为进一步扩大中国对拉美直接投资规模和数量，更深层挖掘中国企业对拉美的直接投资潜力，本文提出以下建议。

1. 国家层面

从制度政策的角度来看，民营企业是中国经济的重要组成部分，我国政府应不断改善国内国际营商环境，深化投资便利化改革。不断完善对外直接投资的法律法规，出台相应的政策措施鼓励中国企业对拉美地区直接投资，适度放宽对民营企业对外直接投资的管理，提高投资审核审批的效率，降低对外直接投资的门槛，为民营企业投资提供便利。

从基础设施建设的角度来看，政府可以成立专门针对拉美地区的投资信息平台，向国内企业提供有关投资环境、投资政策等方面的信息，帮助国内企业进行投资风险评估，对有投资意愿的企业进行科学指导，消除投资过程中的信息不对称。另外，政府也可以为国内企业提供资金支持，通过改善金融资源配置，进一步完善和拓宽企业对外直接投资融资渠道，为民营企业提供融资便利，更好地服务企业落地拉美。

从教育引导的角度来看，无数企业的发展实践证明，凡将企业发展同国家与民族命运紧密结合在一起的，大都取得了成功。因此，政府要重视企业家的社会责任、家国情怀、国际视野、全球资源整合能力的培养。政府可以制定专门的政策措施或建立奖励机制以引导和激励民营企业和企业家承担社会责任，发挥各类社会组织、媒体等社会力量的监督作用，向民营企业注入发展新动力，引导民营企业家健康成长，提升其企业社会责任认知，使其承担起"社会主义建设者"的责任。

2. 社会层面

根据边际产业扩张理论，一国应从已经或即将处于比较劣势而对东道国来说具有比较优势的产业开始对外直接投资。中国国内市场几乎饱和的行业应实施"走出去"战略，充分利用和发挥拉美地区的比较优势进行直接投资，向外拓展和深耕市场。中国跨国公司应凭借独特的所有权优势，寻找具有投资区位优势的拉美国家进行直接投资并充分利用和发挥内部化优势。

人文交流能够促进民心相通，聚力构建人类命运共同体，中国应继续加大同拉美国家的人文交流力度。一方面，各行各业应积极响应国家号召，主动寻求发展机会，借助"一带一路"倡议进一步扩大合作交流，充分利用互联网和数字技术，深度挖掘各地方、各部门、各类组织和群体在中拉人文交流中的潜力和资源，促进中国对拉美地区直接投资多元化，投资结构优化。另一方面，中国学术界应加强与拉美地区各学术人士的交流，依靠中国与拉美地区间的智库论坛与文化交流会，不断提升双方学术交流。同时，各高校应提供中拉双方学生交换学习的机会，促进访学，努力培养具备国际视野的复合型经济人才，顺应全球化发展。文学艺术作品在弘扬传统优秀文化、加强对外交流的同时，也可以增进中拉人民的了解、加深友谊，建立彼此间信任。影视作为一种重要的文化形式，在文化传承和宣传方面发挥了不可小视的作用，中国的影视行业也应为促进中拉双方友好交流出一份力。

3. 企业层面

首先，企业在追求短期利润之余，应关注企业长期价值，克服过于功利化的投资思想。在与拉美国家进行跨境贸易时，企业应充分了解并针对进口国的社会制度、基础设施等，制定更为恰当的出口战略，从而降低因产权纠纷、社会治安等潜在风险带来的经济损失。熟悉东道国提供的商业服务范围与程度也可以帮助企业更好地选择投资区位。企业还可通过建立客户关系管理系统，主动了解拉美客户需求，为他们提供个性化、高质量的产品和服务，与客户保持长期友好合作关系。跨国企业在东道国生产销售与管理过程中应实行恰当的本土化策略，关注并帮助提升当地劳动力素质，解决其就业问题等。如此，当地的消费水平会随劳动力素质和收入的提升而提升，消费者群体才能由低端低质量消费转变为高端高质量消费，从而提升企业利润。企业也应充分利用其先进的生产技术，优化东道国的生产条件，不断提升跨国企业竞争力与竞争优势以实现良性循环。

其次，全球范围内新一轮的产业变革和科技革命正在加速演进，能源和信息等众多领域都在孕育重大技术和产业突破，掌握前沿技术的企业可以迅速进入市场并占据主导地位，进而提升生产效率，提升企业竞争力。国内企业在跨境贸易的基础上，可以考虑选择在东道国竞争较少、相对落后、相对薄弱的领域进行投资。拉美地区产业结构优化和基础设施建设的需求巨大，腾讯、华为和联想均对拉美地区的通信行业进行了投资，这对中国来说正是一个挖掘市场潜力、拓展海外市场的机遇。所以，中国企业应拓展中国同拉美地区的"一带一路"

合作新领域，充分利用国内外有利政策，加强对拉美的物流设施、电信、通信技术、电力等基础设施领域的投资，中国金融机构应同拉美地区的金融机构加强在宏观经济形势、经济金融政策等方面的沟通和业务交流合作。

最后，新时代企业家应立足中国，放眼世界，主动适应时代变化，拓展国际视野，科学统筹，利用好国内外两个市场、两种资源，推动企业走国际化道路，为国有企业分担一定压力，为中国创造更多的社会财富和社会价值，解决国内及拉美地区就业等诸多问题。

五　总结

本文在文献研究的基础上，对社会认知理论进行修正和拓展，研究了中国投资人个体因素以及投资环境对其投资行为的影响。通过问卷形式对中国企业进行调研，以量表形式记录其对可能影响因素的同意程度，并使用 SPSS 26.0 对问卷数据进行信度与效度及相关性等分析得出：中国企业投资人的绩效期望、投资能力、认知水平会正向影响投资人的投资行为，而且影响程度要大于拉美地区的宏观经济与劳动力市场环境、中国的政治和人文社会环境，其中绩效期望对投资行为的影响程度受认知水平的影响。在认知水平不变的情况下，绩效期望不会对投资行为产生影响。不同的企业性质和行业类别也对投资行为产生影响，但拉美地区的社会制度、基础设施和商业服务环境、中国的经济和技术环境并不会影响投资人的投资行为。

为进一步扩大投资规模和数量，中国企业家应当关注企业长期价值，追求可持续发展，在新兴产业发展初期把握机遇，转变投资方向。中国各行业应借助"一带一路"倡议，利用东道国比较优势扩大投资范围，寻求新的市场。中国政府也应加大对国内民营企业对外直接投资的政策扶持力度，不断加强中拉之间的人文社会交流，增进彼此了解，加强对国内企业家的投资教育，培养其社会责任感。

随着中国与拉美地区经济复苏，拉美地区或将成为中国对外直接投资的最重要场所之一。中国政府将不遗余力地优化营商环境，中国民营企业也将逐步成长为新的对外直接投资主力军，中国对外直接投资的规模和范围有望进一步扩大，对外直接投资的行业将不断向着多元化发展。

本文收集的问卷数据中各企业性质和行业分布并不均匀，回收的样本量也较少，对中国企业的实际投资情况反映不充分。此次研究的重点在投资意愿，而投资意愿与实际行为之间仍有差距。未来会根据此次研究结果调整问卷问题并保证企业性质和行业类别的均衡分布，向企业更高层的管理人员深入了解投资情况，收集更多更具代表性的问卷，探讨阻碍投资意愿成为实际行为的因素。

（作者张秀媛，浙江外国语学院国际商学院学生；

陈胜男，浙江外国语学院国际商学院跨境电子商务系讲师）

Analysis of the Influencing Factors of Chinese Enterprises' Willingness on Investment in Latin America—A Perspective from Social Cognitive Theory

Zhang Xiuyuan ; *Chen Shengnan* (*Corresponding Author*)

Abstract: With the rapid economic development, China's total direct investment in Latin America has increased year by year. From the perspective of social cognitive theory, this paper uses SPSS 26.0 to process and analyze the questionnaire data, and studies the influencing factors on investment. It is concluded that the performance expectation, investment ability and cognitive level of Chinese enterprise investors will positively affect the investment behavior of investors. Moreover, the impact is greater than the macro economy and labor market environment in Latin America, China's political and cultural and social environment. The social system, infrastructure and business service environment in Latin America, and economic and technological environment in China do not affect the investors' investment behavior. The nature of enterprises and industry categories can also have an impact on investment behavior. In order to further expand the scale of investment, Chinese enterprises should have a long vision, pursue sustainable development, and pay attention to investment in emerging fields. The government should increase the support to domestic private enterprises, strengthen cultural exchanges between China and Latin America and cultivate the sense of social responsibility of domestic entrepreneurs.

Key words: Latin American Investment; Influencing Factors; Social Cognitive Theory

中国跨境电商平台在拉美的
本土化战略研究
——以 SHEIN 开拓拉美市场为例

陈胜男　蔡帅楠（通讯作者）

摘　要： 在全球市场的开放和数字化转型的背景下，中国品牌出海迎来巨大的发展机遇。随着政治稳定和投资环境的改善，拉美市场新兴产业蓬勃发展，发展潜力巨大，越来越多的企业开始将目光投向拉美市场。本文即通过案例分析法，以 SHEIN 公司开拓拉美市场为例，为本土化战略应用于中国跨境电子商务平台出海拉美市场中提供可行性建议。

关键词： 本土化战略；拉美市场；跨境电商平台；案例研究

一　引言

随着全球经济一体化的深入、数字技术的发展、互联网普及率的提升等诸多因素，跨境电子商务凭借其突破时空限制的优越性，正经历着快速的发展。① 中国跨境电子商务逐步进入成熟期，从"野蛮生长"向"精耕细作"转变。一方面，大量铺货、上货的粗放式电商模式逐渐难以为继，产品同质化严重、利润率低等问题逐渐凸显；另一方面，受全球贸易政策不确定性增加、全球物流供应链成本上升，跨境电商开始加速构筑品牌、渠道、供应链、营销等方面的竞争优势，以应对宏观环境、平台限制等风

---

① 苏梦莹：《跨境电商企业品牌出海的运营战略研究》，硕士学位论文，北方民族大学，2022 年。

险挑战。在多重因素的叠加影响下，中国跨境电商加速洗牌，本土化成为跨境电商平台海外发展的重要方向。

拉美市场作为跨境电子商务中的蓝海市场，具有巨大发展潜力，在全球跨境电子商务中占据重要地位，备受中国政府、电商企业、物流企业、传统企业的重视。中国始终鼓励中国企业"走出去"，陆续出台了一系列政策鼓励和支持中国跨境电商企业的发展[①]。2023 年 1 月，财政部等三部门联合发布了《关于跨境电子商务出口退运商品税收政策的公告》，出台鼓励跨境电商发展的增值税、消费税和关税免退补政策。自 21 世纪以来，中国与拉美的贸易合作关系呈现出快速增长的趋势：一方面，中国加强了与拉美国家的政治和经济联系；另一方面，拉美国家也积极拓展与中国的贸易往来。中国逐渐成为拉美多个国家的最大贸易伙伴之一，同时，拉美也逐渐成为中国重要的资源供应地和出口市场。

随着中国跨境电商市场的快速增长，越来越多的企业开始寻找新的商机。而受疫情影响，拉美地区线下消费习惯逐渐转移到线上。拉美市场快速爬升的跨境渗透率、互联网普及率以及快时尚品类的需求量，引发企业热捧，其中包括将业务扩展到拉美市场。[②] 目前，中国电商巨头阿里巴巴和京东已经开始向拉美市场出口产品。但在客观条件、文化认同、语言障碍等因素的制约下，整体发展受到限制，面对拉美市场开发的问题，如保护主义盛行、基础设施不完善、语言障碍、政治动荡等。中国跨境电商平台面对以上问题将何去何从引起了学术界和实践界的广泛关注。

独角兽企业 SHEIN 作为国内跨境电子商务品牌出海拉美市场的成功案例，能够在众多跨境电子商务平台中抢占先机，有赖于其在拉美当地实施的本土化战略。本文通过研究 SHEIN 出海拉美市场的本土化战略为中国跨境电商平台出海拉美市场提供借鉴，并提出建议。

---

① 资料来源：http：//www. gov. cn/xinwen/2023 – 02/02/content_ 5739794. html。
② 孙洪波：《拉美地区局部动荡：表现、根源及前景》，《当代世界》2020 年第 8 期。

二 文献综述

（一）梳理相关研究

1. SHEIN 成功出海相关经验的研究

SHEIN 作为以快速时尚为主的电商平台，在欧美市场已经取得了相当大的成功。目前，SHEIN 正积极开拓拉美市场，在中国跨境电子商务平台出海的大背景下，学者们从成功出海的相关经验出发，如在拉美地区建立物流中心和仓库，在巴西、哥伦比亚、智利等地推出本土化网站，寻找当地合作伙伴等经验，研究其可行性与借鉴意义。邓婷从 SHEIN 的跨境销售策略、供应链打造、网络营销等方面进行分析，总结 SHEIN 相关经验：挖掘数据潜能要素，让数据贯穿生产、分配、流通、消费各个环节，构建灵活、高效、生态化的全球供应体系等，给予具有品牌出海意识的中国跨境电商企业启示。[①] 张晓曼、孙虹、陈雨倩从 SHEIN 营销策略角度出发，深析 SHEIN 的发展历程，认为 SHEIN 注重产品创新、整合供应链资源，优化库存管理、强化社交媒体宣传、注重消费者需求等经验值得跨境电商平台借鉴。[②] 蔡一鸣认为在跨境电商海外拓展的过程中，注重各市场的文化差异是关键突破点，SHEIN 成功出海的重要经验之一为跨文化营销传播策略，并提炼跨文化营销传播策略的具体行为：注重跨境电商网站设计涉及文化的因素、与当地网红合作营销、根据文化相关因素制定促销策略等。[③]

2. 本土化战略分析的相关研究

现有文献发现，随着全球化时代的到来和经济竞争的加剧，各国经济、政治、文化合作日益紧密，中国跨境电商产业也在加速洗牌，本土化成为跨境电商平台发展的重要方向。张政在跨境电商本土化相关理论的基

---

① 邓婷：《中国时尚服装品牌出海策略研究——以 SHEIN 为例》，《西部皮革》2022 年第 14 期。

② 张晓曼、孙虹、陈雨倩：《快时尚品牌 SHEIN 营销策略与经验借鉴》，《经济研究导刊》2023 年第 3 期。

③ 蔡一鸣：《跨境电商的跨文化营销传播策略》，硕士学位论文，北京外国语大学，2022 年。

础上，结合国内外研究结果，构建了 B2C 出口跨境电商平台本土化评价指标体系，为跨境电商企业在制定和实施本土化策略方面提供启示：实现服务本土化——物流服务本土化、支付服务本土化、客户服务本土化；实现营销本土化——价格本土化、促销本土化、产品本土化、渠道本土化；实现人力资源本土化——雇用当地员工、建立跨文化培训机制；实现品牌本土化——品牌定位、品牌传播、品牌命名。[①] 李逸青、黄正松通过研究 TikTok 在海外市场经营的本土化战略，从产品内容、人力资源、营销策略、研发、监管等角度分析，总结 TikTok 本土化战略的成效，对数字企业实施海外市场本土化战略提出建议：深入调研海外市场、找准品牌定位、利用本土人力资源、放权本土团队、制定营销策略、探索海外市场、积极研发创新从而提高核心竞争力。[②]

3. 有关拉美市场的相关研究

2013 年中国提出建设"新丝绸之路经济带"和"21 世纪海上丝绸之路"的合作倡议（即"一带一路"倡议），拉丁美洲和加勒比地区被视为"一带一路"的自然延伸，目前已成为中国重要的战略伙伴，双方在"一带一路"框架下的合作很有潜力。现有文献显示，中国跨境电商平台能否成功出海拉美市场受国际贸易政策、市场经济状况、产业结构等拉美市场现状及人口多样化、经济非均衡性、自由化程度各异等拉美市场特点的影响。张梅在对中国企业在拉美商业活动及拉美企业在中国市场开拓情况基础上，总结出海拉美市场面临着贸易保护严重、认证与技术性壁垒、地区文化差异明显、政治风险大等困难，并提出做好充分的市场调研、注意"走出去"的方法、加强中资机构之间的沟通和联系等经验。[③] 孙宜乐通过调查发现中国和拉美的经贸关系处于快速发展期，双方在不同的商品上分别有比较优势，互补性较强，有比较明确的贸易分工，在中国经济飞速发

---

① 张政：《基于 AHP——模糊综合评价法的 B2C 出口跨境电商平台本土化评价研究》，硕士学位论文，杭州师范大学，2022 年。

② 李逸青、黄正松：《数字企业海外市场本土化战略分析——以 Tik Tok 为例》，《商业经济》2023 年第 2 期。

③ 张梅：《作拉美市场的开拓者——专访拉美贸易网董事长张梅》，《中国投资》2014 年第 7 期。

展和拉美经济复苏的背景下，中国和拉美的贸易，仍然有很大的发展空间和潜力。[①] 尤其是在"一带一路"倡议和"中拉命运共同体"的概念提出后，双方有了更多的合作平台和机会，贸易来往的深度和广度都有所提升。

（二）文献述评

综上所述，本土化战略具有显著优势，主要体现在市场优势、成本优势、政策优势、文化优势、人才优势上。不同的市场适应不同的战略，拉美市场具有多样性和复杂性，各个地区都具有自身的文化、语言、制度。而本土化战略恰好可以适应复杂多变的市场，面对拉美市场地区特色鲜明、政治动荡、基础设施不完善等现存的问题，本土化战略可以及时、灵敏、快速地解决问题、反映诉求。

上述文献仅在宽泛的理论层面或中国品牌出海的实质性效益基础上提出的意见或建议，缺乏研究中国跨境电商平台出海拉美市场的构建本土化生态圈的研究。本文采用案例分析法，不仅研究 SHEIN 的本土化战略在拉美市场的具体做法，而且以可持续性发展的思维提出构建当地生态圈的理论，为中国跨境电子商务平台出海拉美市场提供本土化战略建议。

三　研究设计

（一）研究方法

案例分析法获得的数据来源于官方公开信息，更具可信度与信服力，并可就同一案例进行多维度的分析，以此剖析问题本质。同时，案例分析法可针对不同领域或问题进行应用，由点及面，寻找通用的解决方法。本文将采用案例分析法，针对 SHEIN 开拓拉美市场事例，深入分析中国跨境电子商务平台在拉美的本土化战略研究问题，以此寻找本土化战略应用于

---

① 孙宜乐：《"一带一路"背景下中国商品出口在拉美市场上对美国商品出口的影响研究》，硕士学位论文，北京外国语大学，2022 年。

拉美市场的解决方案。

（二）案例选择

本文根据案例选择的典型性、多样性、充分性原则，选择 SHEIN 开拓拉美市场作为分析案例。主要原因分为以下三点：首先，SHEIN 在开拓拉美市场时，考虑到不同地域间存在的文化差异性，包括消费习惯、审美、语言、宗教信仰等，并根据当地消费者的需求和喜好调整产品创新与营销手段。其次，SHEIN 还推出针对拉美市场的本土化产品线路，推出具有拉美文化的女鞋、丝绸裙、音乐节装等，紧跟拉美时尚。最后，SHEIN 备受拉美市场消费者欢迎，如在巴西，SHEIN 已成为最受欢迎的购物应用程序之一；在墨西哥，SHEIN 被评为 Top10 Mobile Shop 应用程序之一等。可见，SHEIN 在本土化战略的运用上兼具典型性、多样性与充分性，故选择 SHEIN 开拓拉美市场作为分析案例，可为研究提供良好的基础。

（三）案例介绍

SHEIN 是一家专注于女性快时尚的跨境 B2C 互联网企业，以快时尚女装为业务主体，主要面向欧美、中东等消费市场，于 2018 年开始进军拉美市场。SHEIN 创业期：SHEIN 创立于 2008 年，以电子商务平台为主，主要在中国市场营销，并尝试拓展国际市场。SHEIN 规模式发展期（2008—2013 年）：SHEIN 逐步向外扩张，开设不同站点，提高市场占有率。SHEIN 内涵式发展：2014 年，SHEIN 开始加强品牌建设，提高商品品质和服务质量，并在俄罗斯和美国市场取得了巨大的成功，实现品牌的快速发展。SHEIN 转型期：2020 年，SHEIN 开始进一步拓展线下业务，开设实体店，并加强了社交媒体和直播带货的营销策略，此外，SHEIN 还积极倡导可持续发展，推出环保和社会责任项目。未来，SHEIN 将继续拓展国际市场，加强品牌建设和创新，探索新的商业模式和服务的形式，以实现长期可持续发展（如表 1 所示）。

表1　　　　　　　　　　　　SHEIN 拉美市场发展历程

时间	历程
2008 年	成立于 2008 年，前身为"Sheinside.com"，成立之初建立独立运营站点；四年之后"sheinside"升级为自主品牌"SHEIN"，聚焦快时尚女装领域，建立"网红推荐"的营销模式
2010 年 3 月	推出西班牙站点（es. sheinside. com）
2012 年 5 月	法国站上线（fr. sheinside. com），同年 7 月总单量突破百万，9 月添加了珠宝和化妆品的产品线
2013 年	上线了俄罗斯站（ru. sheinside. com）和德国站（de. sheinside. com），同时也增加了鞋子和箱包产品线并有了自己的设计师和预售定制款，而在同年，一天的最大单量可达 1 万
2014 年	总单量已经突破 500 万，注册用户达到 1000 万，并于 11 月推出意大利站点（It. sheinside. com）。 SHEIN 成功上线了自己的官网，并开始向全球市场拓展业务。2014 年是 SHEIN 迅速发展的关键时期，SHEIN 增强供应链管理能力、强化市场营销策略、加强品牌设计研发、加强物流和配送能力、拓展海外市场，不断提高用户体验感与市场占有率
2015—2017 年	2015 年 SHEIN 推出阿拉伯站点（ar. sheinside. com）、成立美国客服中心，并在澳大利亚、中东、印度等地设立站点，为进入新市场做好铺垫；开始在北美和欧洲市场进行大规模的推广，主要通过社交媒体和数字广告吸引年轻消费者的注意力；在 2015—2017 年，SHEIN 除加强商品供应链管理外，还动态跟进时代潮流、进行多平台推广和营销、提供各类服务和优惠、优化网站，APP 等界面以提高用户体验
2018 年	SHEIN 开始向拉美市场进行出口业务
2019 年	SHEIN 正式在巴西和墨西哥两个国家开设了电商平台，并推出针对当地消费者的优惠活动和服务； 利用具有影响力的社交媒体人物和微博博主与消费者建立联系； 提供以本地货币计价、快递和支付方式等定制化服务
2020 年	SHEIN 在拉美市场表现出色，销售额增长迅速； 在巴西，SHEIN 成为最受欢迎的电商平台之一，月活跃用户数量超过 200 万； 在墨西哥，SHEIN 推出定制款品牌，并与当地知名品牌合作推出限量版系列； 在智利和秘鲁等其他拉美国家，SHEIN 获得广泛曝光和关注，并加速提升市场份额； SHEIN 在拉美市场推出运动装和男装系列，与当地知名的社交媒体用户合作推广提供更贴近当地消费者的产品和服务

时间	历程
2021 年	SHEIN 创始人许仰天于 2021 年 12 月亲赴巴西，考察巴西服装供应链，并与当地的定级服装供应商见面交流； SHEIN 评估巴西生产服装产品的可行性，并与两家工厂签署保密协议； SHEIN 在巴西建立分公司，雇佣员工进行本地化探索； SHEIN 上线巴西本地支付 PIX 与 BO； SHEIN 在墨西哥首都开设第一家快闪店
2022 年	SHEIN 在墨西哥北部城市蒙特雷开设又一家快闪店①； SHEIN 积极扩大新加坡办事处，目标是到年底将新加坡员工数量增加三倍至 200 人左右
2023 年	2023 年 1 月，SHEIN 宣布任命软银前 COO Marcelo Claure 为 SHEIN 拉美董事长，负责公司的拉丁美洲战略和股东事务

注：本表由笔者根据公开信息和资料整理绘制。

可见，SHEIN 先将目光放在国内市场，通过低价、快速跟单等优势吸引一大批年轻人的关注，获得快速增长。在规模达到一定程度后，SHEIN 开始注重提高产品质量、优化供应链管理、改善用户体验等多方面内在提升，并在此基础上开始向成熟的欧美市场进军。在欧美市场，SHEIN 迅速扩大品牌知名度，成为欧美市场的热门购物网站之一，并在欧美市场持续优化物流和供应链系统，建立了自身的物流系统、开展全球性的营销活动，包括与知名人物合作、举办线上购物街等，SHEIN 加强了和全球用户的互动，提高了品牌信任度和忠诚度。以上市场的拓展和自身体系的优化，使 SHEIN 逐步成为跨境时尚电商行业的领先者，也为 SHENIN 出海拉美市场积累了大量的经验、奠定了坚实的基础。

四　案例分析

（一）发展阶段分析

1. SHEIN 规模式发展期

2008—2013 年属于 SHEIN 规模式发展期。在此阶段，SHEIN 先集中

---

① 资料来源：https://www.cifnews.com/article/144147。

在国内市场发展，通过低价、快速跟单等优势迅速吸引一批年轻人的关注，以此形成较大规模；并在基础上逐步向海外市场扩张，开设不同国家站点，逐步提高市场占有率。经过分析，SHEIN 在这一阶段可以取得快速增长的原因主要在于及时抓住市场机遇、具有极具竞争力的价格、别具一格的产品设计、快速响应市场需求、稳健的管理和战略。

2. SHEIN 内涵式发展

自 2014 年属于 SHEIN 的内涵式发展期。① 在此阶段，SHEIN 在向海外市场逐步扩张的基础之上，开始完善自身体系的建设：加强提升物流服务，可体现在建立中心仓、海外运营仓和中转仓，运用智能化手段对商品进行仓储管理和货品配送服务等；优化供应链，可体现在搭建云工厂平台，建立数字化供应链体系，开发 MES 协同管理系统，对供应商进行数字化智能改造等；提升用户体验，可体现在运用 Python 技术收集面料、款式、颜色等数据分析并预测潮流趋势，同时运用大数据等技术对不同渠道的用户浏览、加购物车、购物等数据分析消费者喜好，用以指导不同消费者偏好的研发设计等内部完善，以更好地满足全球用户的需求。

3. SHEIN 出海拉美市场

SHEIN 选择拉美市场作为进一步全球化的目标市场，主要原因基于以下三点。

（1）市场潜力大。拉美地区人口众多，市场潜力巨大，其中以巴西、墨西哥、哥伦比亚市场为主要目标②。根据联合国数据，拉美地区市场人口超过 6 亿，占全球总人口约 8%。同时，拉美地区年轻群体与网络购物习惯普及程度逐步提高，市场潜力巨大。且相较于欧美市场，拉美市场的消费者购物心理偏向于实惠。在拉美市场，人均购物支出占总收入的比例相对较高，购买力强，对 SHEIN 的收入增长产生了强有力的推动作用。

（2）受欧美文化影响较深。追溯到殖民时期，西班牙和葡萄牙殖民者带来了欧洲的语言、宗教、文化等方面的影响。后来，伴随着全球化的进

---

① 张宝明、于晓东：《SHEIN 数字化转型：动因、路径与启示研究》，《对外经贸实务》2023年第 3 期。

② 资料来源：http://www.china.com.cn/opinion/think/2021 - 10/09/content_ 77797488. htm。

程，欧美文化的传播进一步加强，美国文化和大众文化逐渐成为拉美文化不可或缺的一部分，如美国的电影、音乐、电视剧和社交媒体等都深入拉美人民的生活中，对其审美观和价值观等方面产生的深远影响。

（3）SHEIN 自身规模与管理经验。SHEIN 在多个国家和地区都具有成功的业务拓展和运营经验，为其出海拉美市场提供了宝贵的经验积累。SHEIN 在全球范围内销售时尚、美妆等多种产品，可为拉美消费者提供丰富多样的选择，满足不同消费群体的需求。SHEIN 善于通过数据分析和市场调研，了解消费者需求和市场变化，针对性地调整产品组合和销售策略，从而满足拉美市场消费者的需求。伴随着 SHEIN 本土化战略的成功实践，SHEIN 计划在拉美市场继续实施本土化战略，实施包括本土化员工、本土化物流服务、本土化支付服务、与当地社交媒体合作等战略，以更好融入当地消费市场。

（二）SHEIN 在拉美的本土化战略分析与讨论

面对拉美地区的显示出的巨大市场潜力，以及出海拉美市场的困境，如语言和文化障碍、物流服务、支付服务等，SHEIN 运用本土化战略将自身产品、服务与当地特色相融合，使其全面融入当地市场，更好满足拉美地区消费者的需求。

1. 人才本土化

（1）高管本土化

曾为软银国际集团首席执行官的 Marcelo Claure，曾直接监督软银投资组合中的 40 多家公司，包括 ARM、SB Energy 和 WeWork。且在 2019 年推出了该地区价值 80 亿美元的软银拉丁美洲基金，并在拉丁美洲的多个高增长行业，包括科技、电信、媒体、房地产和体育都有过多年投资经验。可见 Marcelo Claure 作为一名出色的企业家和运营管理人员，与拉丁美洲具有深厚联系，在发展全球品牌和建立信任关系方面具有丰富经验。因此 SHEIN 任命软银前 COO Marcelo Claure 为 SHEIN 拉美董事长，负责公司的拉丁美洲战略和股东事务，其工作重点主要为通过与当地企业与制造商合作，在巴西等地部署本土供应链。该做法迈出了管理人才本土化的一步，预计产生的效益有：增强 SHEIN 在拉美市场的知名度和影响力，利用自身的商业联系和人脉为 SHEIN 开拓更多商业机会、加速 SHEIN 进入拉美市场的进程；以其独特的战略洞察能力与商业理念，助力优化 SHEIN 业务、提升 SHEIN 在拉美市场的声誉。

（2）人才培养本土化

面对拉美地区复杂的市场环境，SHEIN 延续了人才本土化的战略方针，在拉美地区依旧重视招募具有本地市场经验的人才，并在员工培训和职业发展方面也引入本土化概念。SHEIN 通过本土化的招聘和培养机制，将产品与文化相结合，设计出更加符合当地消费者喜好的产品和服务，确保在各个国家和地区的业务本土化和可持续性发展。

通过员工培养本土化，SHEIN 预计产生的效益可分为以下四点：第一，当企业员工在相同的文化背景下成长时，员工之间的沟通将更为顺畅、明确，从而提高公司内部的协作和生产效率；第二，当企业员工与消费者具有相同的社交和文化背景时，本土员工熟知当地文化和语言的优势，可帮助传达契合消费者需求的信息，提供更加准确的服务；第三，招聘本土化员工可通过创造本土感而提高品牌信任度；第四，进入文化壁垒较大的市场时，招聘本土化员工，可降低文化适应成本。

（3）设计师本土化

而 SHEIN 的人才本土化不局限于员工本土化与管理人才本土化，还包括招聘当地设计师等，SHEIN 通过聘请当地设计师来设计本地化的产品系列，以适应当地消费者的需求和喜好。同时，SHEIN 组织在拉美市场负责设计的本地团队积极出席当地的时尚活动，参与当地社交媒体平台的交流和互动，以更好地了解当地消费者的需求和热点话题，为当地消费者提供更好的时尚选择。

2. 营销本土化①

面对拉美市场具有与中国、欧美市场较大的文化差异与消费习惯，SHEIN 实施营销本土化，如在墨西哥开设多家快闪店；与具有影响力的社交媒体人物和微博博主合作营销；2019 年，SHEIN 在巴西和墨西哥两个国家开设了电商平台，推出针对当地消费者的优惠活动和服务等。SHEIN 精

---

① 资料来源：https://www.eservicesgroup.com.cn/news/41188.html。

准把握拉美市场消费者偏好物美价廉、传统品牌等特点，针对当地的消费习惯调整营销战略，获取更多当地消费者的青睐。

在营销本土化战略进程中，SHEIN 将营销重心放在本地市场，根据当地文化和消费者喜好、审美进行定位和宣传，显著提升了品牌认知度；在不同的国家、地区中，SHEIN 提供定制化的产品设计服务，真正满足当地消费者的需求，显著提升了产品销售量与消费者体验。不仅如此，营销本土化是建立在把握当地市场趋势与消费者行为习惯的基础之上的战略调整，既保证了营销效果，也降低营销成本。

3. 服务本土化

SHEIN 的服务本土化包括支付本土化、物流服务本土化、客服服务本土化、网站设计本土化等。例如：2021 年，SHEIN 上线巴西本地支付 PIX 与 BO、SHEIN 提供以本地货币计价、快递和支付方式等定制化功能、建立当地客服中心等。SHEIN 与当地的支付提供商合作，提供多样化的支付方式，为消费者提供更加便捷的购物渠道，可提升用户购物体验、加强品牌认知度，对企业进军当地市场具有重要意义；SHEIN 通过与当地物流合作伙伴合作、建立自己的仓库与物流中心等方式打造物流服务本土化，高效糅合订单、物流等信息，既降低了物流成本，也提高了运输效率；SHEIN 建立海外客服中心，售前可回应消费者的产品咨询和解决消费者在购物过程中遇到的各种问题，包括运费、促销等问题，售后可回应消费者的订单查询、处理消费者的投诉与疑问等，并以此及时反映消费者的意见和建议，持续改进产品与服务，以更人性化的方式与当地消费者建立情感联系；SHEIN 为不同地区的用户提供不同的网站内容和商品种类，既迎合了当地消费者的喜好，也满足了当地市场的需求。

4. 供应链本土化

SHEIN 供应链的本土化具体措施主要包括：与当地供应商合作、建立当地仓库、优化运输网络、定制化产品、加强产品质量提升等。在当地供应商合作方面，SHEIN 在各个市场注重与当地供应商合作：在巴西，SHEIN 与巴西知名时尚品牌 Amaro 合作，通过 Amaro 平台向巴西消费者推广自身产品，同时，SHEIN 还与巴西当地的小型供应商合作，采购当地设计师的产品；在墨西哥，SHEIN 不仅直接采购当地的成衣与配件，而且与当地品牌合作，在线销售其产品；在阿根廷，SHEIN 与当地生产厂家进行合作，定制生产以满足当地市场的独特需求，同时，SHEIN 还通过阿根廷的快递公司提供当地的物流服务，优化物流运作。在建立当地仓库方面，SHEIN 在拉美市场建立本土仓库，使产品快速到达消费者手中的同时，快速响应市场需求。在优化运输网络方面，SHEIN 不断优化运输网络，多采取航空运输，以确保货物能在最短时间内到达目的地。在定制化产品方面，SHEIN 通过人才本土化、文化融入等方式进行大量的本土化设计，生产具有当地文化特色的产品，满足消费者的需求。在加强产品质量提升方面，SHEIN 在拉美市场严格把控产品质量，以确保其产品符合当地的质量标准。可见，SHEIN 致力于建立本土化和可持续的供应链。通过与当地供应商、制造商和合作伙伴的紧密合作，提供更具竞争力的产品和服务。

五　中国跨境电商平台在拉美的本土化战略建议

（一）建议

综上所述，SHEIN 出海拉美市场的成功经验，为中国跨境电子商务平台出海拉美市场提供借鉴与建议。为了更好地适应当地市场、提高品牌出海的认知度和信任度、降低运营成本和风险、获得政府和消费者支持等，本土化战略凭借其独特优势成为中国跨境电子商务平台出海的战略趋势之一。由此，本文将就 SHEIN 开拓拉美市场为例，为中国跨境电子商务平台开拓拉美市场提出三点建议。

1. 助力构建当地跨境电商产业生态圈

从生态经济学角度出发，本土化战略可实现经济、环境、社会可持续发展的当地生态圈。[①] SHEIN 通过深入了解当地市场和文化、建立本土化团队、开发本土化产品、管理本土化供应链、建立本土化品牌形象以实现

---

① 原昆鹏：《推动产业集群发展 构建一流产业生态》，《鹤壁日报》2023 年 5 月 22 日第 6 版。

经济效益的同时，也实现了当地的社会效益的增长，参与构建产业生态，如促进就业、文化融合、社会公益、企业开发等。经济效益促进社会效益，社会效益又反哺于经济效益，助力当地产业形成良性循环。[①] 故通过本土化战略助力构建当地生态圈既是中国跨境电子商务平台出海有效方式，也是促进本地经济发展和提高企业竞争力的有效战略。构建步骤主要体现在以下七点（如表2所示）。

表2　　　　　　　　　　　　**构建当地生态圈**

构建当地生态圈	
1. 精准的市场调研与市场分析	精准把握当地消费者的需求和心理，以及市场目前的竞争形势和机会，为实施本土化战略提供基础性服务
2. 设计本地化商品和服务	以当地市场与消费者需求为基础，精准把握其文化特色、审美、风俗习惯等，设计符合当地消费者口味的商品及服务
3. 与当地经营环境相配合	为减少投资风险与顺利开展业务，了解当地宏观经济政策、税务政策、法律法规及商业环境等是必要的
4. 建立当地品牌形象	运用本土化营销战略，与当地知名人物与当地社会、企业等相互合作，在当地建立品牌形象与树立品牌口碑，构建一个稳健的生态圈
5. 加强本土化营销	通过本地化的推广、促销、媒体宣传等手段，吸引当地消费者，并积极开展本土化营销活动
6. 建立当地人才招聘、培养机制	通过员工本土化可加强企业与本地社区间的联系和互动，在吸纳就业人口与促进文化融合的同时，增强企业社会声誉和影响力；有助于建立可持续的人才培养和发展体系
7. 积极开展公益活动	积极参与当地的社会公益活动，提升企业社会责任感的同时，为当地社会做出贡献，助推企业、经济、社会可持续性发展

注：本表由笔者根据公开信息、资料整理绘制。

2. 加强中国跨境电商平台与当地企业的交流与融合

随着经济一体化的加速发展，各国各地区间的贸易联系日益紧密，伴有人类命运共同体的趋势，而中国跨境电子商务也逐步进入成熟期，从

[①] 伍睿晴：《亚马逊在中国的本土化战略分析》，《现代商业》2021年第35期。

"野蛮生长"向"精耕细作"转变。SHEIN 在拉美市场也积极与当地企业交流与融合并取得可视化效益。如推出本土化服务，包括本地支付、货币转换、站点翻译等；合作当地物流公司，包括提供本地化售后服务；支持当地小型品牌，包括提供销售渠道和平台，促进当地文化和经济的发展；落实线下门店，通过线上线下相结合的营销方式，增强品牌影响力，助力拓展当地市场。

中国企业和拉美企业间的帮扶与企业交流是中国跨境电商平台出海拉美市场的趋势之一。中国跨境电商出海拉美市场的进程中往往伴随着与当地企业合作与交流，提高可持续性发展的能力与水平。其中，常见的有合资合作、跨国生产、外包服务等利益共享，以拓宽彼此的市场。但除此外，经验交流与技术合作也是境内外企业相互联系的桥梁。中国企业可通过员工往来、专家合作、管理经验等方面进行经验交流，以共同提升生产力、技术水平和战略规划；境内外企业在技术上进行合作，进行技术分享、合作研发等，促进技术的交流与创新，提高相互间的技术水平与市场竞争力。相互交流与融合的同时，也可以创造更多的就业机会，为当地企业、社会、经济发展做出贡献。

3. 注重文化融入

在中国跨境电商出海拉美市场进程中，文化融入是实施本土化战略的一个核心方面，文化是一个地区的核心特征，而拉美地区作为文化特色较为鲜明的市场，若企业未考虑到当地文化的因素，就难以获得成功。本土化战略本质上是指企业在进入外国市场时，通过适应当地市场的文化、法规和消费习惯等因素，使自身产品或服务更符合当地市场的要求，但文化融入不一味迎合当地文化，也不指植入中国文化，而是将不同的文化元素有机地融合在一起，形成具有全新文化形态的产品。这种文化形态不仅具有不同时期、不同国家或地区的特点，而且融入了更广泛的文化元素，如舞蹈、音乐、建筑、艺术等。文化融入的本质是在尊重、包容和借鉴他国文化的基础上，赋予产品新的生命和魅力，推动产品的不断发展和变革，反映人类文化交流、交融和创新的进程和成果。文化融入可以帮助企业了解并尊重当地的文化差异，从而更好地满足当地消费者的需求，提高产品或服务的吸引力和市场占有率。此外，文化融合还可以为企业在当地市场树立良好的形象和口碑，有利于企业的长期发展。

六　总结

本文通过研究 SHEIN 开拓拉美市场的案例，对其背景、做法、优势、效果等进行多维度的分析，剖析其本土化战略的具体实践，从而，为中国跨境电子商务出海拉美市场提供借鉴。

在全球化的背景下，各国的文化融合和交流变得越来越重要。本土化战略能成为中国跨境电商出海拉美市场的有效战略之一，主要原因在于本土化战略实现了文化与文化间的、企业与企业间的交流与融合，体现了国家与国家间的交流与融合。在文化与文化的融合方面，本土化战略不是单纯的文化迎合，而是在适当融合外来文化的同时，保护和发扬本土文化，以促进文化多样性与文化共享。在国家与国家的交流方面，本土化战略为国家间的交流打下良好的基础。本土化战略有助于增进国家与国家间的理解和尊重，加强经济、政治、文化等方面的联系和合作，推动全球化进程向更加平等、开放和包容的方向发展。[①] 同时，在新发展格局下，要实现国内国际双循环相互促进，首先要立足国内大循环，协同推进国内市场和贸易强国建设，形成全球资源要素强大引力场；以国际循环提升国内大循环效率和水平，从而为中国经济发展开辟空间，促进同各国互利共赢、共同繁荣发展，为世界经济复苏和增长增添动力。本土化战略，不仅对中国跨境电子商务平台出海拉美市场具有积极意义，也为当地带来了可持续的经济、社会与文化效益。国内国际市场的相互贯通，促进了不同市场间的互利共赢与繁荣发展。

但本文仍存在自身的局限性，SHEIN 作为快时尚跨境电商平台，主要服务于年轻女性群体，属于时尚领域，其成功经验不是普适性的。SHEIN 的成功经验是基于其自身定位、产品特色、品牌形象以及市场战略等因素

---

① 资料来源：http：//www. opinion. people. com. cn/n1/2020/1201/c1003 – 31950136. html。

的。而中国跨境电商平台具有不同的定位、产品特色和品牌形象，必然需要制定不同的市场战略。因此，在本土化战略实际运用上，可能会出现不同的问题，这需要中国跨境电商平台持续地探索与解决。

（作者陈胜男，浙江外国语学院国际商学院跨境电子商务系讲师；
蔡帅楠，浙江外国语学院国际商学院学生）

Research on the Localization Strategy of China's Cross-border E-commerce Platform in Latin America
—Take SHEIN to Explore the Latin American Market as an Example

Chen Shengnan; *Cai Shuainan* (*Corresponding Author*)

Abstract: Under the background of the opening up of the global market and digital transformation, Chinese brands have ushered in huge development opportunities. With the improvement of political stability and investment environment, emerging industries in the Latin American market are booming and have great potential for development. More and more enterprises are beginning to focus on the Latin American market. This article uses the case analysis method to take SHEIN to explore the Latin American market as an example to provide feasible reference suggestions for the application of localization strategy to China's cross-border e-commerce platform in the Latin American market.

Key words: Localization strategy; Latin American market; Cross-border e-commerce platform; Case study

论墨西哥 1917 年宪法的诞生及其历史意义

冯秀文

摘　要： 在世界历史的进程中，发展中国家的进步史占有重要的地位。这些国家不仅在社会层面、文化层面、经济层面而且在政治层面对世界大家庭也有着突出的贡献。20 世纪初举世闻名的墨西哥革命中诞生的1917 年宪法就是其中的一例。本文即在这部宪法诞生百年之际，从马克思主义的立场出发，站在历史发展的新维度，立足百年未有之大变局，回顾和剖析这部宪法诞生的历史过程及其对墨西哥乃至整个拉丁美洲历史发展的巨大影响，驳斥了西方史学家对这部宪法的指责和曲解，充分肯定了它的进步意义和历史地位，肯定了它对整个拉丁美洲社会进步的促进作用和现实价值，表明中国学者对待历史的唯物主义态度和鲜明的政治观点。

关键词： 墨西哥革命；1917 年宪法；百年华诞；拉丁美洲

100 多年前，由于世界形势的变化，拉丁美洲比亚洲和非洲等殖民地、半殖民地国家更早地摆脱了西方列强的殖民枷锁，正经历着从殖民地—封建社会的雾霾里走向现代社会的阵痛，正在通过不断的改革和奋争探索着一个国家摆脱了殖民统治、取得民族独立后，如何实现自主发展最有效的途径。在这场影响世界的历史变革中，墨西哥始终走在了历史的潮头：革新运动、改革战争以及随后爆发的 1910 年革命不仅深刻地改变了本国的旧体制，涤荡了旧社会的污泥浊水，而且给拉美各国人民做出了榜样。特别是 1910 年革命中通过的 1917 年宪法，以其摧枯拉朽的革命气势和破旧立新的开拓精神，给拉美各国带来了一股清新的空气，不仅为拉美各国探索了一条新独立国家如何立国的理论和实践,而且开创了土地改革、限制外资、防止独裁以及保护劳工和民众主义的先河,指出了保障民生、建立均衡土地占有制度的重要性,提出了在利用外资、发展民族经济的同时,维护国家主权的意义和在政治体制的建设上实行民主政治的必要性。由此,这部宪法不仅引领了墨西哥,而且照亮了一个世纪拉美各国前进的道路。即使是今天,该宪法确立的许多原则仍然是发展中国家走上实现现代化的富强之路不可忽视的重要借鉴。

然而,对这样一部意义深远的宪法,由于它出自发展中国家,由于长期以来史学研究中欧洲中心论的影响,却并没有受到应有的重视,在欧美学者的相关著述中不仅是轻描淡写、一带而过,而且对其中维护国家主权和限制外国资本的条款还颇有微词,说这是"民族主义"的,是"对外国公司构成了威胁",是"引起外国公司与墨西哥冲突的根源"①。这种完全站在西方列强立场上看待历史的观点是片面的,也是不客观和不公正的。

本文即根据笔者多年的研究与考察,谈谈对这一问题的看法,并以此作为对这一历史文献的纪念。

一 墨西哥 1917 年宪法是当时民众运动中激进思想的产物

人民大众是社会的主体。世界历史告诉我们,在人类社会发展的进程中,每一个有重大影响的历史事件和社会变革,每一份有着划时代意义的历史文献的出现,都是由民众运动而促成并在民众运动中产生的。法国大革命和人权宣言的发表、美国的独立和宪法的制定绝非个别精英的创造,它们无不带着民众运动的深刻背景,无不是在社会革命的高潮中诞生于世。这些历史事实,都雄辩地证明了这样一个颠扑不破的真理:历史的发展和它的走向归根到底是以人民的意志为转移的。墨西哥 1917 年宪法也是如此。

---

① [英] 莱斯利·贝瑟尔主编:《剑桥拉丁美洲史》(第四卷),涂光南等译,社会科学文献出版社 1991 年版,第 110 页。

经过了长期的武装斗争，墨西哥于 1821 年赢得了民族独立，而后又经过将近一个世纪的奋斗，无论是在国家的政治建设上还是经济发展上，都取得了一定的成绩。然而，殖民地的遗产是根深蒂固的，发展的道路是曲折的，民主政体的建设更是不平坦的。改革战争和外国的武装干涉耗尽了墨西哥的国力，长期的考迪罗政治使墨西哥人民饱受战乱之苦，加之殖民统治遗留的社会财富分配不公和在新形势下的恶性发展，不仅严重阻碍着国家的进步，而且使社会矛盾日益加深。这种矛盾在 1873 年进入波菲里奥·迪亚斯时代后变得更为尖锐。

波菲里奥·迪亚斯曾是反法干涉的民族英雄，并以自由派和民主捍卫者的面貌出现，虽然他利用军队夺取了国家的最高权力，但是，渴望安定和进步的民众还是期望他能够在多年的战乱后，领导国家走向和平，实现期望已久的繁荣和发展。然而，现实告诉人们，在墨西哥社会的土壤里成长起来的迪亚斯远不是一个人们期望的领袖，他武断专行、嗜权如命的本质很快就暴露无遗：他表面上承认宪法，标榜民主，实际上却大权独揽，实施了长达 34 年的个人独裁。在他的统治下，国家推行了一条依附外国资本、出卖国家主权的发展路线，走的是一条保护大资本家、大地主阶级利益、残酷剥削农民、工人劳动者的发展道路。

迪亚斯时期，在发展的借口下，外国资本可以毫无顾忌地进入墨西哥，控制墨西哥的金融、财政、铁路、石油、冶金、矿业等经济命脉，任意占领国家的土地、水源、矿产；在他的统治下，大地产受到国家的保护，个体农民和印第安人赖以为生的土地被以"开发"的名义肆意掠夺，土地空前严重地集中于地主和资本家的手中。据统计，迪亚斯时期，全国最大的 11000 个庄园主占有全国绝大部分土地，而全国 98% 的农民却土地不足或根本就没有土地。由于外资和大地主的掠夺，许多农民倾家荡产，无以为生，只能沦为地主的雇工和实际上的奴隶。城市里，工人每天被迫劳动十个小时以上，除了忍受资本家的剥削和压迫，没有任何民主权利，妇女和童工被广泛使用，没有劳动保护，命运更为悲惨。民族资产阶级则刚刚诞生就处于外国资本和本国封建势力的双重包围之中，艰难求生，寸步难行。政治上，为了维护自己的统治，迪亚斯操纵选举，连选连任，处处压制反对派的存在，对反抗他的人更是残酷镇压。他专门成立了骑警队，以"维护治安"的名义对不满他的平民百姓不是投进监狱就是秘密杀害。社会矛盾达到极点，各阶层的人民怨声载道。国家进步正常的道路被阻滞，社会变革就是必然的了。

1910年革命最初是在资产阶级争取选举权的背景下爆发的，但是由于力量的不足，资产阶级无力担负起革命的重任，只能寻求民众的支持，因而，响应革命的广大工农便成了革命的主要力量。工农的参加，不仅使革命成为可能，而且深刻影响了革命的方向和性质，赋予了这场资产阶级革命以全新的内容。

农民军的领袖，北方是潘乔·比利亚，南方是埃米利亚诺·萨帕塔。这两位领袖都是贫苦农民出身，来自北方的比利亚是债役农，以长期以给地主打长、短工为业，因妹妹遭受庄园主的凌辱而奋起反抗，由于出身社会底层，比利亚对债役农受人剥削和欺压的生活有着切身的体会。南方的萨帕塔土地被掠夺，深知农民失去土地的艰辛和痛苦，"土地和自由"的旗帜使他把广大农民紧紧地团结在了自己的周围。

农民们长期遭受大地主和迪亚斯政权迫害的经历使他们对旧制度有着切肤之痛，革命中，他们斗争最坚决，战斗力极强，成为推翻迪亚斯政权的主要力量。也正是这两支农民军，由于看透了社会不公的根源，所以，斗争的矛头不仅指向了维护旧制度的迪亚斯政权，更直接指向了社会矛盾的痼疾：土地分配制度和土地所有权。1911年11月，萨帕塔领导的南方军第一个公布了自己的革命纲领——"阿亚拉计划"。"阿亚拉计划"在坚决表示要推翻迪亚斯政权的同时，鲜明地提出了在农村进行土地改革的主张，要求立即采取行动解决不合理的土地分配问题，实现耕者有其田。措施包括：把大地主非法掠夺的土地归还原主以及没收大庄园的土地分给无地和少地的农民。萨帕塔"土地和自由！""宁愿站着死，不愿跪着生！"的口号说出了农民对土地的渴望，更表达了农民英勇不屈的斗争精神。1915年5月24日，北方的比利亚也公布了自己的以雇工自由和发展小土地所有制为中心的土地法。这期间，在首都周围，在农民军占据的普埃布拉、特拉斯卡拉、莫雷洛斯等地以没收庄园、分配土地为中心的农村土地革命事实上已经开始了。墨西哥农学院的师生们在索托·加玛等革命者的领导下，深入农村，占领庄园，没收土地，实际上已经开始了建立村社制度的社会变革，把摧枯拉朽的土改运动开展得轰轰烈烈。农民军的行动从根本上动摇了多少年来的封建土地占有制度，震动了广大的墨西哥农村，也使这场革命远远超出了资产阶级预想的仅仅改朝换代的狭隘范畴。

农民军坚定的革命立场和鲜明的土地纲领把大批长期受到封建剥削和压迫的下层民众紧紧团结到了自己的周围，形成了一支浩浩荡荡的革命队伍，攻城略地、势不可当。从 1912 年到 1914 年，萨帕塔的农民军牢牢地控制了莫雷洛斯、普韦布拉、格雷罗等州府，而北方的库阿辉拉、新莱昂、杜朗哥和萨卡特卡斯州等地都被比利亚的北方军占领。不久，两支农民军一起占领了首都。农民军的强大力量不仅决定了革命的胜利，而且注定了这场革命不得不带上农民革命的烙印。1916 年 10 月 26 日，萨帕塔在"阿亚拉计划"的基础上进一步公布了更为详细的土地法，提出了土地改革的具体方案，并要求将"阿亚拉计划"立即付诸实施。[1] 所有这些都在国内造成了巨大的影响，有力地推进了革命的进程，成为 1917 年宪法制定的社会基础和先期实践。

在农民运动的影响下，工人运动也如火如荼地开展起来。工人们要求提高工资，缩短工时，维护自身权利的罢工和游行此起彼伏，其中，奥里萨帕纺织工人和卡纳内阿铜矿工人的斗争最为激烈，震动全国。工人的游行和罢工、农民的夺地斗争互相配合，彼此呼应，扩大了革命的影响，加速了一个又一个独裁政权的垮台。政治民主、社会进步、限制外资、工农权利，1917 年宪法的灵魂正是在这样民众运动的推动下逐渐形成的。

考察宪法诞生的具体过程，也可以清楚地看到民众运动的巨大作用。

制宪会议是在革命军第一领袖卡兰萨的提议下召开的。卡兰萨是资产阶级利益的代表者，他召开会议的初衷，是想通过制宪建立资产阶级的宪政体系，巩固自己在革命中所取得的政治优势和领导地位。然而，形势的发展却远远超出了他的预料。

1916 年 11 月在克雷塔罗城召开的制宪大会上，农民军的领袖比利亚和萨帕塔虽然被排除在会议之外，但是同情农民运动、支持农民要求的许多资产阶级的激进分子却作为不同政治派别的代表参加了会议，他们牢牢

---

① CEH, El Colegio de Mexico, *Historia general de Mexico*, 2000, pp. 797, 801.

记住了萨帕塔的信念："我之所以参加革命，绝不是要成为一个庄园主，而是，因为农民对我的信任，对我的期望……我们唯一的要求就是把庄园主们夺走的土地还给我们。"① 而与会的工人代表们的表达就更为鲜明而深刻："如同法国大革命在其宣言中首次提出人权而享誉世界一样，墨西哥革命也将以首次向全世界提出劳工的权利而使世人骄傲。"② 工农的目标和资产阶级的态度泾渭分明，针锋相对。因此，就制定一部什么样的宪法，从会议的一开始就展开了激烈的斗争，一些重要条款的内容，表述的方式，甚至一个措辞都要经过反复争论，有时论战甚至通宵达旦。

会上，与会代表首先就大会的召集者、革命第一领袖卡兰萨的宪法草案进行讨论。这份草案在民众的压力下，虽然增补了保护劳工的内容，比他最初准备的宪法草案有所进步，但是在社会改革的问题上却缩手缩脚，不敢接受农民和工人的要求，不敢从根本上改变旧的社会体制，明显代表了革命阵营中维持现状的资产阶级保守派的态度，因而受到激进派的强烈反对，使这一方案还没有付诸表决就被否定，清除出局。随后，以 F. J. 穆希卡（Francisco Jose Mugica）和莫利纳·恩里克斯（Molina Enriquez）为代表的激进派根据农民军的纲领和工人代表的要求连夜奋战、以崭新的视角重新起草了表达广大民众呼声和充满强烈社会改革内容的新宪法草案。由于有强大的社会基础和民众的呼声为后盾，在大多数代表的支持下，经过反复交锋，资产阶级保守派不得不作出重大让步，新草案最终以压倒性的多数票获得了通过。

1917 年宪法就是这样在战火的硝烟中、在革命胜利的高潮中、在民众最激进的代表人物的抗争中诞生了。完全可以说，孕育和产生宪法的全过程绝不仅仅是在制宪会议上完成的，也是革命疾风暴雨冲击的结果，是广大人民群众长期以来坚持不懈、流血奋斗的胜利果实。没有民众的广泛参与，没有工农的勇敢斗争，没有斗争的胜利，这样一部革命的宪法是不可能产生的。墨西哥革命的爆发和它所取得的这一成果和英国革命、法国革

---

① Jorge Sayeg Helu, *El Constitucionalismo Social Mexicano*, 1996, reimpresion por Inehrm, Mexico, p. 521.

② Jorge Sayeg Helu, *El Constitucionalismo Social Mexicano*, 1996, reimpresion por Inehrm, Mexico, p. 637.

命、美国独立战争所展示的规律是完全一致的。这也再一次证明了马克思主义所阐述的"人民群众才是历史真正的创造者"的科学结论。

二　1917 年宪法是当时民主思想最进步的表达

墨西哥 1917 年宪法有哪些时代亮点呢？

第一，宪法鲜明地确认了新独立国家政治上，特别是在经济领域，民族主权的原则。

宪法第二十七条是 1917 年宪法的灵魂。这一条规定：墨西哥领域内土地与水流的所有权从根本上属于国家。只有墨西哥人及墨西哥公司才有权获得本国矿山、水流和矿产的开发特权。而外国人如果想获得这种开发的特许，只有当他们在墨西哥外交部公开声明承认上述原则，并且在上述原则的基础上不寻求本国政府对其所获财产的保护才可以实现。[1]

一般说来，殖民地国家一旦摆脱了宗主国的殖民统治、取得民族独立后，理所当然地拥有自己对本国领土及其所属自然资源的民族主权。然而，实践证明，获得独立国家的主权仍然可能在发展的过程中由于自身政策的失误而丧失，从而使这些国家重新处于被国外势力所剥削和奴役的殖民地依附状态。这是墨西哥独立后的一个世纪里，在建国和发展经济过程中的切身体会和经验之谈。

独立后，墨西哥为了更快地恢复和发展经济，采取了许多吸收、利用外国资本、引进外国先进技术的措施。在这个时期，国家因战争而受到严重破坏，经济崩溃，百废待兴，这些举措是完全必要的，它不仅为墨西哥的经济恢复和发展带来了不可缺少的先进的技术和急需的资本，而且对新政权的巩固和社会稳定是必不可少的。然而，特别是在迪亚斯时期，在引进外资时，由于对外国资本的认识不足以及急于进取的心理，往往放松了对新殖民主义的警惕，给予外资过多的优惠和特权，使外资的影响一步步扩展，恶性膨胀，而本国资本则受到压制，最终导致国家的重要资源被外

----

① 宪法引文见 Antologia, "El Nacionalismo Revolucionario Mexicano", Institucion de Capacitacion Politica, PRI Mexico, 1987, p. 392；《各国宪法汇编》，汉文正楷印书局 1933 年版，第 130 页。

资所控制，形成老的殖民者被赶走了，但新殖民者又以另外的形式卷土重来的危险局面。在墨西哥，这些举措造成后果是，墨西哥的金融、铁路、石油以及土地、矿山、地下资源和许多新兴的工业部门都被外资所垄断，国家主权形同虚设，民族资本的发展处处受到压制。正是在这样的形势下，才引起了资产阶级和广大民众的不满，爆发了革命。有鉴于此，1917年宪法重新确认了国家对本国领土、资源拥有民族主权的原则，重申"只有墨西哥人才有权获得开采本国资源的权利"，甚至具体规定："外国人无论如何不得在距离国境一百公里及距离海岸五十公里之地带内取得土地及水流之直接所有权。"这些都是在新的历史条件下，一个独立的主权国家重新认识和捍卫国家主权的重要举措，是十分重要的历史经验。根据这个原则，墨西哥重新审视了外资的性质，对外资给予新的定义，在拉丁美洲率先申明：外资只有在承认墨西哥人主体、主权的基础上才可以进入墨西哥投资，投资的比例不得超过49%，并且不得要求本国政府对其在投资国所获得的财产予以保护。即便如此，根据墨西哥的经验，单纯的限制有时也仍难以避免违法的现象出现，因此，有必要采取更为严厉的措施。所以，宪法进一步规定："如有违反，即将其所取得之财产没收于国家以作处罚。"① 这无疑是对一向横行霸道的、不法外资的严正警告和致命一击。正是根据这一原则，此后，墨西哥在本国的领土上率先开始了名正言顺的的国有化运动，把被外资非法控制的土地、铁路和矿山收归国有。19世纪30年代卡德纳斯时期的铁路和石油国有化使这一运动首次落到了实处并达到了高潮。这些经验，对于后起的发展中国家正确利用外资、使用和管理外资，发展独立自主的民族经济是十分宝贵的历史经验，为这些国家的独立发展提供了借鉴，指明了方向，至今仍不乏其鲜明的现实意义。西方史学家站在外国资本的立场上，把这些规定说成是引起与外资冲突的根源，是完全错误的。

　　第二，宪法确立了社会财富从根本上属于国家（全体人民）的新理念。

---

① 宪法引文见 Antologia, "El Nacionalismo Revolucionario Mexicano", Institucion de Capacitacion Politica, PRI Mexico, 1987, p. 392；《各国宪法汇编》，汉文正楷印书局1933年版，第130页。

　　墨西哥 1917 年宪法是一部资产阶级宪法，宪法的制定者毫不讳言他们要建立的是一个资本主义社会，实行的是资本主义制度。作为资本主义制度的根本——私有制是这个制度的基石，历来的资本主义宪法都把作为私有制灵魂的"私有财产不可侵犯"写在自己的旗帜上。但是，墨西哥 1917 年宪法却根据本国的历史、现实和需要赋予了私有财产新的定义。宪法著名的第二十七条规定："墨西哥领域内的土地与水流之所有权原属于国家。国家得将此项所有权转让予私人因之构成私有财产。"规定："国家得随时对于私有财物加以公共利益所需之限制，并规定天然富源之开发，以便保藏此种富源并公平分配之。"[①] 这就对传统意义上的"私有财产不可侵犯"做了重大的修改和全新的诠释：法律并不否认私有财产的个人属性和重要地位，但是，却更加强调个人的私产原本是国家给予的，因此，私人占有应以不得妨碍公共利益的需要为更高原则——为了公共利益的需要，对私有财产不仅可以给予必要的限制，甚至可以收买或征收，这也是正当和合理的。这一规定不仅在伦理上无懈可击，更是墨西哥要发展壮大的社会现实所需要的。

　　什么是当时墨西哥的社会现实呢？那就是长期的殖民统治造成的全国财富极大的不合理分配。在农村，主要是土地占有的严重失衡：一方面，只相当于全国人口 1% 的大地产主占据全国 90% 的耕地；另一方面，广大的贫苦农民，虽然占据农村人口的绝大多数，却始终处于无地和少地的状况，特别是作为社会最弱势群体的广大的印第安人，一直处于土地丧失，人身依附，生活无着，无家可归、无地可种、流离失所的悲惨境地，而迪亚斯时期，尽管经济发展了，这种状况不但没有改变反而更加严重。这也正是农民被起义造反的主要动因。造成这种状况的源头是欧洲列强的殖民侵略，但是，资本主义法制对私有财产的保护也给了大地主们垄断财富及抗拒私有财产的再分配提供了依据。1917 年宪法对私有财产观念的全新诠释，打开了人们的视野，也把旧自由主义所涵盖的人权只是人们在法律上平等的"天赋人权"上升到"人及其自由、人及其财产、人与人的关系"

---

　　① 宪法引文见 Antologia, "El Nacionalismo Revolucionario Mexicano", Institucion de Capacitacion Politica, PRI Mexico, 1987, p. 392；《各国宪法汇编》，汉文正楷印书局 1933 年版，第 130 页。

等社会权利都要平等的新高度，把国家的职能从"社会的监督者"上升为"社会进步的主要推动者"，从而使政府敢于面对现实，肩负起社会改革的重大责任。① 这些观念上的更新，不仅为改变殖民地时期以来社会财富分配不公的现象提供了理论依据，而且，为进行以土地改革为主要内容的社会改革提供了理论基础，拓清了道路。

第三，宪法确立了对广大民众、特别是处于社会底层的劳动者基本权利的标准和保护。

如果说，1917 年宪法宣布土地改革体现了对农民权益的保护，那么，把劳动立法纳入国家大法则体现了对城市工人权利的肯定。宪法的《劳动法》条款中规定：工人享有组织工会和罢工及游行示威的权利；12 岁至 16 岁的少年工每日工作不得超过 6 小时，成年工人工作不得超过 8 小时，夜班 7 小时；妇女和儿童不得从事有碍卫生和危险性的工作，工人不分种族、国籍、性别一律平等。此外，法律对保障工人上至参与企业分红，下至获得能够保障一家人正常生活的最低工资、合理住房、生活环境以及工伤赔偿和对妊娠与生产期间妇女的特殊照顾等也都作出了非常全面和细致的规定。②

现代意义上的劳工阶级是在英国工业革命后出现的。自工人阶级出现后，工人们为了争取自身权利的斗争也就开始了。这场斗争在工业最发达的西方国家进行了差不多两个世纪，直到 19 世纪末 20 世纪初才取得了明显的效果。而在现代工业直到 19 世纪后期才出现的墨西哥，年轻的工人阶级在 1910 年的革命中就取得了如此重要的成果，不仅远远早于亚非发展中国家，在拉丁美洲国家里也是首例。

宪法第二十七条中对有产者产权的限制和剥夺、《劳动法》中对劳工的保护是如此的鲜明，以至于反对者们不止一次攻击这部宪法是社会主义的。对此，宪法设计者之一的安德烈斯·莫利纳·恩里克斯断然否认这一指责。他认为，宪法不是"社会主义"而是"集体主义"的，但他也承

---

① ［墨西哥］丹尼尔·比列加斯：《墨西哥历史概要》，杨恩瑞、赵铭贤译，中国社会科学出版社 1983 年版，第 98 页。

② 《各国宪法汇编》，汉文正楷印书局 1933 年版，第 170 页。

认，这部法律为了平衡有产者和无产者两个阶级的力量而"做出了有利于后者的行动"①。笔者认为，总的来说，墨西哥 1917 年宪法当然不能说是社会主义的，但是其中一些激进的社会改革内容以及对社会底层弱势群体的保护力度确实是大于一般的资产阶级国家，是其他国家的资本主义宪法无法比拟的。

第四，宪法提出了"有效选举"和"不得连选连任"的原则，为实现民主政治、防止个人独裁提供了新思路。

本来为实现民主政治，防止个人独裁，墨西哥建国后就确立了三权分立的政治体制，其中，作为行政首脑的总统每四年一次由全国直接大选产生，总统的权力受立法（议会）和司法的约束。然而，迪亚斯上台后，从 1877 年至 1911 年，利用权力控制议会和司法系统，通过操纵选举、连选连任的方式连续掌权，始终控制着总统职位，致使民主选举形同虚设，权力监督无法实现，个人独裁成了现实。为了防止类似情况的发生，1917 年宪法明确写进了"有效选举"和总统"只任一届，不得连选连任"的条款。

对广大的发展中国家而言，19 世纪 20 世纪是它们摆脱封建主义和殖民主义枷锁、争取民族独立和社会进步的时代。当时，墨西哥社会最根本的任务是消除西班牙统治下的殖民地残余和建立一个独立的、新型的资本主义社会。就政治层面来说，就是建立一个有别于封建独裁的民主制度。然而，民主制度的建立并不是一蹴而就的，要在墨西哥这样一个长期被封建势力所统治和熏染的地方建立起一个远远高于封建制度的社会体制，需要一个长期的、不断适应和完善的过程。对个人权力的束缚，特别是对处于权力顶峰的总统权力的约束，是实行民主政治、进入现代社会的重要内容。在这方面，光靠个人的觉悟和自律是不行的，还必须有明确、有效的制度和法律约束。因此，1917 年宪法在继承之前宪法所确立的总统权力的同时，对"有效选举"和"不得连选连任"原则的提出既是对个人权力的约束，也是对民主制度在墨西哥落实的进一步完善和新的探索。尽管对这

---

① ［英］莱斯利·贝瑟尔主编：《剑桥拉丁美洲史》（第四卷），涂光南等译，社会科学文献出版社 1991 年版，第 446 页。

些规定依然有不同的看法，褒贬不一，但实践证明，在拉丁美洲这样的历史条件下，这一条款的确立对于防止考迪罗式的个人权力的无限扩大确实起到了积极和有效的作用，以至于直到今天，拉丁美洲的哥伦比亚、秘鲁、乌拉圭、巴拿马等许多国家，乃至菲律宾、韩国等许多发展中国家都借鉴了这条原则。

三　1917年宪法是一个世纪以来指导墨西哥社会进步的奋斗纲领

1917年宪法制定后，墨西哥革命的动乱年代结束了，民主秩序重新恢复，国家进入了为实现宪法确立的目标而斗争的新阶段。虽然宪法的制定充满了各派政治势力的斗争与博弈，但在此后的一个多世纪里，墨西哥社会的各种政治势力都不敢否认宪法的基本内容，都表示要为实现宪法指出的方向而努力，至今，虽然由于形势的变化做过一些修改，墨西哥使用的仍然是这部宪法，革命中形成的宪法成了一个世纪来指导墨西哥社会进步的总纲领。

作为一面旗帜，1917年宪法指引了国家政治生活的方向。宪法制定后，墨西哥政体的框架最终确立，考迪罗退出了历史舞台，民主政治不断完善和巩固，反对宪法的各种势力，包括教会中的顽固分子，都无法与支持宪法的强大阵容抗争，也逐渐销声匿迹，臣服于法纪和大多数民众的愿望。

1929年，为了维护来之不易的社会安定，总统卡耶斯把拥护宪法的进步势力联合起来组成了国民革命党，从组织上保证了1917年宪法的社会基础更为牢固。1938年，执政的卡德纳斯总统又根据形势的发展对国民革命党作了进一步改造：名称变更为墨西哥革命党，组织上，在党内设立了工人部、农民部、军人部和民众部，使党的群众基础进一步扩大。这些措施有力地保障了宪法的实施和社会的稳定。此后的一个世纪，墨西哥的选举基本上是正常的，民选制和总统任期制深入人心，三权分立的原则得到了实行，人民参政的民主权利得到了保证，军事政变从未发生，即使20世纪六七十年代军人独裁在拉丁美洲盛行一时，墨西哥也依然遵循宪法，继续着民主政治的实行、保证了国家的政治稳定。2000 年,执政 70 年的墨西哥革命制度党(即国民革命党、墨西哥革命党)大选失利,让位给国家行动党,激烈的政权更迭因为是在法治的范围内进行的,并没有引起社会的动荡,验证了法治的进步。经过反思和整改,2012 年整改后的革命制度党在大选后重新上台,又一次检验了民主政体的巩固。笔者在墨西哥考察多年,亲眼看到过民众对宪法的认可和尊重,对宪法成果的珍惜,每到大选,他们自觉地行使自己的权利,因为他们相信他们可以通过大选决定国家的命运,可以通过游行与示威等各种渠道合法表达自己的政治诉求和不同意见,尽管还有种种不足,但是他们对祖国抱有信心,对未来充满了希望,所有这些都是和实行了这样一部革命中诞生、国人拥护、信赖和支持的宪法是分不开的。

经济上,一个世纪以来最大的变化之一就是根据宪法,墨西哥在拉丁美洲率先进行了土地改革,向几个世纪来以大地产为代表的旧的土地制度宣战。

自西班牙殖民者侵入拉丁美洲以来,大地产制就成了这块土地上占统治地位的土地占有制度。在这一制度下,土地分配呈现着极不合理的状况:一方面,有权有势的大地产主拥有种不过来的大片土地;另一方面,广大的农民因土地被肆意剥夺,而无地可种,无家可归,处于十分悲惨的境地。特别是印第安人,由于缺乏土地私有观念,土地被掠夺的情况更为严重。这种状况根深蒂固,一直延续到革命之前也没有根本的改变。

根据 1917 年宪法开始的土改,使墨西哥在拉丁美洲的历史上破天荒第一次吹响了向大地产制宣战的号角,掀起了拉丁美洲第一次,也是最为彻底的一次土地改革运动。这场持续了半个多世纪(至 1992 年宣布土改结束),共分配土地 9000 万公顷,建立了 23000 多个村社①,使上千万农民得到了土地,分配土地的面积占墨西哥全部土地面积的一半以上。土改

---

① 根据宪法新建立的农村基层组织,即把土地以村社为单位进行分配,土地归村社社员集体所有,不得买卖和转让。关于墨西哥村社的情况,请参见冯秀文《墨西哥的村社》,《世界历史》1993 年第 6 期。

彻底改变了自西班牙统治以来大地产占主导地位的不合理的土地结构。此后，大庄园消失了，个体小农和印第安人村社发展起来，墨西哥逐渐变成了一个以中小地产为主的国家。土改不仅为劳动农民提供了必要的生活和生产资料，而且也使土地得到了充分的开发和利用，使其产生了最大的经济效益，不仅为农村的发展，也为墨西哥的工业化和现代化开辟了道路。

在城市里，根据宪法，墨西哥改革了劳工制度，工人的合法权利得到了保护，各种各样的工会组织纷纷成立，工时缩短，工资提高，工人的劳动环境也得到了改善，劳资关系被限制在合法的范围之内。至今，墨西哥的劳工法仍然被公认为是激进的。在墨期间，我曾不止一次地听到墨西哥本国和外国的企业主抱怨说，墨西哥宪法对工人权益的保护是如此之多，说其在劳资关系中带有明显的偏袒性质似也不为过分。

总之，得益于1917年宪法，墨西哥开始了长期的政治稳定，开始了以土改为中心的经济变革，加速了早期的工业化进程。如今，墨西哥已经是拉美社会最稳定、经济发展成就最为显著的国家之一[①]，这些成绩的取得和其拥有一部稳定的宪法的作用是分不开的，说1917年宪法是指导墨西哥一个多世纪来社会进步、政治稳定、经济发展的根本保障是绝不为过的。长期研究拉丁美洲历史的美国学者伯恩斯对此评价说，墨西哥1917年宪法的颁布，"是墨西哥革命史上最无比重要的大事，是墨西哥新殖民时期的结束和从革命的大破坏中升起的现代化国家的开始的标志……自宪法颁布之日起，墨西哥历史成为一部争取贯彻这部宪法的条款，从而使宪法规定的社会、经济和政治变革付诸实施的斗争史"[②]。而前墨西哥总统阿多尔弗·洛佩斯·马特奥斯在总结革命的成果时所说的更为精辟："墨西哥革命是墨西哥人民及其理想的丰碑。"1917年宪法最大的作用不仅仅在于维

---

① 根据2017年（即墨西哥宪法诞生100周年）的统计，2016年拉美和加勒比海地区经济增长率平均值 -1.1%，而墨西哥则为2.3%，见 CEPAL, *Balance Preliminar de las Economias de America Latina y el Caribe*, 2017；2021年，由于疫情的影响，拉丁美洲的经济增长普遍变缓甚至停滞，但墨西哥的国民生产总值仍然达到1.44万亿美元，分别排在拉丁美洲的第2位和世界的第15位。

② ［美］布拉德福德·伯恩斯：《简明拉丁美洲史》，王宁坤译，湖南教育出版社1989年版，第243页。

护了国家的主权，开始了深刻的社会改革，为劳动者提供了生活资料和社会保障，"其最大的成就在于它激起了墨西哥人民心中的创造激情，给予他们生活的尊严和对未来的信心"①。这些都是对这场革命及其成果——1917 年宪法客观和真实的总结。

100 余年来，墨西哥宪法虽然有过部分修改，但是其基本内容依然是1917 年宪法的蓝本，墨西哥人民正是在这部宪法的指引下，一步一步地向着自己理想的目标前进。

四　墨西哥 1917 年宪法对拉丁美洲乃至世界各国都有积极的借鉴意义

墨西哥 1917 年宪法诞生一个世纪了。一个世纪的历史证明，这部宪法的影响是巨大和深远的，它不仅在墨西哥国内，而且对拉丁美洲，乃至对广大的发展中国家都有着积极的借鉴作用。

1917 年宪法的诞生首先使拉丁美洲各国受到了强烈的震动。

拉美各国共处一个大陆，从人种、肤色和历史而言都属于一个大家庭，有着同样的传统和文化，有着同样的遭遇和经历，有着相似的社会发展水平和条件，在拉美社会进化的若干个世纪中，各国之间从来都是互相联系和互相影响的。墨西哥革命以下层民众揭竿而起的方式开始了改造旧体制的进程，激烈的变革及 1917 年宪法的诞生，给处于相似历史条件下的拉美其他国家以极大的鼓舞，为他们反对独裁统治、维护国家主权、争取民主权利和改变旧制度的斗争增加了信心，树立了榜样，使他们看到了变革的力量，找到了前进的方向。此后，许多革命者开始研究墨西哥的经验或者亲自来到墨西哥，从中感受变革的成果，汲取进步的营养。可以说，在拉丁美洲现代历史的进程中，几乎没有哪个国家没有受到它的巨大影响和启迪。拉美不同时期的许多著名的革命者如阿亚·德拉托雷、桑迪诺、菲德尔·卡斯特罗、切·格瓦拉等都到过墨西哥，在那里接受和汲取了墨西哥革命的营养。在秘鲁阿亚拉革命家、阿普拉党的创立者阿亚·德拉托

---

① Adolfo López Mateos, *México: Cincuenta Años de Revolución*, FCE, 1961, p. 99.

雷的著述中不仅处处流露出墨西哥革命的烙印,他甚至就宣称:"墨西哥革命就是我们的革命。"① 尼加拉瓜革命家桑迪诺在 1910 年墨西哥革命之后来到了这个国家,亲身感受了革命圣地的激情,后来,在给墨西哥总统的信中详细地谈到了墨西哥给他的印象:"我对美国侵略者的态度是遵循了墨西哥爱国者的榜样,我的精神和理想从他们光荣的业绩中找到了取之不尽的源泉和强大的力量。我甚至认为,贝尼托·华雷斯的精神照亮了我在新赛戈维亚的脚步。"②

在墨西哥革命和 1917 年宪法的影响下,从 20 世纪 40 年代开始,危地马拉、玻利维亚、智利、秘鲁、古巴、乌拉圭、巴拿马、阿根廷等国都纷纷效仿墨西哥的榜样开展了轰轰烈烈的土改运动。其中,1944 年危地马拉的阿尔瓦雷斯总统率先颁布了土地法,后来的阿本斯·古斯曼总统根据宪法和 1952 年颁布的土改法,征收美国资本联合果品公司和本国大庄园主的 150 万英亩土地,分配给了 10 万户农民,并设立农业银行向农民提供贷款。1952 年玻利维亚民主革命爆发,次年颁布土改法,宣布消灭大庄园制,发展村社和合作社所有制,规定私人占有土地的限额为 60—600 公顷,资本主义农场可占有 400—2000 公顷土地,超额者予以征收,政府以债券支付赔偿,在 25 年内还清,到 1969 年,政府分配的土地达到 1167 万公顷。20 世纪 60 年代后,智利、秘鲁、古巴、阿根廷、委内瑞拉、乌拉圭、阿根廷等也都先后进行了土改运动,完成了调整农村土地结构的社会变革。

土地改革的完成使拉丁美洲几个世纪形成的大庄园制度土崩瓦解,无地和少地的贫苦农民获得了必要的生存条件,几百年来形成的不合理的土地结构得到了改变,保障了社会的稳定并大大促进了经济的发展。

为了继承墨西哥革命的传统,1917 年宪法鼓励民众参加国家的管理。在宪法的鼓励下,墨西哥先后成立了"全国农民联合会""墨西哥劳工联合会""国家劳工联合会",全国总共有近千万工人和农民参加了各类组织

① [英]莱斯利·贝瑟尔主编:《剑桥拉丁美洲史》(第四卷),涂光南等译,社会科学文献出版社 1991 年版,第 444、447 页。

② 肖楠等:《当代拉丁美洲政治思潮》,东方出版社 1988 年版,第 152 页。

团结在执政党的周围，成了社会稳定的基础，开创了盛行拉美的民众主义的先河。而这一思想后来在秘鲁、阿根廷、智利等国的历史进程中不但开花结果，而且还不断发展和壮大。

正是在这种意义上，福斯特说，墨西哥革命和 1917 年宪法，不仅使墨西哥人民收获了革命的果实，"也使西半球各国人民得到了非常丰富的经验"①。英国学者詹姆斯·布莱斯在研究各国的政治进程时，对拉丁美洲国家的社会发展曾经说过，这些国家建国的历史虽然不长，但是"他们在这简短的时期内所经历的变迁及所取得的经验非常之多，唯有古希腊及中古意大利各共和国足以与之伦比"②。

如今，谈到拉丁美洲对人类社会的特殊贡献时，人们往往只是提到拉美的动物和植物，提到拉美独特的历史、风俗与文化，其实，拉丁美洲在政治和经济发展上对人类社会进步所做的贡献，特别是近代以来，在殖民地国家独立后社会转型和实现国家现代化的探索上，对人类社会进步所贡献的成果和经验是极其丰富的，其中，墨西哥 1917 年宪法为人类社会发展提供的创新意识和精神财富就足以列入这些宝贵的经验之列。

结语

总之，纵观历史，在人类进步的长河中，曾经有过无数的改良、改革与革命，产生过无数的纲领和文件，但是，只有那些站在历史长河的潮头，对社会的变革和历史的发展起了巨大促进作用的，才得以保留下来，继承下来，并被人民所尊崇、接受与怀念。它们鲜明的革命精神，开创新生活的智慧和勇气，并没有随着时光的流逝而黯淡，也没有因为社会的变迁而褪色，而是光芒依旧，不断地激励和鼓舞着人民向更加美好的未来前进。墨西哥 1917 年宪法无疑就是属于这一类贡献于社会前进的文献而标榜于史册的。

---

① ［美］福斯特：《美洲政治史纲》，冯明方译，生活·读书·新知三联书店 1959 年版，第 422 页。

② ［英］詹姆斯·布莱斯：《现代民治政体》，张慰慈等译，吉林人民出版社 2001 年版，第 187 页。

当然，不可否认，从本质上来说，墨西哥1917年宪法仍然是一部资产阶级的宪法，它所要建立的是资产阶级的政权，维护的是资本主义制度，所以，它运转至今，墨西哥作为资本主义社会的许多基本矛盾并没有解决，贫富两极分化甚至更为严重，墨西哥人民创建理想社会的道路，仍然是漫长而曲折的，仍然需要继续努力。但是这部宪法能在那样的历史条件下，顺应历史规律和民众的期望，大刀阔斧，破旧立新，改革旧的不合理的社会结构，开辟新理想的道路，能够最大限度地在资本主义制度的框架内反映广大劳动人民的要求，调整社会矛盾，因而保持了该国一个多世纪的社会稳定和进步，是符合历史发展潮流、推动了历史前进的，其中的许多观点和适合第三世界发展中国家国情的民主意识，至今不仅对墨西哥，也对拉丁美洲和广大的发展中国家仍有借鉴意义。

（作者冯秀文，中国社会科学院世界历史研究所研究员）

The Birth of the Constitution of Mexico in 1917
and Its Historical Significance

Feng Xiuwen

Abstract: The progressive history of developing countries played an important role in the process of world history. These countries have made outstanding contributions to the world community not only socially, culturally, economically, but also politically. The Mexican Constitution of 1917, which emerged during the world-renowned Mexican Revolution in the early 20th century, was one example of this. At the centenary of the birth of this Constitution, this article reviews and analyzes the historical process of its birth and its great influence on the historical development of Mexico and even the whole Latin America from the standpoint of Marxism, standing in the new dimension of historical development, and basing on the new vision of great changes unseen in a century, refuting the criticism and misinterpretation of this Constitution by western historians. This article fully affirms its progressive significance and historical status, and its promoting role and practical value for the progress of the entire Latin American society, and once a-gain demonstrates the Chinese scholars' materialistic attitude and distinct political views towards history in world history circles.

Key words: The Mexican Revolution; The Mexican Constitution of 1917; centenary celebration; Latin America

论阿根廷在维护人权与安全之双重目标下
促进移民融入的制度[*]

张　杰

摘　要：阿根廷的国际移民政策在人权和安全双重目标下演变，作为一种文化印记的移民传统一直影响着阿根廷移民政策的变迁逻辑，本文从移民管理模式、南美洲南方共同市场、阿根廷移民法、遣返制度等多重视角观察促进移民融入的问题，发现它作为一项政治议题，采用了多元化、现代化的方法，对国际移民在政策保持人权和安全二元性平衡的基础上保障持久地促进国际移民的融入状态。从阿根廷移民政策的原因、后果、动机以及目的中透露了移民主体、来源国、目的地国以及决策者在国际移民管理系统中相互吸引的作用和融合的状态。

关键词：拉美移民制度；阿根廷；跨国遣返；移民融入

一　引言

移民政策是实现国家利益的工具，是国家行为体出于不同动因、宗旨和目的参与和定义的社会政治决定，涉及方法是综合的、动态的、不断变化的，它通常以政策的形式在法律框架内进行调整。阿根廷人口呈金字塔状，处于社会底层的人口占绝大多数。吸收外来移民是阿推动人口发展和经济发展的主要手段和重要举措，其结果是移民高度融入社会，从而成为

---

* 本文是 2021 年教育部人文社会科学研究项目"外国人分类管理与涉外警务现代化研究"（21YJAGJW007）的阶段性成果。

构建阿联邦共同体的重要力量。建国以来，阿根廷移民管理政策的演变呈现出理想主义与实用主义相结合、开放与限制相补充、宽容与歧视相交织的特征，先后经历了较大幅度的调整。阿根廷于 1876 年颁布首部移民法，后分别于 1981 年、2004 年颁布了新的移民法。移民政策的价值判断取决于每个国家或地区想要的目标。然而，国家并非移民政策产生以及变化的唯一行为体。双边、多边乃至区域化的视角因素都可能对其融入的路径产生影响。全球化进程加深和经济危机频发，进而促成非自愿的强迫性移民和自然流动的移民的形成。移民政策的国际化与区域化已成为一种趋势，阿根廷国家制定移民政策亦在依托国际合作的基础上保持了有效的融合力。

二　阿根廷的移民政策演变及其思想内涵

移民政策的变化是国家安全维护的需要，也是阿根廷政治权转换的反映。人权、人道主义、发展、创新、安全、技术等一系列关键词都可以作为价值选择的考虑因素，且彼此可能会产生矛盾，即某一因素对一国来说是积极的，在另一国则可能相反。阿根廷长期的移民传统，作为一种文化的印记，一直影响着其移民政策，新西兰、澳大利亚等国在制定移民政策时也受到类似影响。阿根廷移民管理模式反映了南美洲南方共同市场和本国移民法的变化规律。

作为输入国，阿根廷移民大多来源于西班牙和意大利。19 世纪后以南美移民为主，并与其他南美洲国家形成良性互动，最终形成了安全基础上的人权主义模式。国家发生债务危机时，曾出现大规模移民流向西班牙、意大利和美国的现象。

（一）南方共同市场对阿根廷的移民社会融入政策观的影响

21 世纪西方学界关于国际移民的基本理论强调市场导向的经济理性选择论，强调移民政策是国家软实力的一种体现，不主张对外来移民或强制排斥，或强迫融入、同化，而应以多元文化为基础制定移民政策、寻求多民族和谐共存的局面可能比强势同化其他民族更有利于解决族群冲突与文化冲突，并且对于宗教问题的妥善处理必将有效提升一国的政治的国际影响力、文化价值的吸引力。① 移民政策制定首先要考虑文化、价值观念、社会制度和经济利益等国家利益，且要首先考虑前三个要素。越是强调文化多元与文化包容，越可以极大地减少外来移民的社会压力，增强移民的归属感。否则会加速冲击国内外的文化关系、彼此信任感，外国移民问题有可能对传统理念统一的社会群体构成分歧，公众中的反对移民的情绪在许多国家依然存在。② 移民政策服务于国家的整体战略构想，其必然会产生多方面的影响，如国家在全球的领导地位、国家政府形象、形态的亲和力，等等。

1991 年南美地区最大的经济一体化组织大南方共同市场（Mercosur System）成立，它促进了人的自由流动。③ 其成立的第一个十年里，社会融入并没有作为一项区域政策得到专门的重视。1991 年 3 月阿根廷、巴西等国签署了《亚松森条约》，开启了南方共同市场的区域一体化进程，南方共同市场的成立推动了区域内的人员自由流动。2002 年《南方共同市场居留协定》的签署成为阿根廷促进移民融入范式转变的基础。据此，国际移民无需提供从事工作的证明，只需提供无犯罪记录证明即可，居留政策审查变得更加有弹性。它促进了阿根廷人权观的崛起，从控制移民转向把移民作为一项人权事业来发展。从安全化和移民自由迁徙二元视角综合地发展移民政策。2004 年阿根廷把该精神写进移民法（25871 号法律），为了便利移民，允许来阿之前事先申请。阿根廷移民法发展的精髓之一是强调人权，如《移民法》第 4 条规定，移民有基本迁徙权利，阿根廷保障基于平等原则的权利；第 3 条规定，法律的宗旨是保障移民人权、融合、迁徙、家庭的团聚权利。阿根廷有许多中国侨民，部分人是非法入境，若其中一方是永久居民，那么另一方可因此得到合法居留身份；若一人非法进

---

① "软实力"这一概念由哈佛大学教授约瑟夫·奈首次提出，作为国家综合国力的重要组成部分，软实力特指一个国家依靠政治制度的吸引力、文化价值的感召力和国民形象的亲和力等释放出来的无形影响力。它深刻地影响了人们对国际关系的看法。

② 李明欢：《当代西方国际移民理论再探讨》，《厦门大学学报》（哲学社会科学版）2010 年第 2 期。

③ ［瑞士］安托万·佩库、［荷］保罗·德·古赫特奈尔编：《无国界移民：论人口的自由流动》，武云译，译林出版社 2011 年版，第 249—269 页。

入阿后诞下的子女获得了阿根廷身份，那么父母也因子女而取得合法身份。

相比欧美国家奉行限制型的原则——移民会带来人口犯罪以及随之而来的文化融入问题，阿根廷则奉行自由型的原则，认为移民是一种权利，移民接收是一种国际责任。强调安全限制和人权自由的双重观念共存多年。阿根廷《移民法》（第 25871 号法令）打破了 20 世纪 70 年代至 90 年代限制性说法，强调对移民处罚的非刑事化，以及无论如何移民都享有权利。

阿根廷的新移民法具有创新性、公平性、开放性和包容性的特点。法律基础充分体现尊重人权的思想。1994 年阿颁布了新宪法，将人权写入其中，2003 年新移民法也将人权写其中，认为移民是每个人的权利和自由，同时对不论是否具有合法居留身份的外国移民，皆以人道主义和基本人权保障对待。这是阿新移民法的一大亮点，也是其进步的体现。新移民法规定，外国移民与本国居民享有同等权利，保障非正规移民享受教育、医疗等权利，体现了其公平性和包容性。国家移民局无权直接将非正规移民驱逐出境，需要经过法院审核和批准，这在程序上保障了非正规移民的权益。阿新移民法的颁布，有助于消除种族歧视和仇外心理的种族主义蔓延，也标志着阿相对包容的移民时期的到来。

（二）阿根廷以吸纳为主流的移民政策发展阶段

阿根廷是世界上综合国力较强的发展中国家之一，有着较长的移民传统，移民政策是阿根廷对外政策的基本组成部分，移民政策主要经历了自由开放、趋于严格和相对包容三个阶段。[①] 无论哪一阶段都包含着或主动或被动吸纳国外移民的发展进程。

自由开放阶段自 19 世纪 50 年代到 20 世纪 30 年代。阿根廷独立初期，尽管坐拥良好的经济发展条件，但劳动力严重短缺掣肘其发展。当时阿根廷国内政治紊乱、制度基础薄弱、经济衰弱，鼓励移民的政策收效甚微。[②]

---

① 李善龙、曾少聪：《阿根廷移民政策的演变——兼论阿根廷中国移民的历史与特征》，《华侨华人历史研究》2019 年第 2 期。

② ［英］莱斯利·贝瑟尔主编：《剑桥拉丁美洲史》（第三卷），中国社会科学院拉丁美洲研究所译，社会科学文献出版社 1994 年版，第 644 页。

因此，施行自由开放的移民政策吸引了大批欧洲移民开始移入拥有着丰富自然条件和就业环境的阿根廷。

趋严阶段自 20 世纪 30 年代初至 90 年代末。20 世纪 20 年代末，阿根廷经济出现大萧条，为移民的大规模自由迁入画上句号。虽然来自欧洲地区的移民数量大大减少，南美地区逐渐成为阿根廷移民来源主流。在各种移民协会和人权组织的长期游说和努力下，20 世纪 60 年代后，阿社会日益抵制和排斥来自南美等地的移民。各种移民协会成立，与人权组织沟通和合作，如阿根廷法律和社会研究中心、阿根廷难民委员会、阿根廷民权律师协会和美洲人权委员会等，共同反对歧视移民，力促阿政府改革 1981年的移民法。它们的努力逐渐取得了成效。1981 年该国颁布了新移民法，在竭力吸引优质移民下提高了政策维护国家安全的意图：一方面欢迎拥有资本、技术的移民；另一方面严控非法移民和不同意识形态国家的移民入境。随着此间政策调整，以日、韩为主的发达国家和中国台湾地区移民数量开始增长。阿根廷移民政策这一阶段趋严。

包容阶段始于 21 世纪初至克里斯蒂娜政府时期。这一阶段的移民政策调整中显示了崇尚自由与维护安全的博弈。2004 年新移民法（第 25871 号法令）以人道主义对待移民的原则和消除种族歧视的原则被确立，这对于阿根廷移民政策的现代化和完善化具有重要意义，也标志其移民政策进入相对包容阶段。而阿根廷"大赦政策"（第 1160 号法令）[①] 因宽限在阿合法居留权的获取条件而使得中国移民人数有了较快增长。阿根廷有史以来共实行过两次"大赦"，最近一次是在 2004 年 9 月 13 日由阿根廷总统签署的法令。早期部分外国移民通过旅游签滞留阿根廷或者通过偷渡等非法行为等到"大赦"取得阿根廷居留权，2004 年之后，未赶上"大赦"的非法移民则十分关注下一次阿根廷的"大赦"制度。近年因移民管理制度日趋完备，已有更加合法合理的途径取得永久居留权，这一定程度上解决了历史遗留无身份的非法移民问题，所以短期内阿根廷不打算再实施"大

---

① 新华网：《阿根廷将"大赦"非法移民》，2004 年 9 月 15 日，http：//news. sina. com. cn/w/2004 - 09 - 15/10493672763s. shtml。

赦"。① 这一阶段的移民政策更加理性、更具备现代化的意识。

（三）两种观念下的三种模式：安全化模式、利益共享模式及人类发展模式

对移民基本人权与自由的保障，也能够为国际性事务活动提供便利。当今世界的大多数国家内，"强调安全的限制理念和强调人权的自由理念"双重观念的共存已存在于南美的各国政府中，强调对移民处罚的非刑事化以及无论如何移民都享有权利。

各个时期的阿根廷政府促进移民融入的管理模式形成了安全化、利益共享及人类发展三种促进移民迁徙与融入社会的发展模式，三种移民迁移的发展模式完善了阿根廷的人口结构，促进了阿根廷经济、社会、文化繁荣。

首先，安全化模式强调将移民政策——目的地国的社会、文化、劳动力保障等作为移民政策的轴心的设计要素，纳入人口移入国安全的一部分。该模式视角下，移民被视作潜在的从事毒品、走私等犯罪有关的威胁群体。移民因保持着自己的文化习惯，与移民接收国显得格格不入而被视作对接收国文化和生活方式等方面的威胁。因为有人认为：移民保持着自己文化、语言和宗教习惯，可能造成异性文化的入侵，或因和本地居民生活、文化等方面的格格不入而成为矛盾的根源。非传统安全形势严峻，控制移民流入、维护国家安全被阿根廷政府摆在重要地位。不同的政府对安全、人权的理解与实践存在差别。2017 年法令虽然在表面上保留了旧法的主要内容，但通过司法程序上的具体更改，动摇了移民权的核心与根基。2016 年马里西奥总统上台后，一方面，力求对前任政府的政策进行突破，曾通过建立多边外交关系降低对中国的经济依赖。② 适逢美国特朗普政府

---

① 李善龙、曾少聪：《阿根廷移民政策的演变——兼论阿根廷中国移民的历史与特征》，《华人华侨研究历史》2019 年第 2 期

② Eduardo Daniel Oviedo，"Chinese Capital and Argentine Political Alternation"，*Chinese Political Science Review*，Springer.

颁布新的移民法，遏制非法移民，并要求拉美国家加强边境管控。[①] 马里西奥以本国移民法的修改为契机，对特朗普做出回应，意在为美阿合作攒下筹码。[②] 另一方面，在非传统安全形势严峻的当代社会，控制移民流入，维护国家安全，被阿根廷政府摆在重要地位。马里西奥总统认为移民犯罪率过高，引发了国家的公共安全问题，应加强打击移民犯罪问题，遂于2017 年颁布法令（DNU），从一定程度上打破了阿根廷一年来以权利为中心的移民政策。[③] 与 2004 年法令规定驱逐的事由仅包括贩卖毒品、洗钱或人口买卖等罪行相比，2017 年法令扩大了驱逐的刑事事由范围，即一切可能被剥夺自由的罪行，其中包括非暴力财产犯罪等，同时缩减了司法的程序保护。经启动刑事执法程序（甚至不需要定罪），移民就会被拒绝入境，而已经获得居留权的则会被驱逐出境，准备法律辩护的时间也由 60 天缩减为 3 天。与此同时，法律将一切有关家庭团聚案件的决定权给予移民局，若移民的申请被拒绝，则无法得到进一步的司法救济。这意味着依照法律行使的司法权被依靠自由裁量的行政权所替代。

其次，利益共享模式强调合法移民为两国带来的利益。此模式中，移民的权利是否被限制以及限制的程度取决于其迁移的合法性或合规性（不合规基本上被看作非法的同义词）。利益分享模式则认为有序和正规的移民可以给原籍国和目的地国带来好处，这种情况下人口迁移是比较安全的，并形成一种循环的迁移形态，最好达成供需协议以鼓励移民迁徙，双方在供需条件下达成一定的协议。

最后，有人认为移民的权利是所有移民政策的核心，移民的人类发展模式应从伦理道德出发，追求保证移民自由迁徙、居住、返回的正义的权利。这一观点以道德和伦理为基础，主张移民的权利并保持移民自由迁移

---

① 严谨：《特朗普执政以来美国对拉美政策的调整及其影响》，《拉丁美洲研究》2020 年第 2 期。

② Eduardo Daniel Oviedo, "Argentina and China: An Analysis of the Actors in the Soybean Trade and the Migratory Flow," *Journal of Chinese Political Science*, Aug. 2015.

③ See Senate Debate, Feb. 16, 2017; see also Letter from Academics and Social Scientists to the Senate and National Officials, Cientistas sociales convocan al Poder Legislativo a rechazar el DNU 70/2017 que modifica las Leyes de Migraciones (No 25. 871) y de Nacionalidad y Ciudadanía (No 346) (Feb. 28, 2017), http://blogs. ffyh. unc. edu. ar/antropologia/files/2014/11/Cientistas-sociales.

地居住、返回和得到社会正义的权利是所有移民政策的中心的思想与安全化模式相反。人权协会和法律组织为移民争取了权益。2017年海地发生了两次自然灾害，阿根廷移民局基于人道主义的考虑，接受了国际移民组织的建议，当年推行了海地移民的合法化政策，并在一年后延续该政策，使移民阿根廷的海地人从2002年仅有的50人发展到目前18万人，海地人成为阿根廷第三大移民群体。

此外，阿根廷移民政策禁止歧视，维护移民劳务市场的法律秩序①，对驱逐问题坚持个案分析，明确禁止大规模的、集体性的驱逐行为。

三　促进国际移民融入的内涵与软性政策

阿根廷移民法明确禁止参加有组织性质的种族灭绝、战争、反人类、恐怖主义等犯罪活动，这与巴西《移民法》相似。

相比巴西遣返制度，阿对该措施的程序规定更详细，特别保护本国公民的配偶、子女、父母权益。阿籍公民的近亲属且拥有永久居留身份的，若成为被驱逐出境的对象，移民局将予以确认并立即释放。强制出境措施的实施参与主体涉及多个部门：内政部、国家移民部门以及阿根廷海军、宪兵、空军和联邦警察，他们彼此协作。

移民是每个人基本和不可剥夺的权利，截至2017年，阿根廷总共有258161条法律，有700条是关于移民的法律。新移民法在尊重人权的基本宗旨和原则上，将人权作为一项重要内容予以强调。

在居留种类和标准上，在阿根廷现行移民法中规定外籍人士居留身份的种类包括永久居民、短期居民和临时访客。阿根廷对永久居民身份的授予事务依法由其国家移民局批准；而短期居民包括劳务和服务人员、投资和技术移民；游客、途径和中转旅客、边境往来人员被归为临时访客。来阿就医的患者、学者、留学生则视其具体事由和停留时长决定其为短期居

---

① 《阿根廷新移民法摘述》，中华人民共和国外交部网站，https：//www.fmprc.gov.cn/123/lsfw/lsxw/fbfgjhcszysx/t289064.htm。

民或是临时访客。① 这和巴西有细微的差别，但都从移民的居留时长进行划分，巴西额外强调了外交、公务和礼遇事由的类别。

（一）对非法移民的人道主义与人文关怀

遣返制度属于非法移民治理的重要组织路径。阿根廷在遣返制度体现了较强的人道主义关怀。2017 年海地因发生两次自然灾害而形成了进入阿根廷的难民潮流。阿根廷移民局基于人道主义考虑，接受了国际移民组织的建议，在 2017 年推行了针对海地移民的合法化政策，并在一年后延续了该政策，即取消遣返这类群体的制度。这体现了将国家主权和人权的融合。事实上，来自海地的人员从 2002 年仅有的 50 人到 2022 年达到 18 万人，成为在阿根廷的第三大移民群体。

此外，阿根廷的"大赦"政策体现了人道主义精神。"大赦"制度是指国家元首或者国家最高权力机关，对于某一时期内的非法移民免予追诉或免除其刑罚执行的制度。"大赦"这个概念在中国所指的对象仅限于罪犯，并未涉及非法移民者。但阿根廷的"大赦"是对居住在阿根廷的外国非法移民实行"大赦"，即为一些非法居住在阿根廷的外国移民办理合法居留权。欧洲一些国家如意大利等也曾对国内非法移民者进行过"大赦"，给予其合法身份。

阿根廷有史以来共实行过两次"大赦"，最近一次是在 2004 年 9 月 13 日颁布的由阿根廷总统签署的法令，规定从 9 月 22 日法令正式生效之日起的 180 天内，凡 2004 年 6 月 30 日以前在阿居住的没有合法居留身份的非南方共同体市场（南共市）成员国居民，可向阿移民局递交合法居留申请书、身份证明及无刑事犯罪证明等相关文件。凡符合规定者，移民局将给予其为期两年的临时居留权，两年后可获得永久居留权。据官方统计，第一次即 1984 年"大赦"时大约"漂白"50 万非法移民；第二次 2004 年时估计共有 75 万左右非法移民得以"漂白"身份。这些基于特殊情形的南

---

① 《阿根廷新移民法摘述》，中华人民共和国外交部网站，https://www.fmprc.gov.cn/123/lsfw/lsxw/fbfgjhcszysx/t289064.htm。

美永久居留政策也值得我们研究。① 2004 年以后，阿根廷的南美移民获得居留权的人数增长较快，这与给南美移民的种种优惠政策和 2006 年所实施的"大赦"政策密切相关。之前比较多的移民可能通过旅游签证滞留阿根廷或者通过偷渡手段等进入阿根廷，他们没有合法手续，因此期待通过"大赦"来取得阿根廷的居留权。近年来，阿根廷的移民管理制度也日趋完备，已经有更加合法合理的途径使移民取得永久居留权解决历史遗留的无身份非法移民问题，因此阿根廷将不再实施"大赦"。②

阿根廷的移民制度不同于中国，导致其对"人权"的理解不同于中国，因此许多利于边境管理的法条无法通过（当地人民认为这些法条会侵犯他们的人权，如"旅店住宿登记"等）。

（二）促进家庭的整体性融入的开放包容移民政策

移民法是移民政策实施的基础性法律，阿根廷的移民制度遵循其移民法所规定的原则，强调保护移民"家庭团聚的权利"。

2004 年法令的两大支柱是非法移民身份的合法化和对家庭团聚权的维护。第一，1997 年阿根廷宪法中的人权条款为移民权的创立奠定了法律基础③；克里斯蒂娜政府制定了开放包容的移民法，极大地促进了阿根廷境内移民数量的增长。

第二，促进非法移民身份的合法化。阿根廷将"移民权"视为一项不取决于国家意愿的实质权利④，在非法入境移民的管理上，主张以"疏"来代替"堵"，每一位移民在被驱逐之前都有机会使其身份合法化。首先，法律要求边境管理机关延迟拘留时间，为移民入境提供免费的法律服务等，移民拥有长达 60 天的时间来聘请律师、申请移民手续；其次，政府还

---

① 新华网：《阿根廷将"大赦"非法移民》，2004 年 9 月 15 日，http：//news. sina. com. cn/w/2004 - 09 - 16/11133681622s. shtml。

② 李善龙、曾少聪：《阿根廷移民政策的演变——兼论阿根廷中国移民的历史与特征》，《华人华侨研究历史》2019 年第 2 期。

③ B. Hines，" An Overview of Argentine Immigration Law"，9 IND. INT'L & COMP. L. REV，1999，p. 395.

④ Border Security and Immigration Enforcement Improvements，Exec. Order No. 1376782 Fed. Reg. 8793，Jan. 25，2017.

专门成立了移民委员会，代理移民参加行政和司法程序①，费用由国家承担；最后，法律要求法院在个案中作出有利于移民的解释，并着重考虑移民的家庭团聚权。如果被拘留者在境内存在家庭关系，法律规定该移民可以立即获释并通过简易程序将身份合法化。

第三，促进了配套措施的完善。法律规定政府和移民局有义务在促进移民融入社会的事项上进行合作②，还颁布特别条款，保障移民的政治参与权③，方便移民进行家庭团聚等。

四　非法移民的规训与人道主义

（一）非法移民应对的行为主体及职能

从主管机关来看，阿根廷由国家移民局主管移民相关事务，它隶属于内务部，是移民法实施机关，实行总部分支制，属于文职的行政机关，不能行使警察的职权。如果要使用公共武力，必须事先获得法院的命令，并得到辅警力量的支持。阿根廷移民局负责处理三方面的事务：第一，出入境人员登记；第二，打击阿根廷境内非法移民；第三，对阿根廷境内的外国人进行管理以及处理阿根廷边境的违法犯罪，如毒品走私、车辆盗窃等，管理出入境人员（也负责边境问题），移民部门是与公安配合最密切的部门。

从结构上讲，阿根廷移民法律法规的施行是以国家移民局为核心，各相关行政、司法部门配合，根据《移民法》第 114 条由联邦警察局（PFA）、国家宪兵队（GNA）、阿根廷海军部（PNA）、机场安全警察等依照移民局要求执行公务，辅助行使移民管理的警察执法权，共同保障移民法的有效实施。国家移民局在领土内有 237 个授权点实施移民控制，移民局直接控制的点有 158 个，其余 75 个点是由移民局授权，由辅助移民管理力量来管理。

---

① Decree 616/2010, Regulation of Law No. 25871, May 3, 2010, [318989] B. O. art. 86, 6.

② Decree 616/2010, Regulation of Law No. 25871, May 3, 2010, [318989] B. O. art. 6.

③ Susana Novick, "Migración y Políticas en Argentina: Tres Leyes Para un País Extenso (1876 – 2004)", in Las Migraciones en América Latina: Políticas, Culturas y Estrategias, 2008.

国家移民局与国家或省市级劳动、税收、交通管制部门采取联合行动；在公共场所核验外国人的移民身份。阿根廷移民当局必须掌握每班从世界任何地方飞往阿根廷航班的乘客的详细数据。国家《移民法》第113条补充规定，内政部可以与各省省长以及自治市政府首脑商定，在各自管辖范围内行使移民辅助力量的职能，省级当局组织应遵守。要了解国家移民局中检查员和辅助移民管理力量的职能差异，有必要区分它们的角色和权力的性质。

移民检查员对于违法外国人的处置权是有限的。如发现了非法移民，首先要区分是行政的还是刑事的，如果是刑事案件，须由法官来主导刑事调查，移民检查员只参加而不主导；如果是行政案件，需要移民检查员的主导调查。移民检查员有权参与法律诉讼程序、司法程序和联合行动包括：第一，参与法律诉讼程序是指国家移民局发现任何可能违反移民法的法律事实或有充分理由怀疑有违法事实时采取的行动。第二，参与司法程序，指移民管理部门依据司法当局的书面命令，展开行动，行动结束时需要提供报告。第三，参与联合行动则是指移民机构与国家级、省级、市级行政机构合作，开展有关劳动税收财政检查以及公共交通管制。

（二）出入境、边境安全管理及海路管理面临挑战

移民的自由流动带来了复杂的移民问题，主要体现在三方面：一是通过海上进入的非法移民（包括犯罪分子、政治贪污犯）屡禁不止。外国公民可以经由海、陆、空三种渠道入境阿根廷。由于许多城市始终处于海岸线上，阿根廷自古十分重视海上安全，以至如今对于从海路进入阿根廷的入境者的检查十分严格。阿根廷是沿海国家且海岸线较长，因此专门设置了用于出入境管理的电子管理系统。然而此种途径入境的非法移民数量近年增加很多，主要包括犯罪分子、政治贪污犯等。另外，从海路非法入境事务由阿根廷海事局管理，然而，海事局一直认为这非本职工作，而是在辅助移民局而做事，因而工作热情不高，管理上长期未成体系，办事效率不高。这些问题共同导致了从海路非法入境阿根廷成为警方最难管理的非法移民活动。

二是阿根廷清理非法移民抓捕跨国罪犯的过程面临着诸多困难。

阿根廷的社会制度对"人权"的解读包含了对个人信息的全面保护和尊重，甚至因保护个人信息而难以实现基础性信息的全方位登记与跟踪，许多利于边境管理的法条无法通过。阿根廷每一部法律的通过需要获得社会大众的多数认可才可推行，也没有对外国移民办理住宿登记的制度，因为这被当地认为是侵犯人权的行为，无法得到广泛的支持。因此政府对外国人入境记录信息无法系统掌握，使得后续移民管理存在较大困扰和难度。

（三）对非法移民的独立处置程序

近年来，阿根廷现代化移民管理得到发展，但 AVE 系统在一定程度上也方便了非法入境者。随着近些年非法入境人员的增加，阿根廷移民局加大了对申请电子签证人员的前置审查强度，特别是对申请电子签证的人员有无犯罪前科的调查。随着近些年非法入境人员的增加，阿根廷警方积极地采取一些行动，如加强国家间合作（在边境设置摄像头监测边境非法入境动态）；开展数据交换业务（和其他国家相关机构交换犯罪信息）；作为一个沿海国，阿根廷现有的电子管理系统 AVE 已经比较完备，电子签证制度最早源自美国和加拿大，为了解决非法移民问题，阿根廷模仿加拿大和美国的做法，加大了对申请电子签证人员的前置审查强度，特别是对有无犯罪前科的调查采用智能化移民管理的应用手段，外国人可以从网上快速申请阿根廷的旅游签证，这是一种十分便捷的签证方式。

虽然阿根廷无外国人住宿登记制度，但国家移民局的移民检查员有权在住宿地和任何有公共道路的场所查验所有外籍人员的移民身份。查验要点包括劳工家庭情况、住宿点和雇佣合同。检查员必须在工作场所检查雇佣合同是否真实有效、对与阿根廷人结婚的移民要核实婚姻关系的真实性、当移民居住酒店或其他住处时要核实真实性。对不能证明身份或者移民状态的非正规的（非法）移民，启动两个独立的程序。

1. 非法移民的申报和合法化告知程序。这一移民政策充分体现了人道主义精神。《移民法》第 61 条规定，发现外国人在该国非法居留的违法事实时，考虑此人的职业情况、与阿根廷国民的亲属关系、经认可的逗留期限以及其他个人和社会因素，国家移民局应在警告下令驱逐此人的情况下，命令此人在强制期限（30 天内）内将其身份合法化。在强制期限内，驱逐令不会生效。若此人在期限届满还无合法身份国家移民局将下令将其驱逐出境，但是在法官干预下，驱逐令效力会终止，且移民局要参加法官对该驱逐令行政决定的审查活动。

2. 移民检查员对工作、住宿或交通公司提供人提起的诉讼（移民检查的临时行为）罚款。移民法（第 25871 号法令）第 55 条规定，当事人不得为在该国的非法外国人提供住宿，个人、法人、公共或私人均不得为非法外国人提供工作或者有偿的职业，无论他与该外国人是否有依赖关系。向非正规（非法）外国人提供工作的，就会启动监察程序，提供住宿的所有者也要被处以罚款。对于首次进入阿根廷的外国移民来说，根据来阿目的和事务的类别而采用不同的核查标准。

（四）保护跨国婚姻家庭权益的非法移民快速遣返通道

阿根廷作为移民国家，对移民问题有更大的敏感性，尤其遣返移民主要依据国际法或者双边条约。21 世纪以来，阿根廷移民制度的发展深受两部法律的影响，分别是 2004 年的第 25871 号法令和 2017 年的 DNU（Decree of Necessity and Urgency）① 法令。后者提高了移民的入境门槛②，增大了移民被拘留和驱逐遣返的可能性。

阿根廷移民法规定：进出阿根廷国境的人员必须通过阿根廷国家移民局设在陆路、水路、港口、机场的移民检查站，对"不满足入境要求"的人员［参加过政府性质或其他有组织性质的种族灭绝、战争、反人类、恐怖主义等犯罪活动，应受国际法院审判的、有恐怖活动前科，或被国际上或是阿法律认定犯有罪行的组织，应当受到审判的（即对国际公约规定的实践）］可直接在口岸拒绝入境并遣返回原籍国（不包括从第三国遣返人员）。驱逐出境后有下列情况的禁止再入境：有在阿根廷判决记录，走私武器、毒品、人

---

① Susana Novick, "Migración y políticas en Argentina: Tres Leyes Para un País Extenso (1876 - 2004)", in Las Migraciones en América Latina: Políticas, Culturas y Estrategias, 2008。

② DNU, supra note 1, arts. 4 (substituting art. 29 of the 2004 Law, supra note 13), 6 (substituting art. 62 of the 2004 Law, supra note 13).

体器官和组织、洗钱、非法投资等以及国际刑事法庭规定的有关罪名（在国外参与了大屠杀、犯下了战争罪、恐怖主义行为、反人类等犯罪）。判定为被遣返的人员可以进行申诉，但只能在遣返后 15 天之内，通过阿根廷外交代表机关，或阿根廷国家移民局驻外办事处进行申诉。①

相对于巴西移民法的纲领性，阿移民法对强制出境措施的程序做了详细规定，内政部或国家移民局决定对外国人驱逐出境之日起，其后的申请扣押及特殊情形、程序中产生的费用承担问题、申诉问题都有具体的规定。比较独特的是阿根廷移民法保护本国公民的配偶、子女、父母（实际为血统延伸），即根据阿根廷移民法，公民的拥有永久居留身份的近亲属若成为驱逐出境的扣押对象，移民局应予以确认并立即释放。参与执行扣押的部门除内政部和国家移民部门外，还有移民警察（由阿根廷海军、宪兵、空军和联邦警察的相关部门组成）。强制出境措施及移民法律法规的执法均由多部门共同管理、共同保证。

2017 年，阿根廷根据第 70 号法律形成特别的简易程序：引入了一个驱逐出境的行政程序方面的变化，即减少决策的次数和向更高级的司法上诉。一个普通的驱逐程序可以持续八年，而简易程序可以在六个月之内完成驱逐。根据该程序法的第 62 条规定，要在三个工作日前将向联邦法官提交书面材料，法官在这个程序启动之前听取检察官的听证。根据第 69 条的规定，一旦出具驱逐令，利益相关方可以在收到通知书的三个工作日进行书面的申诉，不能延长。申诉由国家移民局负责，一旦申诉结束，通过国家移民局的申诉渠道就用尽了，一旦行政阶段的申诉用尽，司法上诉可在收到通知后的三日内进行。司法的上诉必须在有书面文件的情况下，将上诉书递交给联邦法官，法官将在两日内召开听证会。如果检察官给出建议，法官要在三天之内给出建议。一旦联邦委员会做出了判决，当事人还可以向最高法院提供一份联邦的上诉，联邦上诉是最终上诉。

（作者张杰，法学博士，博士生导师，中国人民公安大学教授）

---

① 《阿根廷新移民法摘述》，中华人民共和国外交部网站，https：//www.fmprc.gov.cn/123/lsfw/lsxw/fbfgjhcszysx/t289064.htm。

On the Argentine System for the Integration of Immigrants in the Context of the Twin Objectives of Human Rights and Security

Zhang Jie

Abstract: Argentina's international migration policy has evolved on the basis of the duality of human rights and security, and the migration tradition as a cultural imprint has always influenced the logic of change in Argentina's migration policy. Looking at the issue of promoting the integration of migrants from multiple perspectives, such as the migration management model, Mercosur, the Argentine migration law, and the repatriation system, we find that it has adopted a pluralistic and modern approach as a political issue, with a strong focus on international migrants to guarantee a lasting state of integration promotion of international migrants based on policies that maintain a balance between human rights and security duality. The causes, consequences, motivations, and purposes of Argentina's migration policies reveal the mutually attractive role and state of integration of migrant subjects, countries of origin, countries of destination, and policy makers in the international migration management system.

Key words: Latin American immigration system; Argentina; Transnational deportation

美洲西班牙语的起源及形成研究
（1492—1600）

张　琼

摘　要：在地理、历史和社会等多重因素的影响下，数世纪以来，西班牙语在其不同的使用地区发展出了不同的演变轨迹。在西班牙本土之外，西班牙语最大的分布地区当数美洲。美洲西班牙语和本土西班牙语在语音、语法、词汇等方面均表现出不同程度的差异，其原因则要追溯到美洲西班牙语的源头——15 世纪末地理大发现之后和大量的西班牙移民一起抵达美洲的西班牙语。本文以关于美洲西班牙语起源的"安达卢西亚学说"及其论战作为研究切入点，利用语言接触理论、语言平整机制和语言简化机制对美洲西班牙语的起源和形成过程进行分析，从而揭示美洲西班牙语的形成是多方言混合作用的结果，而非安达卢西亚方言单独影响作用的结果。

关键词：美洲西班牙语；安达卢西亚学说；语言接触理论；语言演变机制

一　引言

作为一门在全球 22 个国家和地区①广泛使用的语言，西班牙语最突出

---

① 其中包括美国；波多黎各作为美属自由州，单独算作一个使用西班牙语的地区。根据 2019 年美国的人口普查数据，在家中讲西班牙语的美国人口已经超过 4100 万，因此，从社会重要性的层面讲，西班牙语是美国的第二大语言。

的特点是它在保持着统一性的同时又在不同的国家、同一国家的不同地区存在显著的差异性。在地理、历史和社会等多重因素的影响下，数世纪以来，西班牙语在其不同的使用地区发展出了不同的演变轨迹。在西班牙本土之外，西班牙语最大的分布地区当数美洲。从 1492 年哥伦布发现新大陆开始，一批又一批西班牙探险者、征服者和殖民者抵达美洲，同时也将西班牙语带到了美洲。如果说西班牙语是在拉丁语的基础上进化而来的，那么美洲西班牙语的源头则要追溯到 15 世纪末之后和大量的西班牙移民一起抵达美洲的西班牙语。值得指出的是，当今的美洲西班牙语不等同于 500 年前初到美洲的西班牙语，它是西班牙语在美洲大陆经历了复杂的演变之后的结果。长久以来，学界就美洲西班牙语起源的"安达卢西亚学说"争议不断，本文拟由该学说及其相关论战切入研究，对美洲西班牙语的起源和形成过程进行分析，从而揭示美洲西班牙语在其形成期的演变机制和发展规律。

二　"安达卢西亚学说"的沿革

由于安达卢西亚方言和美洲西班牙语在语音、音位、语法和词汇四方面存在巨大的相似性，从 20 世纪二三十年代开始，出现了一系列关于这一现象的系统性研究，并由此提出了一个重要的名词"安达卢西亚学说"（andalucismo）；该学说认为美洲西班牙语最具代表性的特点应归因于安达卢西亚方言对其产生的影响。Moreno de Alba[①] 在列举涉及"安达卢西亚学说"的早期文献时指出，最早提及安达卢西亚方言对美洲西班牙语的影响的文献可以追溯到 1668 年出版于安特卫普的《新格拉纳达征服史》[②]，它的作者在提到卡塔赫纳当地人使用的西班牙语时指出他们的语言中存在不规范现象，其中不规范的发音是长期受到来自安达卢西亚沿海地区的人的影响造成的。自此到 1920 年的两百多年时间里，不断有文献资料提到美洲

---

① J. G. Moreno de Alba, Introducción al Español Americano. Madrid：Arco Libros, S. L. , 2007, p. 30.

② Lucas Fernández de Piedrahita（1688）, Historia General de las Conquistas del Nuevo Reino de Granada. Libro Ⅲ, cap. Ⅲ. Amberes.

西班牙语和安达卢西亚方言在语音和词汇方面的相似性，但这些内容都呈散发出现的特点，不具有系统性。

第一次系统性地对"安达卢西亚学说"进行研究和探讨的当数 Wagner 和 H. Ureña 之间的论战①，双方在 1921—1931 年发表了数篇文章对各自的立场进行阐释并对对方的观点进行回应。Wagner 是"安达卢西亚学说"的支持者，而 H. Ureña 是该学说的反对者。Wagner 认为，包括安达卢西亚方言和埃斯特雷马杜拉方言在内的西班牙南部方言对美洲西班牙语的形成产生了主要的影响，因为在早期被殖民的安的列斯群岛地区的西班牙语中存在明显的上述两种方言中的语音特点。H. Ureña 反对的理由是，不能宽泛地断定整个拉丁美洲的西班牙语都受到了安达卢西亚方言的影响，因为安达卢西亚方言的特点仅在安的列斯群岛地区表现得较为明显；此外，他认为，尽管安达卢西亚方言和美洲一些地区的西班牙语之间存在相同之处，但这是西班牙语在西班牙本土和美洲两地完成了同步演变的结果，并不是安达卢西亚方言影响了美洲西班牙语。

在上述著名的论战之后，Boyd-Bowman 从美洲移民的来源地构成角度佐证了"安达卢西亚学说"。在对历史资料进行研究的基础上，1976 年，Boyd-Bowman 对他之前的相关研究做了一次总结②，其中收录了 1492—1600 年前往美洲的移民人口的数据，这一时间段与美洲西班牙语形成期的时间段相吻合，所以能够通过相关数据反映出来自宗主国不同地区的人口占比对美洲西班牙语的影响程度。具体到来自安达卢西亚地区的移民，在上述时间段内的移民人口总数中占比为 36.9%，在 1493—1519 年，这一比例上升至 39.7%，到 1580—1599 年，安达卢西亚移民的比例高达42.2%，且在圣多明各和巴拿马的比例接近 50%。在这一基础上，再加上其他的来自西班牙南部地区的移民数量（埃斯特雷马杜拉移民占 16%，穆尔西亚移民占 0.6%），可以明显看出西班牙南部方言、特别是安达卢西亚方言对美洲西班牙语不容忽视的影响。Boyd-Bowman 也因此被认为是安达

---

① J. G. Moreno de Alba, *Introducción al Español Americano. Madrid*：*Arco Libros*，S. L.，2007，pp. 31 – 34.

② P. Boyd-Bowman，"Patterns of Spanish Emigration to the Indies until 1600"，*Hispanic American Historical Review*，Vol. 56，No. 4，1976.

卢西亚学说的有力支持者。

西班牙著名语言学家 M. Pidal 和 Lapesa 也是安达卢西亚学说的支持者。M. Pidal 这样描述安达卢西亚方言和美洲西班牙语之间的联系：殖民地语言的基础不仅建立在通用语言的普遍规则之上，也建立在一门特定的方言之上，从 16 世纪初期开始这一方言就从其他方言中脱颖而出；因此海外西班牙语具有显著的安达卢西亚色彩，这是因为它接受了出现在塞维利亚的 çeçeo-zezeo（之后演变成了今天的 seseo-ceceo 现象）的音位简化现象。①另外，他认为海岛和沿海地区的辅音弱化和吞音现象的出现是因为这些地区不断有航海船队的到来，会不断受到来自西班牙本土的移民的语言特点的影响。

作为 M. Pidal 最优秀的学生之一，Lapesa 认为西班牙所有的地区都在美洲殖民的进程中做出了贡献，但是不可否认的是，安达卢西亚方言是和美洲西班牙语最为相似的一个。②除了关注到两者在语言特点上的共性之外，Lapesa 还从 16 世纪西班牙本土的语言多样化的角度解释了安达卢西亚方言对美洲西班牙语的影响。16 世纪是西班牙语从中世纪卡斯蒂利亚语向现代西班牙语的演变阶段，在此期间，西班牙语呈现出明显的南北分化的局面。西班牙北部地区、托雷多和穆尔西亚的方言均保留了 c、z 和 s 之间的音位区别，而安达卢西亚西部的方言则演变出了 s 的平舌音的发音方法，与北部方言中偏翘舌音的发音方式不同。由此可见，美洲西班牙语主要受到安达卢西亚方言的影响。

然而，对安达卢西亚学说的质疑声也从未间断。继 H. Ureña 之后，Alonso 是又一位知名的安达卢西亚学说的反对者，他认为西班牙本土各地的方言都参与到了美洲西班牙语的形成过程中，且美洲不同地区之间的西班牙语也各不相同，不能简单地将安达卢西亚方言归为美洲西班牙语的源

---

① R. Menéndez Pidal, "Sevilla frente a Madrid. Algunas Precisiones Sobre el Español de América", Catalán Diego（ed.）, *Miscelánea Homenaje a Andrés Martinet III*, Universidad de Laguna, 1957.

② R. Lapesa, El español llevado a América, Hernández Alonso（ed.）, *Historia y Presente del Español de América*, Valladolid: Junta de Castilla y León, 1992.

头。① 在他看来，美洲西班牙语的雏形是在 16 世纪一波又一波移民带来的不同方言的基础上经过语言平整之后形成的。美洲西班牙语中的 seseo 现象不是由安达卢西亚人带去的，而是西班牙语在美洲大陆经过语言平整的结果，因为在语言平整过程中，会形成一种共性的、同一性的表达方式，在这个过程中，安达卢西亚语起到的是催化作用。

20 世纪七八十年代，经历了之前几十年的研究和争论之后，"安达卢西亚学说"依然是一个具有争议性的课题。Danesi 在 1977 年发表的一篇文章中明确指出 seseo 现象是唯一一个可以让我们将美洲西班牙语和安达卢西亚地区联系起来的直观证据，美洲西班牙语中被认为受到安达卢西亚方言影响的语音和语法特点都无法得到十足完美的证明。② 与此同时，Danesi 认为，无法确切地去考证 seseo 现象在美洲的形成是否直接地受到了安达卢西亚方言的影响，它应该是各种语言在长期的语言接触下产生的。

另一位"安达卢西亚学说"的反对者 Salvador 对学界普遍认为的美洲西班牙语中的安达卢西亚方言的语言特点逐一进行了详细分析，只对 seseo 现象的安达卢西亚"血统"进行了认可。③ 除此之外，他认为和语音相比，词汇可以更好地证明不同地区的语言之间的关系。然而，美洲西班牙语中很多被认为是安达卢西亚特有的词汇和表达的可信性受到了质疑，因为要成为安达卢西亚特有的词汇，必须满足以下两个条件：（1）只在安达卢西亚地区使用，而没有在其他地区使用；（2）在美洲西班牙语中被广泛使用。遗憾的是，只有很少的词汇能够同时满足这两个条件，因此，不能将美洲西班牙语的形成归结到安达卢西亚方言对它的影响上。

从以上围绕"安达卢西亚学说"的论战来看，支持者和反对者都承认美洲西班牙语和安达卢西亚方言在语音（特别是 seseo 现象）、语法和词汇方面存在的共性，但是对这一现象的成因双方存在分歧：支持者们认为安达卢西亚方言对美洲西班牙语有直接的影响，反对者们认为美洲西班牙语的形成是前往美洲的各地移民的语言共同参与的结果，安达卢西亚方言不

---

① A. Alonso, *Estudios lingüísticos*: *temas hispanoamericanos*, 1967, pp. 7 – 60.

② M. Danesi, *The case of andalucismo re-examined*. HR. XLV, 1977.

③ G. Salvador, *Discordancia dialectales en el español atlántico*. SILE. 1981.

是唯一的影响因素。鉴于此，本文作者认为，要搞清楚美洲西班牙语和安达卢西亚方言之间的关系，首先需要对美洲西班牙语的形成期在时间和地域上进行明确的界定，进而对美洲西班牙语的演变过程和演变模式进行分析，从而明确美洲西班牙语的起源和演变机制。

三　美洲西班牙语形成期的地域及时间跨度界定

西班牙对美洲的征服和殖民是一个漫长的历史过程，美洲西班牙语的形成并非一朝一夕之功，它是在一系列历史事件的推动下实现的语言进化过程。因此对美洲西班牙语形成期的地域及时间跨度进行界定将为后续研究的展开奠定基础。

尽管著名的地理大发现发生在 15 世纪末的 1492 年，但是对美洲大陆的殖民则是在相当长的一段时间之后才开始的。美洲西班牙语的形成和发展所需的必要社会条件是语言社区的建立，即殖民初期各总督区的中心城市的建立以及西班牙移民的到来和定居。在此有必要列举一些重要的年份和事件以便勾勒出美洲西班牙语形成期的时间脉络。

从 1492 年开始，西班牙人逐渐在安的列斯群岛定居：1496 年，西班牙人在多米尼加建立圣多明各，是殖民者在美洲的第一个永久性聚居点；1508 年，西班牙人在波多黎各建立殖民据点；1514 年在古巴建立圣地亚哥城；1519 年，巴拿马城建立；1521 年，墨西哥被征服；1532 年，秘鲁被征服；1533 年，哥伦比亚的第一个城市卡塔赫纳完成建立；厄瓜多尔、秘鲁和玻利维亚的第一批西班牙城市于 1530—1550 年建立。

从以上事件发生的年份和地点可以看出，西班牙殖民者最初在美洲的定居点分布在安的列斯群岛的岛屿上，随后他们将殖民范围扩大到加勒比海地区以及大西洋和太平洋的沿岸地区。语言接触理论[①]认为，多种语言（方言）处于同一国家、同一地区内，便会产生语言接触现象，语言接触会引发语言的演变。来自不同地区的西班牙移民聚居在殖民初期建立的城市中，在有限的地理范围内，必然会出现西班牙各地方言之间的语言接

---

① 参见戴庆厦《社会语言学概论》，商务印书馆 2020 年版。

触，从而产生新的西班牙语变体作为一种移民间的通用语（koiné），这种通用语的形成过程被称为方言混合（koineización）。方言混合过程包括以下五个阶段①：（1）不同的方言之间产生语言接触；（2）语言特点的消减和简化；（3）出现具有"通用语"（lingua franca）性质的新的语言变体；（4）新的语言变体的本土化；（5）新的语言变体的标准化。因此，从地域范围的角度讲，美洲西班牙语的雏形就是早期在岛屿和沿海地区形成的通用语，这是西班牙语在美洲的第一个变体。

关于美洲西班牙语的形成期的时间跨度问题，De Granda②通过类比的方法对此进行了估算。他列举了挪威西部的工业村霍扬格的例子。1915年前后，霍扬格的工厂需要大量的劳动力，大量的来自挪威其他地区的移民前来这里定居，在这些移民各自不同的方言的基础上，发展出了一种霍扬格当地的通用语。研究显示，在霍扬格定居的第一代移民保留了他们原本的方言中的语言特征，这一现象在第二代移民（第一代移民工人的儿子辈）身上开始弱化，直到第三代移民（第一代移民的孙子辈）时期，才演变出了一种具有相对统一性的方言，这是多种方言共存下进行融合后形成的一种新的方言变体，即霍扬格的地方通用语。De Granda认为，对于一种新的地方通用语的形成，这样的时间计算模型具有普适性参考价值，由此可以推算出可以被称为"美洲西班牙语"的通用语的形成发生在美洲的第三代西班牙移民的活动时期。按照一代的时长为30年③来测算，考虑到第一代移民抵达美洲时已经成年这一因素，应从三代人的总年份中减去第一代人抵达美洲时的年龄，故美洲西班牙语的雏形的产生至少需要60年时间。因此，De Granda得出结论：最早的美洲西班牙语形成的时间范围应在1550年至16世纪末，这个时间段是美洲西班牙语的形成期。

---

① J. L. Ramírez Luengo, *Breve historia del español de América. Madrid*：Arco Libros，S. L.，2007，p. 23.

② G. De Granda, *Español de América，español de África y hablas criollas hispánicas*，Madrid：Editorial Grados，S. A.，1994，pp. 41 – 45.

③ 此处的理论依据为"la teoría de las generaciones"。对这一理论的应用案例可参考 Esquema generacional de las letras hispanoamericanas：Ensayo de un método，Bogotá，1977。

四　美洲西班牙语形成期西班牙本土的语言状况

语言的演变是随着时间的推移不断向前推进的过程，根据上文得出的结论，美洲西班牙语的形成期主要在 16 世纪的后半叶，那么，要研究美洲西班牙语的源头，就不能用现在的语料去研究 500 多年前初到美洲的西班牙语，因此，我们需要从 15 世纪末、16 世纪初随着一批又一批的西班牙移民抵达美洲的西班牙语入手去追根溯源，首先便要了解 15 世纪末哥伦布出发前往美洲之时西班牙本土的语言概况。

（一）15 世纪末西班牙本土的语言分布

1492 年，基督教双王完成了近八个世纪的光复运动，实现了国土的统一，与此同时，卡斯蒂利亚王国的语言卡斯蒂利亚语在西班牙全境得以普及。然而，值得注意的是，在西班牙开始对美洲进行征服和殖民的 15 世纪末，卡斯蒂利亚语在西班牙的广泛普及并没有带来语言形式上的统一，不同地区的卡斯蒂利亚语表现出了一系列社会性特点和地域性差异，这种差异性不仅仅体现在北部和中部的卡斯蒂利亚语之间，还体现在它们与西班牙西南部（及安达卢西亚西部）的卡斯蒂利亚语之间。Frago 认为在西印度被发现之时及之后不久的时间里，已经形成了若干不同于现代西班牙语的安达卢西亚方言，尽管受到不同的地理和社会因素的影响，它们的特点还是在西语美洲被保留了下来。[①] 由此可见，15 世纪末，与北部方言和中部方言这两大主流方言共存的还有其他在卡斯蒂利亚语和其他方言的接触中形成的方言，其中最具有代表性的就是安达卢西亚方言，它对加那利方言和美洲西班牙语的发展和形成起到了重要的作用。

（二）安达卢西亚方言和加那利方言

安达卢西亚是光复运动中最后一个被收复的地区，卡斯蒂利亚王国完

---

① J. A. Frago García, "El Andaluz en la Formación Del Español Americano", *I Simposio de Filología Iberoamericana*, Zaragoza: Pórtico Libros, 1990.

成了领土的统一之后，语言上的"卡斯蒂利亚方言化"也随之而来，因此，安达卢西亚方言是第一个由卡斯蒂利亚语演变而来的方言。

在光复运动中，整个安达卢西亚地区的收复过程并不是一蹴而就的，不同地区的收复顺序对安达卢西亚方言的特点分布具有重要的历史意义。1212 年，在著名的拉斯纳瓦斯—德托洛萨战役之后，安达卢西亚的西部地区陆续回到了基督徒的手中。然而，在之后两百多年里，因为莫雷纳山的存在，西部光复地区与北部政治中心之间的交通受阻，且远离卡斯蒂利亚王国的政治和文化中心，加之王国在政治统治方面对西南地区的忽视，使得安达卢西亚西部的方言形成了不同于其他方言的鲜明特色。Pharies 认为，造成这种现象的原因是居住在不同地区的人因为空间的阻隔而长时间处于缺乏交流的状态，从而引发不同地区的语言的变异并逐渐演化出新的语言。①

安达卢西亚方言的特点主要体现在西部地区的方言中，在语音上的表现为：（1）seseo（把 c 和 z 的音发作 s）和 ceceo（把 s 的音发作 c 和 z）现象，如 caza 读作"casa"，pasa 读作"paza"；（2）将内爆位置的 s 发吸气音，如 los españoles 读作"lo heh pa ñó le"；（3）将小舌擦清辅音 ge 发作声门擦清辅音"he"，如 gente 读作"hente"；（4）yeísmo（把 ll 发作 y）现象，如 caballo 读作"cabayo"；（5）在元音之间的字母 d 的消失，如 complicado 读作"complicao"。De Granda 指出，Frago 在经过详实的资料研究之后发现安达卢西亚方言中的语音特点早在 15 世纪甚至更早时期就存在于这一地区。②

在众多特点中，获得最多关注的是 seseo 和 ceceo 现象的形成问题。15世纪到 17 世纪，西班牙语经历了从中世纪卡斯蒂利亚语到现代西班牙语演变的过程。在此期间，安达卢西亚方言和卡斯蒂利亚语在语音上的演变过程中产生了分化。如今安达卢西亚方言中的 seseo 和 ceceo 现象就是在这个时期形成的：在除塞维利亚以外的几乎整个安达卢西亚西部地区形成了 ce-

---

① D. A. Pharies, *Breve Historia de la Lengua Española*, Chicago y Londan: The University of Chicago Press, 2007, p. 193.

② G. De Granda, *Español de América*, *Español de África y Hablas Criollas Hispánicas*, Madrid: Editorial Grados, S. A., 1994, p. 32.

ceo 现象，即更接近［θ］音的/s/和/θ/的中和音；在塞维利亚和整个安达卢西亚北部地区，则演变出了 seseo 现象，即更接近［s］音的/s/和/θ/的中和音。也就是说，从 15 世纪末哥伦布发现美洲到 16 世纪末美洲西班牙语雏形的产生，在安达卢西亚地区一直进行着/s/和/θ/发音的演变并最终形成了相对稳定的地理分布。这对美洲西班牙语的发展和演变起到了重要的作用。

加那利方言和安达卢西亚方言之间的渊源则要从西班牙对加那利群岛的征服和统治的历史说起。1496 年加那利群岛中最大的特内里费岛被征服，整个加那利群岛归于卡斯蒂利亚王国的统治之下。由于安达卢西亚首府塞维利亚在对加那利群岛征服和殖民的过程中发挥了重大的作用，所以，加那利方言事实上具备了所有塞维利亚方言的特点，如：seseo 现象；将内爆位置的 s 发吸气音；将小舌擦清辅音 ge 发作声门擦清辅音"he"。加那利方言中独有的语音特点为闭塞清辅音的浊化趋势，如 tampoco 读作"dambogo"，这个特点在塞维利亚方言中不存在。由于加那利群岛特殊的地理位置，它被作为前往美洲的航线上重要的中转站，因此，塞维利亚方言中的特点也会通过加那利方言被带到美洲，对美洲西班牙语的形成产生影响。

五　美洲西班牙语形成期的语言演变机制

16 世纪，由于征服和殖民，来自西班牙各地的移民抵达美洲，同时也带去了他们的方言，他们聚居在美洲的殖民城市中，必然带来不同方言之间的互相影响和融合，本文在第三部分中提出，美洲西班牙语的雏形是 16 世纪期间不同的西班牙方言经过了方言混合过程后形成的通用语，De Granda 将这种方言混合过程命名为"多方言混合"[①]。此外，他还为这种方言混合现象提供了心理学依据：言语适应趋势，指的是语言使用者为了在一个具有高度同一性的社区中实现社会融合、消除不受欢迎的群体性差异

---

① G. De Granda, *Español de América*, *Español de África y Hablas Criollas Hispánicas*, Madrid: Editorial Grados, S. A. , 1994, p. 24.

而完成的不同语言模式之间的相互适应。

既然美洲西班牙语的形成是一个"多方言混合"的过程，在这个过程中不同的方言之间会进行相互适应并朝着新的"通用语"的方向发展，那么，是何种因素促进了这种相互适应和融合，并最终缔造出美洲西班牙语的雏形？我们将从语言的演变机制来对该问题进行分析。

(一) 语言平整机制

语言平整指的是一种语言的不同方言之间在出现的大多数特征的基础上，通过消除显著差异相互接近的过程，从而提高它们之间的理解性并产生一种同一性更高的语言。要研究这一机制在美洲西班牙语形成过程中的作用，首先需要明确两个方面的问题：16世纪美洲的西班牙移民中哪些人口在数量上占据大多数；16世纪美洲的西班牙语方言中，哪种方言的语言特点表现最为突出。

针对第一个问题，上文引用的 Boyd-Bowman 的研究数据表明，1493—1519年，来自安达卢西亚的移民数量占总移民数量的39.7%，来自埃斯特雷马杜拉的移民占比为14%，来自新旧卡斯蒂利亚的移民占比为25%。[①]此外，来自安达卢西亚的移民的来源地分布也极不均衡，他们主要来自安达卢西亚西部的塞维利亚省和维尔瓦省，其中来自塞维利亚省的移民占整个安达卢西亚移民总数的58%，来自维尔瓦省的移民则占到总数的20%。在1520—1559年，前往美洲的移民数量大幅增加，安达卢西亚移民的占比达到30%以上。1560—1579年，安达卢西亚移民占移民人口总数的37%。到1580—1599年安达卢西亚移民的比例高达42.2%，在这一基础上再加上其他的来自西班牙南部地区的移民数量（埃斯特雷马杜拉移民占16%，穆尔西亚移民占0.6%），可以看出，来自西班牙南部，特别是安达卢西亚地区的移民占美洲殖民人口中的大多数。

既然西班牙南部（主要为安达卢西亚和埃斯特雷马杜拉）地区是美洲的殖民人口最主要的来源地，那么16世纪西班牙南部方言中的语言特点在

---

① P. Boyd-Bowman, "Patterns of Spanish Emigration to the Indies until 1600", *Hispanic American Historical Review*, Vol. 56, No. 4, 1976.

美洲众多的西班牙语方言中表现自然最为突出，这也是上文提及的第二个问题的答案。在本文的第四部分中我们已经分析了 16 世纪安达卢西亚方言的语音特点，对比 Enguita 总结的安达卢西亚方言和美洲西班牙语之间的共同的语音特点（seseo 现象、-s 发吸气音、yeísmo 现象、-r 和-l 发音的混淆、将 f-发成气音 h-、元音之间字母-d-的吞音现象），可以看出，在语言平整机制的作用下，经过方言混合的过程，尚在形成期的美洲西班牙语确实会朝着与安达卢西亚方言更为相似的方向发展，这也是上文提及的"安达卢西亚学说"的重要依据。

然而，不能将语言平整机制视作美洲西班牙语形成过程中仅有的、起决定性作用的因素，正如 Guitarte 所说，在处理美洲西班牙语的源头时，我们面临的真正问题是一种殖民语言的构成问题。① 殖民语言从来不是对宗主国的某一种方言的简单复制，而是一系列筛选和简化的结果。这为我们解释美洲西班牙语和安达卢西亚方言之间的关系提供了一个更加合适的视角。

（二）语言简化机制

语言简化指的是多方言共存的情况下，某种方言中的一些显著特点被其他方言中更为自然的语言特点所代替，从而实现语言简化，这样可以使不同方言的使用者之间的交流更加省力和便捷。

至于美洲西班牙语形成时期方言混合过程中语言简化机制扮演的角色问题，De Granda 认为，在 16 世纪，美洲西班牙语的通用语的形成是平整机制和简化机制共同作用的结果。② 若以两者的作用大小排序的话，简化机制的作用应大于平整机制。因为，简化机制不仅可以以自主和独立的方式在美洲西班牙语的通用语产生过程中发挥作用，它还可以对平整机制从多方言体系中选择出来的多数结构或特征进行简化，从而获得最大限度的经济化和最小程度差异化的新的语言形式和语言元素，在这种情况下，简

---

① G. L. Guitarte，Perspectivas de la Investigación Diacrónica en Hispanoamérica"，Lope Blanch，J. M.（ed.），*Perspectivas de la Investigación lingüística en Hispanoamérica*，México：1980.

② G. De Granda，*Español de América*，*Español de África y Hablas Criollas Hispánicas*，Madrid：Editorial Grados，S. A.，1994，pp. 35 – 36.

化机制扮演了选择过滤器的角色。

这就可以很好地解释安达卢西亚方言中的语言特点在美洲西班牙语中被保留下来的原因:一方面,16 世纪来自安达卢西亚地区的移民数量占据总移民数量中的大多数,安达卢西亚方言中显著的语言特征在语言平整机制的作用下被筛选出来;另一方面,16 世纪安达卢西亚方言的很多语言特征(语音、音位、语法三方面)本身就是对复杂的语言形式进行简化之后的结果,所以在多方言混合的过程中经受住了简化机制的考验得以留存下来,进而成为美洲西班牙语的通用语中的语言特点。

我们可以通过两个语音方面的例子来证明简化机制在美洲西班牙语形成时期的作用:寻求最大限度经济化、最省力的语言元素。

(1) 15 世纪至 17 世纪期间,在安达卢西亚地区形成了 seseo 和 ceceo 现象的地域分化格局:在除塞维利亚以外的几乎整个安达卢西亚西部地区形成了 ceceo 现象;在塞维利亚和整个安达卢西亚北部地区演变出了 seseo 现象。上文中我们提到,1493—1519 年抵达美洲的安达卢西亚移民中,塞维利亚人和维尔瓦人占绝大多数,也就是说 ceceo 和 seseo 这两种语音特点是随着他们一起到达美洲的。然而,在语言简化机制的作用下,seseo 这种更为省力的发音方法被留了下来,ceceo 随着时间的推移则被淘汰。

(2) 在美洲多方言共存的情况下,南部方言中更多地保留了两个重读元音连续出现的现象(名为 hiato,例如 ea, eo, ao, ío, úe),而北部方言中则更多地出现了一种更为省力、更为经济的发音方法,即两个连续出现的元音以一强一弱或两个都弱的组合方式出现(名为 diptongo,例如 ai, eu, ie, oi, ui),经过简化机制的过滤,北部方言中的 diptongo 的发音方法成为美洲西班牙语中的组成部分。因此,西班牙北部的方言也参与到了美洲西班牙语的形成过程中,起到了一定的影响。

六　结论

长久以来,认为美洲西班牙语最具代表性的特点应归因于安达卢西亚方言对其产生的影响的"安达卢西亚学说"一直为人熟知,在关于美洲西班牙语起源的学术讨论中被视为主导性理论。然而,早在 20 世纪初就出现了针对"安达卢西亚学说"统治地位的论战。本文在评析了 Wagner、Boyd-Bowman、M. Pidal、Lapesa、H. Ureña、Alonso、Danesi 和 Salvador 等学者的研究后指出：美洲西班牙语的形成是在一系列历史事件的推动下实现的语言进化过程，单一化地认定美洲西班牙语起源于西班牙安达卢西亚方言的观点较为片面。

本文将具体历史事件的时间线与语言接触理论结合证实：美洲西班牙语的形成期的时间范围应在 1550 年至 16 世纪末，在这段时间里，来自不同地区的西班牙移民聚居在殖民初期建立的城市中，在语言接触现象的作用下，殖民地不同区域的西班牙语会接触、融合，从而产生作为移民间通用语的新西班牙语变体。

在这一基础上，本文运用语言平整机制和语言简化机制对形成期的美洲西班牙语进行研究，进而发现：在语言平整机制的作用下，经过方言混合的过程，形成期的美洲西班牙语逐步趋近安达卢西亚方言的特点。与此同时，语言简化机制扮演了选择过滤器的角色，在美洲西班牙语形成期起到了大于语言平整机制的作用，它对语言平整机制从多方言体系中选择出来的多数结构或特征进行简化，使西班牙南北部方言在美洲西班牙语起源过程中进行融合，进而促使不等同于任何西班牙方言的新的西班牙语变体，即美洲西班牙语的形成。因此，尽管安达卢西亚方言在美洲西班牙语形成的过程中起到了重要的影响作用，但这种影响却并不具有唯一性，美洲西班牙语是西班牙多地区方言及美洲当地语言在语言平整机制和语言简化机制作用下混合形成的。

（作者张琼，西安外国语大学欧洲学院，讲师）

A Study of the Origin and Formation of the American Spanish

Zhang Qiong

Abstract：Due to a combination of geographical, historical and social factors, over the centuries, the Spanish language has evolved in different ways in the different regions where it is spoken. Outside of Spain, the largest area of distribution of the Spanish language is the Americas. The reason for the phonological, grammatical, and lexical differences between the American Spanish and the Spanish of Spain can be traced back to the origins of this language in the Americas, which arrived with a large number of Spanish immigrants at the end of the 15th century after the "Discovery of Americas". This paper takes the theory of andalucismo and the debates about it as the starting point, and analyzes the origin and formation process of the American Spanish by using language contact theory, language leveling mechanism, and language simplification mechanism, so as to reveal that the formation of the American Spanish is the result of multi-dialect mixture, not of the influence of Andalusian dialects alone.

Key words: American Spanish; Andalucismo; Language contact theory; Mechanisms of language evolution

萨米恩托大众教育的思想缘起与现实意义

方翊霆　张　晨

摘　要： 19 世纪初，阿根廷经过独立战争从宗主国脱离，但国内政局并不稳定，政权在几十年内数次变更，引发一系列社会问题。萨米恩托的大众教育思想在此背景下逐渐形成，旨在通过教育改革实现国家的"文明化"，为其政治诉求服务，这一思想的形成过程可以从政治和宗教两方面分析。政治方面，自由主义思潮和保守势力在"二战"后几十年内的碰撞引发教育权的多次变革；宗教方面，教会阻碍了现代化教育体系的形成，他认为教育的最终目的是培养文明、理性的公民而不是神职人员。在这一理论的指导下，阿根廷成为"二战"以后教育事业最发达的拉美国家之一，尽管还存在一些问题，但必须肯定大众教育的积极意义。

关键词： 萨米恩托；大众教育；自由主义；宗教神学

进入 21 世纪，中国与拉丁美洲之间的双边关系急剧升温。随着"南南合作"的不断推进，发展中国家之间在经济、技术、贸易等领域的联系将会更加紧密。拉丁美洲的 30 多个国家均为发展中国家，与中国有很多相似点，双边具备天然的共同语言。特别是习近平总书记于 2014 年提出了"中拉命运共同体"。其所预示的美好愿景展现出双边合作光明的未来。不过，近年来有学者指出，中拉在教育领域的交流合作明显滞后于经济领域，仍有很大的提升空间。①

---

① 胡昳昀、赵灵双：《中国和拉美教育交流与合作 60 年：进展、问题及策略》，《比较教育研究》2020 年第 12 期。

在加强双边教育交流与合作前，有必要对拉美国家的教育政策、制度、历史、文化等进行深入的探讨和研究。这其中，阿根廷前总统多明戈·福斯蒂诺·萨米恩托（Domingo Faustino Sarmiento）提出的大众教育理论为"二战"后阿根廷教育事业的飞速发展奠定基础，在其他拉美国家中也有相当影响力。大众教育思想的形成过程能够反映出独立运动后阿根廷政治、宗教、经济等领域的变迁，但国内对此研究甚少。在仅有的少数以拉美为蓝本的教育研究中，学者多关注"二战"以后的教育改革问题，而对 19 世纪初至"二战"前的这段历史关注较少。

这段时期阿根廷国内教育领域的主要矛盾为宗教教育和世俗化教育之间的博弈。不同的执政者对二者的地位有不同的看法。在 1868 年至 1874 年担任阿根廷第一位民选总统期间，萨米恩托则大力推行大众教育，其使阿根廷的文盲率大幅下降，进而促使学校种类和女性受教育率也大大提升，具有一定的进步意义。"二战"以后，阿根廷教育事业的发展体现在六个方面：（1）全民族文化水平不断提升，文盲率下降；（2）非正规教育人数大幅增加；（3）适龄儿童和青少年入学率普遍提高；（4）各级教育的师资队伍不断扩大；（5）教育机构数量相应增加；（6）公民文化素质相应提高。① 这些成就可以说是大众教育后续影响的体现，作为萨米恩托政治诉求的延续，可以从政治和宗教两方面探析这一思想的缘起。

一　大众教育思想的政治基础

（一）自由主义的兴起

19 世纪初，在西蒙·玻利瓦尔（Simón Bolívar）的带领下，西属拉丁美洲各国纷纷独立。独立运动的意识形态根植于欧洲启蒙思想、西班牙中世纪经院哲学和克里奥尔民族主义。② 而这样的时代背景也逐渐催生出萨米恩托的相关思想。独立之初的阿根廷受罗萨斯独裁政府的统治，教育的

---

① 陈作彬、石瑞元主编：《拉丁美洲国家的教育》，人民教育出版社 1985 年版，第 89—93 页。

② 韩琦：《论西属美洲独立运动的意识形态根源》，《世界历史》2011 年第 5 期。

领导权掌握在天主教会和贵族阶层手中。青年时期的萨米恩托反对独裁，追求民主，随后因受到政治迫害而流亡智利。流亡期间，他继续进行反独裁斗争，并逐渐意识到教育对于实现国家文明的重要意义。随后萨米恩托获得了前往欧洲的机会，这为他学习和接受启蒙思想奠定基础。① 以萨米恩托为首的"1837 一代人"② 深受启蒙运动和自由主义思想影响，反对独裁专政，关心国家发展方向③。在启蒙思想的语境下，自由、独立和理性是构建文明国家和新式政治框架的必备要素，后殖民时代西属拉丁美洲的科学启蒙运动直接催化了独立战争及以后的一系列社会变革。④ 萨米恩托认为，阿根廷畜牧业发达，具备供人生存的地理条件，但是牧场主并未联合起来，城市的匮乏和执政当局的松散使得工业化成为妄想，某些部落中的低智文化阻碍了道德进步，这一点在宗教身上体现得尤为明显。神职人员将道德优越感转化为对财富的野心，他们没有尽到天职，对野蛮行为视而不见，最后变成一名虔诚的独裁者，在萨米恩托看来，要将"野蛮"转变为"文明"，最重要的手段就是教育。⑤

　　然而，"自由"的教育无法适应阿根廷国内所有民众的需要，萨米恩托受自由主义影响颇深，但又不是一位顽固的自由主义者。在拉美独立运动后，社会仍旧长期维持保守状态，韩琦认为西班牙中世纪经院哲学和克里奥尔民族主义的狭隘性是造成一现象的意识形态根源⑥，萨米恩托的自由主义倾向或多或少也受到社会大环境的影响。例如，19 世纪 30 年代，在他流亡国外期间，儿童教育问题占据了阿根廷国内反对罗萨斯（Manuel de Rosas）独裁统治呼声中的重要地位，反对者们是偏向现实主义的自由主义者，他们没有延续革命时期乌托邦式的意识形态，在某些问题上的看

---

① 王征梅：《阿根廷总统萨米恩托的大众教育思想及其实践研究》，硕士学位论文，福建师范大学，2016 年，第 17—24 页。

② 因以小说和诗歌等浪漫主义文学形式反对罗萨斯而得名。

③ W. H. Katra, *The Argentine Generation of* 1837：*Echeverría*，*Alberdi*，*Sarmiento*，*Mitre*，New Jersey：Fairleigh Dickinson University Press, 1996, p. 7.

④ 宋霞：《启蒙运动、科学与拉丁美洲独立战争浅论》，《史学集刊》2017 年第 5 期。

⑤ ［阿］多明戈·福斯蒂诺·萨米恩托：《法昆多》，史维译，外语教学与研究出版社 2022 年版，第 11—13 页。

⑥ 韩琦：《论西属美洲独立运动的意识形态根源》，《世界历史》2011 年第 5 期。

法甚至与罗萨斯的专制政府相呼应，萨米恩托在 1836 年的一封书信中写道：

"最重要的是，学生必须尊重和服从他们的上级，不违背或者反抗他们的命令；如果不这样做，是他们个人最大的失败之一，这种情况下学校应该采取最严厉的惩罚措施。"①

从中可以看出，萨米恩托政治上的自由主义倾向没有延伸到对儿童教育问题的看法上，侧面说明单独依靠启蒙思想无法解决阿根廷落后、愚昧、野蛮的问题。不过，从根本上来说，萨米恩托的教育哲学和罗萨斯有着本质上的不同。因为他认为教育权是所有儿童都应具有的权利，而后者的教育政策带有考迪罗②庄园文化的歧视和排他性③，认为教育是社会精英享有的特权，本质上是一种独裁政策。

（二）世俗化改革与反独裁

在自由主义思想的指导下，萨米恩托逐渐对国内的教育问题有了自己的看法，形成了一套解决教育领域问题的指导思想，即"世俗化"与"反独裁"。世俗化与独裁是一对矛盾的概念，在阿根廷独立初期，世俗教育一度成为社会主流。1821—1827 年，代表新兴资产阶级利益的里瓦达维亚（Rivadavia）曾对布宜诺斯艾利斯省的教育制度、教学内容和教学方法进行改革，取消了教会对教育的垄断和干涉。然而随着独裁者罗萨斯于 1829年上台，里瓦达维亚所推行的进步教育措施纷纷被废除，教育大权又被少数贵族阶层和教会垄断④。国内政局动荡不安，进步的教育思想没有延续太久，萨米恩托希望通过一些政治改革稳定局势：第一，在社会规范上，

---

① M. D. Szuchman, "Childhood Education and Politics in Nineteenth-century Argentina: The Case of Buenos Aires", *Hispanic American Historical Review*, Vol. 70, No. 1, 1990, pp. 124 – 126.

② "考迪罗"（Caudillo）一词最早源于西班牙语，意为骑在马背上的人，后引申为"领袖""首领""头目"之意，是拉美独立运动出现后出现的与民主制相对的一种特定的独裁统治形式。学术界一般将考迪罗存在的时间段划分为独立战争后至 1870 年左右。

③ 潘芳：《对阿根廷考迪罗的文化解析——以曼努阿尔·德·罗萨斯为例》，《世界历史》2015 年第 2 期。

④ 陈作彬、石瑞元主编：《拉丁美洲国家的教育》，人民教育出版社 1985 年版，第 87—88页。

萨米恩托在国内传达法国启蒙运动中的人权主义思想，认为人应该理性、道德，而独裁统治是不道德的，是人治的，社会应该法治，而法律应该由有道德的人书写。第二，在文化上，他从后现代视角反思后殖民时代的野蛮行为（barbarism），阿根廷应当吸纳西方先进的文明，将野蛮转化为文明。第三，在体制上，他认为中央政府和法制是阿根廷社会发展的最终归宿，而只要独裁者管理拉美的大多数国家，这一诉求便无法实现。①

以上政治诉求延伸到教育领域，则转变为：第一，教育应当旨在实现"人"的价值，但是教育权如果掌握在教会手中，这种古典教育理论就只会培养出高级的神职人员②，因此阿根廷应当学习西方先进的教育思想和体制。1845 年，在被智利总统送往欧美进修期间，萨米恩托写成《大众教育》一书，标志其大众教育思想的初步形成。第二，萨米恩托认为"文明"和"野蛮"是二元对立的，如果阿根廷文明需要进步，就需要以欧洲文明为目标，这实际上是一种欧洲中心主义历史观。③ 具体来说，大众教育的宗旨是培养理性的人，由于当时阿根廷民众的识字率和入学率十分低下，大众教育的首要任务是教会他们读书写字，促进国家的文明进步。但是有学者指出，文明会遮蔽人们对其原罪的认知，即对外的征服与对内的压迫。④ 殖民者从文明视角出发，自诩高人一等，通过宗教和战争活动"改造"印第安文明，就是对此的例证。萨米恩托抱持二元对立观审视"文明"与"野蛮"，从气候和自然环境出发论述潘帕斯草原带给高乔人性格和习俗上的缺陷，实际上与雷纳尔（Guillaume-Thomas Raynal）所提出的"美洲退化论"极为相似。⑤ 因此，大众教育所提倡的"理性""文明""祛魅"，是否对土著居民的语言文化造成了负面影响，是否忽视了阿根廷

---

① A. W. Bunkley, "Sarmiento and Urquiza", *The Hispanic American Historical Review*, Vol. 30, No. 2, 1950.

② M. D. Szuchman, "Childhood Education and Politics in Nineteenth-century Argentina: The Case of Buenos Aires", *Hispanic American Historical Review*, Vol. 70, No. 1, 1990, pp. 124 – 126.

③ 叶舒宪：《文明/野蛮——人类学关键词与现代性反思》，《文艺理论与批评》2002 年第 6 期。

④ S. Diamond, *In Search of the Primitive: A Critique of Civilization*, London: Routledge, 2017.

⑤ 王晓德：《雷纳尔美洲退化思想与启蒙时代欧洲的"他者"想象》，《历史研究》2019 年第 5 期。

各民族的特殊性，是一个需要进一步探索的问题；第三，建立中央集权政府后，教育权可以收归国有，收归国有后，国家才可以对教育体系进行自上而下的改革，颁布法令保证每一位公民的受教育权利得以实现，丰富学校类型和课程种类，加入农业、物理、化学、地质等自然类课程并取消宗教神学在学校中的合法地位。

事实上，在成为总统后，萨米恩托确实实行了自己的构想。阿根廷于 1884 年建立了中央和各省教育机构，同年颁布《世俗教育法》，确定对 6—12 岁的儿童实行免费义务教学，1890 年通过了国家对私立学校提供资助的法案，1905 年在全国开展扫盲运动。以上的一系列政策与举措使得阿根廷成为拉美地区教育事业最发达的国家之一[①]，这些成就与萨米恩托在任时做出的良好铺垫是密不可分的。

（三）中央集权下的教育路径问题

萨米恩托在其文学传记《法昆多》的第一章中如下阐述了阿根廷共和国的地貌：广袤无垠的大草原属于乡村，对乡村人口而言，生存是第一位的需求，要想生存就必须磨炼生活所必需的技能，因此他们十分珍视自己的身体技能与勇气。印第安人和西班牙人生活在这片未开发的地区上，形成了不同于城市的生活方式。大草原是贫困的，乡村是"野蛮"的，而"野蛮"的对立面便是"文明"的城市。[②] 在萨米恩托的构想中，中央集权下的教育管理改革要从地理因素出发，改变乡村地区的"野蛮"局面。

首先，草原的荒芜是这片地区原始生活方式的原因，也是这种生活方式的表现，要使荒芜的地区成为人们美好的生活家园，就必须双管齐下：一是向这片土地迁入人口；二是铲除考迪罗，改变土地占有制度。重新分配土地是人口迁入的唯一手段，也是增加生产和开展教育辅导工作的前提条件，一定程度上来说，土地改革是教育文明化计划的基本课题。[③] 其次，

---

① 郝明玮、徐世澄：《拉丁美洲文明》，中国社会科学出版社 2013 年版，第 194—195 页。

② ［阿根廷］多明戈·福斯蒂诺·萨米恩托：《法昆多》，史维译，外语教学与研究出版社 2022 年版，第 194—195 页。

③ 曲大富编：《教育百科全书》（第二册），北方妇女儿童出版社 1999 年版，第 783—784 页。

萨米恩托极为注重儿童教育，因为青少年时期是道德发展成型的关键阶段，这是一个国家文明化的基石。但这并不代表他没有注意到中高等教育对提高人民道德水准的积极作用，只是由国家保障每一位学龄儿童的受教育权是国家统一的有力保证。最后，萨米恩托的大众教育思想并不是一个全面、完整的教育理论，他对教育的关注有自己的侧重，即教育政治，更确切地说是教育政策①。他希望能够发挥中央政府对教育的调控作用，以"无形的手"在极短时间内提升民众在身体、道德、智慧方面的素养，以促成国家的文明化。由上述三点可见，在萨米恩托眼中，教育发展是社会发展的最关键因素，而社会发展又可以决定国家的前途，进一步证实了大众教育思想是其政治诉求的延续。

二　大众教育思想的宗教基础

（一）保守派反复——自由主义受阻

16 世纪的宗教改革运动使很多欧洲国家从天主教中分离，继而信奉新教，唯有西班牙和葡萄牙两国固守天主教。在这两个国家，国家直接控制教会，教士反过来也可以在政府中担任职位，因此，西葡两国在拉丁美洲的殖民制度可以说是王权和教权相结合的天主教殖民制度。② 16—18 世纪殖民地时期的教会在多个地区建立大学，但其主要职能还是培养神职人员，多数只讲授神学和哲学，只有少数有民法课程，医学和自然科学课程更为稀少。③ 宗教的存在，还影响了土著居民的信教自由，天主教成为当地唯一特殊的信仰，带来了一系列负面影响。当时的殖民地教育分为两套系统，语言教育和知识教育。语言教育的对象分为印第安人和白人，殖民当局向印第安人传授西班牙语，向白人教授土著语言，一来可以使土著居民西班牙化，二来可以使白人更为熟悉当地文化，方便传教。知识教育

---

① 曲大富编：《教育百科全书》（第二册），北方妇女儿童出版社 1999 年版，第 783—784 页。

② 林被甸、董经胜：《拉丁美洲史》，人民出版社 2010 年版，第 119—120 页。

③ 袁东振：《天主教会政治—社会立场的转变与政治发展进程：拉美实例》，《拉丁美洲研究》2011 年第 2 期。

分城市和农村两个地区，城市教育为学校教育，由教会负责，农村教育则由传教士负责。某些殖民遗产客观上在后期起到了一定程度的积极作用，殖民者建立的其他类型的文化教育机构，如图书馆、印刷厂、报馆等，于18 世纪末 19 世纪初的拉美独立运动兴起时，在传播欧洲启蒙思想等进步知识和新观点方面发挥了重要作用。①

1810 年阿根廷爆发五月革命，同年建立由克里奥尔人，即土生白人控制的执政委员会。土生白人一般为早期殖民者和后来宗主国移民的后裔，名义上来说他们的地位与伊比利亚半岛白人的地位平等，但实际上他们在政治、经济上受到排斥。一般土生白人只能充当殖民地的中下级官吏，与半岛人的矛盾由来已久。② 因此，有部分基层教士参与到独立战争中去，甚至充当革命的领导者，在这过程中，克里奥尔民族主义发挥了重要的推动作用。

不能否认的是，克里奥尔民族主义具有狭隘性，土生白人政权并不打算给予其他人种同样的权利和平等地位，一直到里瓦达维亚政府推行政教分离政策之前，宗教教育仍是阿根廷社会中的主流，为维护专制统治而存在。独立战争没有使阿根廷即刻迈入现代化民主国家的行列，因为伊比利亚半岛的殖民者在这块大陆上留下的文化根源，即天主教伦理观，仍旧发挥着非常深刻的作用。③

彼时的阿根廷，自由派和保守派的斗争十分激烈。自由派不断发出改革的呼声，反对独裁统治，渴望建立民主共和政府，但这种呼吁很难奏效。④ 天主教会与保守派都有着极端保守的文化属性，为了维护传统的世俗特权，教会开始极力寻求与保守派的联合，这主要体现在三方面：第一，宿命论、等级观念、尊严和男性优越性是西班牙人世界观的四个基本要素，天主教提倡的"原罪论"、对权威的服从与崇拜恰好契合这四种要素。殖民地时期，只有神职人员才能释读《圣经》，宗教教育起到分化等

① 郝明玮、徐世澄：《拉丁美洲文明》，中国社会科学出版社 2013 年版，第 194—195 页。
② 赵长华：《论 1810—1826 年拉丁美洲独立战争的性质》，《军事历史研究》1990 年第 4 期。
③ 王晓德：《关于拉美历史上"考迪罗"统治形式的文化思考》，《政治学研究》2004 年第3 期。
④ 韩琦：《论西属美洲独立运动的意识形态根源》，《世界历史》2011 年第 5 期。

级，维护殖民统治的作用①，而这种作用在独立战争后的几十年内仍然存在。第二，保守派抵制以启蒙思想为首的自由、平等、科学等观念，旨在将原本西班牙君主制和中央集权的独裁属性延续下来，宗教教育以一种和现代文明相冲突的方式麻痹受众，达到保守派的目的，从这一角度来说，考迪罗主义是西班牙政治体制拉美化的结果。第三，大庄园是一个等级森严的微型社会，庄园主位于顶端，对庄园成员实行恩威并重的父权统治。②庄园是扩大的家庭，而国家是扩大的庄园，宗教教育中服从的属性使得受众在庄园这个家庭环境中折服于考迪罗的专制统治，映射到国家政治上也是同样的效果。

（二）世俗化教育——现代化的教育体系

考迪罗主义既有封建统治属性又有资产阶级性质，教会反对中央政府的一系列改革，与庄园主结合后，构成了内地封建统治阶级的基础。不同地区间经济利益的矛盾使得独立后的阿根廷长期处于分裂状态。里瓦达维亚力图通过一系列经济和社会改革实现国家的统一，让经济实力较强的布宜诺斯艾利斯省也统一在中央政府之下，但是他的土地改革尝试没有面积的限制，反而促进大地产制的扩展，没有改变土地集中在少数有权有钱人手中的局面，拉大了贫富差距，最终失败。③ 此外，1826 年议会通过的政府组织法触动了布省既得利益集团的收益，遭到强烈抵制。④ 从意识形态根源来说，虽然殖民政府被推翻，但是宗教教育的影响力并未即刻消失，政教分离政策难以切实推行下去。以里瓦达维亚为首的"中央集权派"遭到了宗教领袖的反对，他们认为法国的情况不适用于阿根廷⑤，不能照搬自由主义思想解决阿根廷的问题。

与以上情况相佐证，从萨米恩托的个人回忆中可以看出当时的宗教教

---

① 李萍：《论考迪罗主义产生的文化根源》，《安徽教育》2008 年第 3 期。
② 李萍：《论考迪罗主义产生的文化根源》，《安徽教育》2008 年第 3 期。
③ 王萍：《独立以来 50 年阿根廷土地政策的变动》，《拉丁美洲研究》2011 年第 1 期。
④ 林被甸、董经胜：《拉丁美洲史》，人民出版社 2010 年版，第 190—192 页。
⑤ 王萍：《独立以来 50 年阿根廷土地政策的变动》，《拉丁美洲研究》2011 年第 1 期。

育仍十分流行。青少年时期，萨米恩托在亲人的指导下接受高强度的宗教教育，对教条、纪律、道德规范等有着极为深入的了解①，这为他日后颁布与神学相关的教育政策时流露出的倾向奠定了基础②。这一时期，萨米恩托对教育政策的认知越加成熟。一方面，他看到了乡村生活的凋敝、破败，人们意识不到教育的重要性，自我麻醉，而教会是避难所，也是公共教育之家。另一方面，以神权政治为倾向的教育体系无法解决"野蛮人"的问题，无法弥补现代性的缺失。因此，他主张以现代作者的作品取代戈特霍尔德（Gotthold）③ 和贝吉尔（Bergier）④ 等人的教条神学，在教育界，应当建立起数学、物理等实验性学科，增添西班牙公民所学习的罗马法内容，通过财政干预，将地理、音乐、法语等人文课程加入学校，如此才能展现政府对这些科目的重视。而当前宗教学校的校长、主教区总督、宠臣、大学学监等人理应承担教育改革的责任。⑤

为改变阿根廷经济积贫积弱的局面，萨米恩托也像里瓦达维亚一样，力图通过土地改革振兴经济，铲除大庄园这个贫困、愚昧和暴政的根源，为开展现代化教育铺路。因此，虽然在青少年时期经历了长时间的宗教教育，萨米恩托并未对天主教信仰抱有任何好感。1846 年 10 月，在走访西班牙期间，他认识到原宗主国文明的落后，这种落后的根源是经济发展水平的低下和宗教教育对个人思想和尊严的禁锢。⑥ 拉美经过独立战争后，教会对经济特权和教育的垄断让原宗主国落后的文明延续下来，如果阿根廷要实现文明化，就必须摒弃殖民者留下的遗产。

---

① D. F. Sarmiento, *Recuerdos de Provincia*, elaleph. com （editado）, 2000, pp. 16 – 17.

② 在《外省回忆》（*Recuerdos de Provincia*）这本书中，萨米恩托写道："我的一个叔叔，阿尔巴拉辛牧师，包括今天在科金博遇到的牧师，决定继续我的宗教教育。我们从晚上 9 点到 11 点进行会议，他们向我解释完整的经文、教条、纪律和宗教道德，在一年半的时间里，这种教育没有中断过一天。"

③ Gotthold Ephraim Lessing （1729—1781），德国启蒙运动的代表人物。

④ Abbé Nicolas-Sylvestre Bergier （1718—1790），法国神学家和古物学家，在 18 世纪反宗教改革运动中极力为天主教教义辩护。

⑤ D. F. Sarmiento, *Recuerdos de Provincia*, elaleph. com （editado）, 2000, p. 164.

⑥ 王征梅：《阿根廷总统萨米恩托的大众教育思想及其实践研究》，硕士学位论文，福建师范大学，2016 年。

（三）人治到法治的转变——教育权的转移

前文提到，经过独立战争后，各方势力缠斗，不同的统治集团建立了不同的政权组织形式，国家的领导权几经易帜，阿根廷经历了"土生白人政权—拉普拉塔联合省—独裁政府—联邦共和"的变换。在这几十年间，一些法律和条约成为不同党派间妥协的产物，但在以天主教为首的保守势力的阻碍下，法令的执行得不到保障。从独立战争后至1862年阿根廷正式成为统一国家期间颁布的主要法令总结如下。

表1　　　　　　　　独立战争至联邦共和国期间颁布的主要法令

法令名称	颁布时间	主要内容
《领导和管理国家暂行条例》	1817年12月	天主教为国教；国家的最高立法机关是议会；国家的行政权属于最高执政者，各省的行政权由省长执掌
《1819年宪法》	1819年4月	国家最高立法机关是立法会议，由参众两院组成；行政权属于最高执政者；明确表达要建立一个强有力国民政府的思想，但并未明确规定拉普拉塔联合省的政体
《租地法》	1826年5月	国家拥有土地所有权，申请者通过一定的条件后可以租用土地；禁止出售公共土地
《沿岸各省公约》	1831年1月	成立沿岸各省和布宜诺斯艾利斯联盟的委员会，委员会可以缔结合约，宣布动员令和参战，任命总司令
《1853年宪法》	1853年5月	一切公民权利平等，保障自由和私有制的不可侵犯；宣布阿根廷为联邦共和国；最高立法机关是议会，由参众两院组成，总统执掌行政权；实行两级、有限制的选举权，剥夺妇女的选举权；鼓励欧洲移民入境；废除奴隶制；禁止对政治罪判处死刑

资料来源：［苏］叶尔莫拉耶夫编：《阿根廷史纲》，北京编译社译，生活·读书·新知三联书店出版社1972年版。王萍：《独立以来50年阿根廷土地政策的变动》，《拉丁美洲研究》2011年第1期。表格为作者自制。

从表1可以看出，这期间的法令主要反映出联邦派的利益，直到1853

年宪法颁布，阿根廷的民主共和制才得以确立。虽然多数法令旨在削弱考迪罗势力，但是保守派在这期间不断阻碍法令的推行，如《领导和管理国家暂行条例》在国家分裂的情况下并未实行。在罗萨斯独裁统治期间，之前一系列进步的法律都被废除：他在 1836 年恢复了耶稣会组织，并赋予它学校教育的领导权，1842 年学校被交予警察管辖，1845 年的法令规定只有忠于政府和天主教会的人才可以在学校中担任教师，在这种情况下布省的教育不断倒退。1830 年布省有 39 所国立学校和 75 所私立学校，到 1850 年分别变为 5 所和 30 所，学生人数减少了 60%。①

　　独裁政府倒台后，萨米恩托在集权派和联邦派的党派斗争中吸取教训，主张通过中央集权和自治相结合的行政方法调和矛盾。在他看来，天主教教阶制度和宗教教育是实现法治化的阻碍，激烈的党派斗争、凋敝的法律体系、倒退的教育制度都是殖民统治留下的遗产，而加强国民教育才是唯一的矫正系统。②

　　成为民选总统后，萨米恩托针对阿根廷过去存在的诸多教育问题进行改革，并取得不错的效果。第一，政府对大众教育的补贴大幅提升。在萨米恩托担任总统的 1868 年至 1874 年，中央政府对各省的教育补贴翻了三倍，在其著作《大众教育》中他曾提出，公共教育可以产生工业无法创造的财富。这种对教育问题的看重延续到继任者阿韦亚内达（Nicolás Avella-neda）的政策中，在他在任期间，国会被赋予更广泛的权利启动教育项目③。第二，打破教会对教育的垄断权。萨米恩托深受美国教育家霍勒斯·曼恩（Horace Mann）的影响，反对宗教对教育的控制权。他公开反对代表反动僧侣和大地主利益的宗教教育，大力推行世俗教育，1884 年政府颁布的《世俗教育法》即在他担任全国教育最高总监期间推行。第三，文盲率大大降低。1869 年的统计显示阿根廷 14 岁以上居民的文盲率

---

①　[苏]叶尔莫拉耶夫编：《阿根廷史纲》，北京编译社译，生活·读书·新知三联书店出版社 1972 年版，第 229—230 页。

②　Ezequiel Martínez Estrada, "Sarmiento", Buenos Aires: Editorial Sudamericana, 1969, p. 20.

③　D. Rock, *Argentina (1516 – 1982)*, *From Spanish Colonization to the Falklands War*, London: I. B. TAURIS & CO. LTD. , 1985, pp. 124 + 130.

高达 77.4%，实行一系列扫盲运动后，1893 年这个数字下降为 54.4%。①
第四，兴建各类学校。1850 年阿根廷全国只有 205 所公立学校，学生人数
12000 人，教员 241 人，1875 年，学校数目增加到 1900 所，教员人数达到
4080 人，学生数量大幅增加到 16 万余人。② 他还在科尔多瓦设立了第一座
天文台，在全国各地建成数百所专业学校、公共图书馆和医院，文化和教
育产业有了长足发展。③ 与此相呼应的是，适龄儿童入学率随之大幅提升。
1869 年到 1914 年，入学率从 20% 上升为 48%④，"二战"以后这个数字进
一步上涨，使得阿根廷成为拉丁美洲文盲率最低，教育事业最为发达的国
家之一。

但是，大众教育也带来了一系列问题。从语义学上来说，大众教育是
普通教育的近义词，它是自由主义影响下为实现社会文明化的产物，是一
种与特定的学校话语相衔接的将教育主体建构为现代、开明的公民的理想
化的教育理论，阿根廷的教育体系和制度即诞生于这种表述之中。⑤ 从中
可见，它无法照顾到所有民众的需要，因为它从先验性的欧洲文明论出
发，将受众定义为"野蛮""落后""未开化"，必然会对阿根廷的土著居
民和文化形成冲击。事实上萨米恩托对土著居民的某些政策确实受到了抨
击。有学者指出，萨米恩托太过重视地理因素对人的品性产生的影响，甚
至认为地理和种族可以决定政治和历史的发展方向，土著人和现代性国家
之间存在天然屏障，因此他发动战争清洗印第安人，这场屠杀对土著文化
造成了非常大的负面影响。⑥ 另一方面，萨米恩托鼓励移民改善人口。在
他在任期间约有 30 万移民涌入阿根廷⑦，但是其移民政策没有将所有人种
放在平等地位，奖励只针对欧洲人，这导致 30 万移民中只有 16000 人占有

---

① 陈作彬、石瑞元编：《拉丁美洲国家的教育》，人民教育出版社 1985 年版，第 89 页。

② 李春晖：《拉丁美洲史稿》（上卷二），商务印书馆 2001 年版，第 776 页。

③ ［苏］叶尔莫拉耶夫编：《阿根廷史纲》，北京编译社译，生活·读书·新知三联书店出版社 1972 年版，第 326 页。

④ 陈作彬、石瑞元编：《拉丁美洲国家的教育》，人民教育出版社 1985 年版，第 89 页。

⑤ L. M. Rodríguez（dirección），"Educación Popular en la historia reciente en argentina y América Latina"，Buenos Aires：Appeal，2013，pp. 115 – 116.

⑥ De Gandia E.，"Sarmiento y su Teoria de 'Civilizacion y Barbarie'"，*Journal of Inter-American Studies*，Vol. 4，No. 1，1962，pp. 70 – 73.

⑦ 林被甸、董经胜：《拉丁美洲史》，人民出版社 2010 年版，第 199—200 页。

土地，印第安人和高乔人仍旧是地主的劳动工具。[①] 土地制度的失败改革直接导致在农村地区开展教育辅导工作的失败，独裁统治时期农村教育凋敝的荒芜景象没有得到有效改善。此外，由于没有团结新兴无产阶级和劳动阶层的力量，地主和教会势力在他执政期间复辟。如地主教权派于1870年4月在安特列里奥斯发动叛乱，省长乌尔基萨因此惨死。1873年萨米恩托本人也曾遭受保守势力的刺杀[②]，宗教教育在国内仍旧具备一定地位。

三　结语

从萨米恩托的早期著作《法昆多》中可以窥见大众教育思想的哲学和宗教起源，作为一名政治家、作家、教育家和社会学家，萨米恩托的教育思想是其政治诉求的延续，为独裁统治后阿根廷教育事业的复苏与振兴做出了相当大的贡献。

殖民地时期的阿根廷，宗教教育占据学校主流，学校内的课程多以神学为主，鲜有开设自然科学和文法课程。随着拉美独立运动兴起，自由主义思潮影响了以萨米恩托为首的"1837一代人"，在流亡智利和欧美期间，萨米恩托逐渐形成自己的政见，其政治诉求延伸到教育领域，形成了适合解决独立后阿根廷混乱秩序和社会发展问题的大众教育思想。尽管有学者批判大众教育并不是完整的教育理论，存在西方中心主义倾向等问题，但它客观上推动了阿根廷教育事业的发展，具有积极意义。

"二战"以后，随着全球化兴起，各国之间了解加深，融合加剧，"大众教育"这一概念也有了更进一步的诠释。如拉美学者阿里阿德娜（Ariadna Abritta）提出，大众教育是与基层部门教育有关的教育实践，这一理论的核心是承认教育事实的政治性，承认教育霸权话语中传播知识和教育

---

① ［苏］叶尔莫拉耶夫编：《阿根廷史纲》，北京编译社译，生活·读书·新知三联书店出版社1972年版，第322—323页。

② ［苏］叶尔莫拉耶夫编：《阿根廷史纲》，北京编译社译，生活·读书·新知三联书店出版社1972年版，第326—327页。

过程的中立性。大众教育是一个更广泛的政治诉求的一部分①，目的是改变导致社会不平等的结构和机制。对于那些被排斥和边缘化的个体（高乔人和印第安人）而言，他们也是作为政治主体存在的教育主体的一部分。这也就是说，边缘化主体的语言、文化也是颁布教育政策时应该考虑的要点，只有这样，才有可能达到"改变不平等结构和机制"的最终目的。经过一百多年的发展，"大众教育"不再作为单独的教育理论而存在，它结合时代背景照顾到更多民族的需要，解决的问题也不再局限于教育领域，其象征意义对于非拉丁美洲学者而言，也具有颇大的研究价值。

（作者方翊霆，绍兴文理学院外国语学院硕士研究生；

张晨，绍兴文理学院外国语学院讲师，韩国西江大学国际学院访问学者）

The Ideological Origin and Realistic Meaning of Sarmiento's Popular Education

Fang Yiting; *Zhang Chen*

Abstract: At the beginning of the 19th century, Argentina broke away from the suzerainty after the independence war, but the political situation in the nation was unstable and the regime changed several times within a few decades, causing a series of social problems. It was in this context that Sarmiento's ideology of Popular Education grew up, which was aiming at the "civilization" of the nation through educational reform to serve his political aspirations. The forming process of such ideology can be analyzed from political and religious aspects. From the political aspect, the collision between liberal and conservative forces in the post-war decades led to multiple transformations in the right of education; from the religious aspect, the church hindered the formation of a modern education system, and he believed that the ultimate goal of education was to train civilized, rational

---

① L. M. Rodríguez (dirección), "Educación Popular en la Historia Reciente en Argentina y América Latina", Buenos Aires: Appeal, 2013, pp. 147 – 148.

citizens rather than clergies. Guided by this theory, Argentina became one of the most developed Latin American countries in education after World War Ⅱ. Despite some problems, the positive significance of Popular Education must be affirmed.

Key words：Sarmiento；Popular Education；liberalism；Religious theology

美升英降：巴西对外贸易重心的
变化（1889—1930）[*]

李诚歌

摘　要：19 世纪末，英美两国在拉美地区的权力转移趋势已初现端倪。南美第一大国巴西对外贸易重心的转变深刻诠释了这一历史进程。进入第一共和国阶段以后，巴西基本承接了帝国时代与英国之间的贸易往来，英国对巴西的投资贸易额逐年攀升，逐渐占据了巴西对外贸易的主导。然而，"一战"以后，由于英美国家实力的改变，加之对巴战略的影响以及巴西对外贸易取向的多元化需求促使巴西的对外贸易逐渐向美国靠拢，"美升英降"的贸易重心逐渐形成。实际上，第一共和国时期巴西对外贸易重心的转变虽然促进了巴西工业化的初步发展，却也增强了巴西经济的对外依附性。不仅如此，贸易重心的转变深刻影响了巴西外交轴心从伦敦到华盛顿的转移，诱发了巴西民族主义浪潮的发展，继而影响了巴西政治局势的变化。

关键词：国家实力；贸易重心；权力转移；经济依附；外交轴心

第一共和国时期，尽管政府的控制权尚为大资产阶级和大种植园主所把控，但巴西的社会经济状况却有了新的发展。1889 年，巴西的咖啡占全世界消费量的二分之一。1925 年，巴西供应了全世界咖啡消费量的五分之四。^① 从 1870—1930 年，这段包括巴西帝国最后 20 年以及第一共

---

* 本文系 2022 年度教育部人文社会科学重点研究基地重大项目"拉美现代化进程中的英国影响研究（19 世纪初至 20 世纪中叶）"（项目号：22JJD770039）的阶段性成果。

① 李春辉：《拉丁美洲史稿》，商务印书馆 1983 年版，第 621—622 页。

和国在内的 60 年代表着巴西经济史上初级产品出口发展战略的顶峰。自 19 世纪 90 年代至 20 世纪 40 年代，巴西总出口量的平均值增加了 214%。① 与此同时，巴西人均出口量从 19 世纪 70 年代的 1.31 英镑增至 20 世纪 20 年代的 2.83 英镑，年增长率约 1.6%。据相关学者研究，这一时期英美两国对巴西的投资总额从 1880 年的 5300 万英镑增至 1929 年的 3.85 亿英镑②。

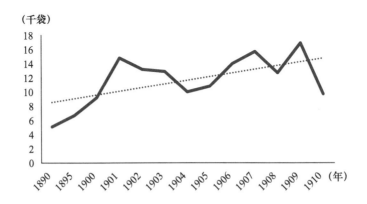

（千袋）

图 1　1890—1910 年巴西的咖啡出口量

资料来源：IBGE, *Estatisticas Historicas do Brasil*, 2nd ed, Rio de Janeiro, 1990, p. 350.

由于英国对巴西原材料商品的巨大需求，第一共和国时期的巴西基本承接了帝国时代与英国之间的贸易往来，两国间的贸易总量逐年增加，英国由此成为巴西第一大贸易伙伴。"一战"以后，美国逐渐取代了英国的位置，成为巴西对外贸易中的主要贸易主导国。关于英美两国与巴西之间的贸易往来，国内外学界涉猎不少。③ 但鲜有研究将英美两国与巴西之间

---

① ［巴西］塞尔索·富尔塔多：《巴西经济的形成》，徐亦行、张维琪译，社会科学文献出版社 2002 年版，第 112 页。

② Leslie Bethell, *The Cambridge History of Latin America*, Vol. 5：c. 1870 – 1930, Cambridge：Cambridge University Press, 1986, p. 685.

③ 整体而言，国内学界对英美两国与巴西之间的贸易往来研究散见于拉美史著作之中，可参见郝名玮、冯秀文、钱明德《外国资本与拉丁美洲国家的发展》，东方出版社 1998 年版，第 129—139 页；洪国起、王晓德《冲突与合作——美国与拉丁美洲关系的历史考察》，山西高校联合出版社 1994 年版，第 82—165 页；苏振兴、陈作彬、张宝宇、朱忠、吕银春《巴西经济》，人民出版社 1983 年版，第 9—12 页。

的贸易进行比较研究，进而分析第一共和国时期英美两国在拉美地区的权力转移进程。本文从 1889 年第一共和国建立之后巴西与英美两国的贸易往来入手，依托相关统计数据和史料，分析第一共和国时期的巴西与英美两国之间的贸易消长，探究贸易转向给第一共和国时期的巴西带来的影响。

一 以英为主：英国占据巴西对外贸易的主导（1889—1914）

1889 年，佩德罗二世（Pedro Ⅱ）被废黜之后，德奥多罗·达·丰塞卡（Deodoro da Fonseca）建立了第一共和国，巴西帝国宣告灭亡。巴西第一共和国所建立的资产阶级共和制推动了巴西资本主义的发展[1]，也影响了巴西的对外贸易。

（一）英国成为巴西的第一大贸易伙伴

第一共和国建立以后，随着共和国的分权，不少问题转移到了各州手上，中央政府的权力集中程度弱于帝国时期。与此同时，商业热潮和金融投机成为第一共和国时期巴西经济发展的两大标志。[2] 由于大规模的印钞以及宽松的信贷，加上大规模的移民涌入城市，许多新企业如雨后春笋般涌现。这一时期，由于两国之间产品需求存在较大互补性，英国仍如帝国时期一般，持续性地与巴西进行着大规模的贸易往来，两国经济的互补性使得英国逐渐占据了巴西对外贸易的主导地位。1901 年，美国和德国对巴西的出口总额约为从英国购买总量的 2/3。1912 年，巴西从英国的进口量约为从德美进口的总量的 3/4。[3]

---

① 李争：《试论巴西帝国之终结》，硕士学位论文，河北大学，2014 年。

② ［巴西］鲍里斯·福斯托、塞尔吉奥·福斯托：《巴西史》，郭存海译，东方出版中心 2018 年版，第 129 页。

③ Marcelo de Paiva Abreu, "British Business in Brazil: Maturity and Demise (1850 – 1950)", *Revista Brasileira de Economia*, Vol. 54, No. 4, 2000, p. 396.

表1　　　　　　　　1885—1913 年巴西从英国的进口额　　　　　　　单位：英镑

年份	进口额
1885—1889	29731294
1890—1894	38959412
1895—1899	31004760
1900—1904	26955876
1905—1909	41140339
1913	12465100

资料来源：Richard Graham, *Britain and the Onset of Modernization in Brazil* (1850 – 1914), Cambridge and New York：Cambridge University Press, 1972, p. 332, p. 111.

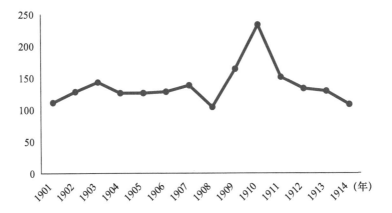

图2　1901—1914 年巴西对英国的出口额（单位：百万米尔雷斯或克鲁塞罗）

资料来源：B. R. Mitchell, *International Historical Statistics：The Americas 1750 – 1988*, New York：Stockton Press, 1993, p. 475.

　　由以上数据可知，从 1889 年共和国建立到 1913 年，巴西与英国之间的进出口贸易额基本上呈现上升趋势。20 世纪以后，英国进口的香蕉来自中美洲，可可来自厄瓜多尔，咖啡和橡胶则从巴西和秘鲁进口，进口数量逐年增多。[1] 在此期间，英国在巴西的投资存量增加了一倍多。[2] 简言之，

　　① Rory Miller, *Britain and Latin America in the Nineteenth and Twentieth Centuries*, p. 105.
　　② Marcelo de Paiva Abreu, "British Business in Brazil：Maturity and Demise (1850 – 1950)", p. 395.

第一共和国建立初期，巴西基本承接了帝国时期与英国之间的贸易往来，其对外贸易呈现出"以英为主"的重心。

（二）美巴贸易逐渐增加

自 19 世纪中叶起，作为工业大国的美国利用地利之便迅速取代英国，成为巴西的主要进口来源国。[1] 19 世纪下半期，美国实力迅速增长，其国内经济结构出现了重大变化。1870 年至 1900 年，美国的国民生产总值增长了三倍之多。[2] 在工业产值上，美国在 1890 年已超过英国，跃居世界第一。[3] 从 1870 年到 1914 年第一次世界大战爆发，美国的进出口贸易总额从最初的 8.358 亿美元扩大到 1913 年的 36.14 亿美元。[4] 巴西第一共和国成立之后，美国参议院和众议院通过联合决议，在祝贺巴西人民对国家采用共和制政府的同时，美国外交部长受命与巴西保持外交关系，给予巴西第一共和国诚挚的认可。[5]

追溯历史，自 19 世纪 70 年代海底电缆将巴西的港口城市与欧洲、美国充分连接起来以后[6]，巴西与欧洲各国及美国之间的贸易往来便逐年增多。从 19 世纪 70 年代到 1911 年，咖啡出口占了巴西出口总收入的一半以上，其最大的出口市场便是美国。[7] 1900 年以后，英国在巴西经济中的优势受到了巨大挑战。[8] 此后，巴西开辟了一条与纽约之间的直接轮班，促进了巴美两国之间贸易的发展。截至 1913 年，巴西对美国的出口份额已然

---

[1]　Victor Bulmer-Thomas, "British Trade with Latin America in the Nineteenth and Twentieth Centuries", ISA Occasional Papers, 1998（19）, p. 6.

[2]　杨生茂、陆镜生：《美国史新编》，中国人民大学出版社 1991 年版，第 229 页。

[3]　刘绪贻、杨生茂主编：《美国通史》（第三卷），人民出版社 2008 年版，第 334 页。

[4]　James A. Dunlevy and William K. Hutchinson, "The Impact of Immigration on American Import Trade in the Late Nineteenth and Early Twentieth Centuries", *The Journal of Economic History*, Vol. 59, No. 4, 1999, p. 1043.

[5]　Graham H. Stuart and James L. Tigner, *Latin America and the United States*, p. 663；Joe Henry King, "Brazil and United States Relations during the Early Twentieth Century", Bachelor's Thesis: Oklahoma State University, 1941, p. 10.

[6]　Leslie Bethell, *The Cambridge History of Latin America*, Vol. 5：c. 1870 – 1930, p. 693.

[7]　Leslie Bethell, *The Cambridge History of Latin America*, Vol. 4：c. 1870 – 1930, Cambridge：Cambridge University Press, 1986, p. 14.

[8]　Leslie Bethell, *The Cambridge History of Latin America*, Vol. 5：c. 1870 – 1930, p. 708.

两倍于英国。

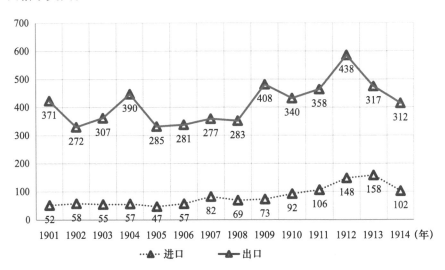

图3　1901—1914 年巴西对美国的进出口贸易额（单位：百万米尔雷斯或克鲁塞罗）

资料来源：B. R. Mitchell, *International Historical Statistics：The Americas 1750－1988*, New York：Stockton Press, 1993, p. 475.

表2　　　　　　　　　　**1913 年巴西对主要贸易国的出口占比**　　　　　单位:%

国家	出口占比
美国	32. 2
英国	13. 1
德国	14. 0
法国	12. 2
其他国家	28. 5

资料来源：Victor Bulmer-Thomas, *The Economic History of Latin America Since Independence*, Cambridge：Cambridge University Press, 2003, p. 74.

由表2可知，1913 年巴西对美出口份额已经全面超过英国。究其原因，主要是由于英国进口来源的多元化趋势以及美国市场的巨大需求。[①]

---

① 19 世纪末20 世纪初，东南亚地区的橡胶和加勒比地区的咖啡市场逐渐扩大，对巴西的出口造成了巨大冲击，也使得英国的初级产品进口日渐多元化。具体参见〔美〕托马斯·E. 斯基德莫尔、彼得·H. 史密斯《现代拉丁美洲》，江时学译，张森根校，世界知识出版社1996 年版，第182 页。

但从进口层面来看，由于英巴经济之间的互补性，巴西对英国的进口数额仍在美国之上。[①] 1913 年，在巴西的进口份额比重当中美国占 15.7%，英国则占了 24.5%。[②] 第一次世界大战前的 9 年是英国在巴西优先投资的全盛时期。据相关研究显示，这一时期平均每年有不少于 1000 万英镑进入巴西。[③] 因此，这一阶段英国在巴西的对外贸易中依旧占据主导地位。然而，美国的不断崛起正逐步冲击着巴西"以英为主"的对外贸易重心。

二　美升英降：美英在巴西对外贸易中地位的变化（1914—1930）

第一次世界大战的爆发深刻影响了巴西的现代化进程，这场战争使巴西政治、经济、军事和外交等领域都出现了不同程度的变革。20 世纪初，英国的直接投资和私人证券投资一直停滞不前，直到 1914 年才迅速增长，却不得不面对来自欧洲大陆以及美国资本出口的激烈竞争。[④] 与此同时，巴西的对外贸易重心也衍生出新的变化。

（一）英国在巴西对外贸易中地位的下降

随着欧洲危机的加深，巴西试图寻找新的融资以发展本国经济，但由于罗斯柴尔德家族的苛刻条件，待到战争爆发之时，两国之间的谈判仍未结束。直到 1914 年 10 月，罗斯柴尔德家族才同意发行 1500 万英镑的债券，为未来三年的利息支付提供资金。[⑤] "一战"以后，巴西与英国之间的贸易往来仍旧呈现出逐年上升的态势，但英国在巴西对外贸易中的占比却

---

① 参见王萍《走向开放的地区主义——拉丁美洲一体化研究》，人民出版社 2005 年版，第 13—14 页。

② 资料来源：Victor Bulmer-Thomas, *The Economic History of Latin America Since Independence*, p. 76.

③ Marcelo de Paiva Abreu, "British Business in Brazil: Maturity and Demise (1850 – 1950)", pp. 386, 392.

④ Marcelo de Paiva Abreu, "British Business in Brazil: Maturity and Demise (1850 – 1950)", p. 392.

⑤ Rory Miller, *Britain and Latin America in the Nineteenth and Twentieth Centuries*, p. 166.

逐年下降。

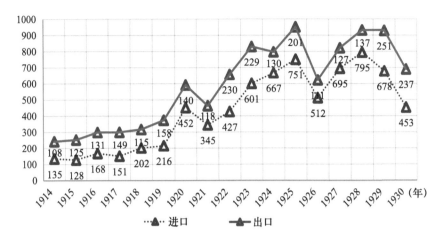

图 4　1914—1930 年巴西对英国的进出口贸易额（单位：百万米尔雷斯或克鲁塞罗）

资料来源：B. R. Mitchell, *International Historical Statistics：The Americas* 1750 - 1988, New York：Stockton Press, 1993, p. 475.

表3　　　　　　　　　1910—1930 年英国在巴西的出口占比　　　　　　单位:%

年份	出口占比
1910	24. 8
1915	12. 0
1920	8. 0
1925	5. 0
1930	8. 2

资料来源：Mitchell, " International Historical Statistics", in Rory Miller, *Britain and Latin America in the Nineteenth and Twentieth Centuries*, London and New York：Routledge, 2013, p. 105.

　　不难发现，1915 年以来巴西与英国之间的贸易比重逐年降低。这一阶段，英国投资者拥有一部分 1914 年以前发行的债券，而美国却成了新资本的主要来源。① 事实上，直到 1895 年，巴西的所有外国投资几乎都是英国

———————

① 　Leslie Bethell, *The Cambridge History of Latin America*, *Vol. 4：c. 1870 - 1930*, p. 112.

的。1905 年，这一比例下降到外国投资总额的 75% 左右，1913 年下降到
65%。① 伴随着英国霸主地位的日渐衰落，美国逐渐在巴西对外贸易领域
中"异军突起"，逐渐改变了巴西长久以来的对外贸易重心。

（二）美国在巴西对外贸易中地位的提升

20 世纪初，美国逐渐完成了从自由资本主义到垄断资本主义的过渡。
彼时，非洲与亚洲早已为英国等老牌资本主义国家瓜分完毕。于是，美国
逐渐将目光转向拉丁美洲。② "一战"前，美国一直在拉美南部各国扩大自
身的经济影响力，并于 1914 年成为巴西最重要的市场。③

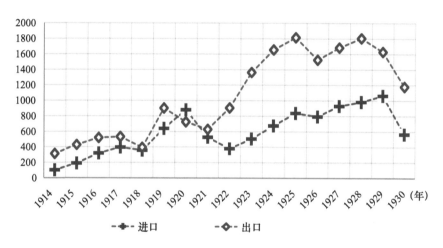

图 5　1914—1930 年巴西对美国的进出口贸易额
（单位：百万米尔雷斯或克鲁塞罗）

资料来源：B. R. Mitchell, *International Historical Statistics：The Americas 1750 – 1988*, New York：
Stockton Press, 1993, p. 475.

---

① Marcelo de Paiva Abreu, "British Business in Brazil：Maturity and Demise（1850 – 1950）",
p. 386.

② 洪国起、王晓德：《冲突与合作——美国与拉丁美洲关系的历史考察》，山西高校联合出
版社 1994 年版，第 109 页。

③ Bill Albert, *South America and the First World War：The Impact of the War on Brazil*, *Argentina*,
Peru and Chile, New York：Cambridge University Press, 1988, p. 60.

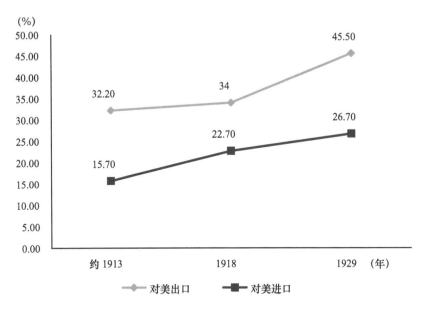

图6 1913—1929 年巴美之间的贸易额占巴西外贸总额的比重

资料来源：Victor Bulmer-Thomas, *The Economic History of Latin America Since Independence*, Cambridge：Cambridge University Press, 2003, p. 156.

1914 年以后，巴美两国之间的进出口贸易总额逐年上涨。事实上，早在 1912 年，纽约已经成为世界上最大的橡胶交易市场，其 60% 的橡胶贸易均是与巴西所进行。这一时期，美国占巴西出口的 36%，对英国的出口仅占 15%。[1] 不仅如此，第一共和国时期巴西的咖啡和橡胶主要是输往美国，而美国对上述商品并不课税。[2] 作为回报，美国则要求对方更多地购买其小麦、面粉、煤油、木材和工业制成品。[3] 如此一来，美国与巴西之间的贸易量更是逐年攀升。1919 年，美国终于突破了英国对海底电缆的垄断[4]，进一步扩大了其在拉美地区的经济影响力。截至 1928 年，巴西的

① E. Bradford Burns, *The Unwritten Alliance, Rio—Branco and Brazilian—American Relations*, New York：Columbia University Press, 1966, p. 63.

② 具体参见：Collin Green, "Forgotten Crime and Cultural Boom：New York and Brazil's Coffee Trading Relationship in the Early Twentieth Century", *The Forum：Journal of History*, Vol. 13, 2021。

③ Leslie Bethell, *The Cambridge History of Latin America*, Vol. 5：c. 1870 – 1930, pp. 699, 111.

④ Leslie Bethell, *The Cambridge History of Latin America*, Vol. 4：c. 1870 – 1930, p. 111.

出口主要面对美国（45%）、德国（11.2%）、法国（9.2%）和许多欧洲
小国以及阿根廷，英国已然成为一个相对较小的出口市场，其购买力在巴
西的总出口量中仅占 3.4% 。与此同时，美国在巴西的投资从 1913 年的
5000 万美元增加到 1932 年的 6.24 亿美元。①

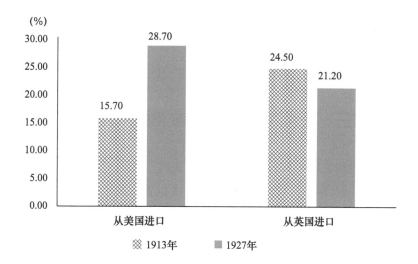

图 7　1913 年和 1927 年巴西从美国、英国的进口占巴西进口总额的比重②

资料来源：Leslie Bethell, *The Cambridge History of Latin America*, Volume 4: *c. 1870 - 1930*,
Cambridge：Cambridge University Press, 1986, p. 66.

"一战"的爆发加速了巴西对外贸易重心转变的过程。相对于英国而
言，美国的国家市场更为广阔，对于巴西产品的需求更大，从而促进了巴
西进口数额的提升。1900 年到 1920 年，美国对巴西的出口从 1157 万美元
增至 1 亿 5 千万美元。③ 不仅如此，美国甚至给予巴西 20%—30% 的优惠

---

① "The United States Department of Commerce and Labor", in *Foreign Commerce and Navigation of the United States*, Vol. 2, 1903, p. 297; "The United States Department of Commerce and Labor", in *Foreign Commerce and Navigation of the United States*, 1915, p. X.

② 资料来源：Leslie Bethell, *The Cambridge History of Latin America*, Vol. 4: *c. 1870 - 1930*, p. 66。

③ "The United States Department of Commerce and Labor", in *Foreign Commerce and Navigation of the United States*, Vol. 2, 1903, p. 297; "The United States Department of Commerce and Labor", in *Foreign Commerce and Navigation of the United States*, 1915, p. X.

待遇从美国购买某些物品。① 1927 年，美国借贷者持有 3.424 亿美元，约占巴西外债的三分之一。② 简言之，第一次世界大战的爆发，导致英国工业部门国际竞争力的丧失，使得英国再难持续作为巴西等国最重要的资本来源。20 世纪 20 年代，英国在巴西出口中的份额从未超过 10%，在 10 年后期达到了近 3% 的低点。大萧条之前，美国已然成为巴西市场迄今为止最大的单一供应商。1929 年，英国对巴西的出口为 1660 万英镑，而从美国和德国的进口分别为 2600 万英镑和 1000 万英镑③，巴西对外贸易中"美升英降"的重心已然形成。

三　巴西对外贸易重心变化的原因分析

巴西与美国之间的贸易总量逐年攀升铸就了巴西"美升英降"的对外贸易重心。从巴西第一共和国成立到第二次世界大战，巴美两国之间的关系在诚意、合作和理解方面超过了美国和任何其他拉美国家的关系。④ 究其原因，主要有以下三点。

（一）美英两国实力的变化

19 世纪 80 年代，英国国民生产总值年均增长率为 2.2%，远远落后于美国的 4.1%。19 世纪 90 年代，英国的国民生产总值年均增长率提高到 3.4%，仍不如美国的 3.8%。⑤ 由此可见，进入 20 世纪之前，英国在国际舞台上的地位已出现下滑趋势，这势必会影响到英国对外贸易的发展。1900 年以后，由于本身作为金融家与转口商的脆弱性，英国在巴西经济中的主导地位受到了巨大挑战。与此同时，这一时期拉丁美洲与德国的贸易

---

① Graham H. Stuart and James L. Tigner, *Latin America and the United States*, pp. 685 – 686, 679.

② Graham H. Stuart and James L. Tigner, *Latin America and the United States*, p. 686.

③ Marcelo de Paiva Abreu, "British Business in Brazil: Maturity and Demise（1850 – 1950）", pp. 398 – 400.

④ Graham H. Stuart and James L. Tigner, *Latin America and the United States*, p. 679.

⑤ 钱乘旦、许洁明：《英国通史》，上海社会科学院出版社 2002 年版，第 270 页。

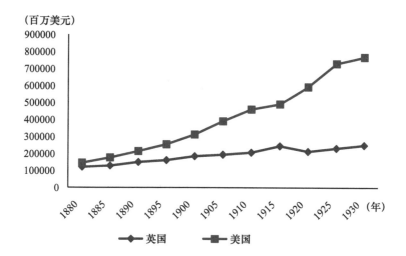

图 8 1880—1930 年英美两国国内生产总值对比

注：本数据按 1990 年美元币值计算。

资料来源：Augus Maddison, *The World Economic*, *Vol. 2*, *Historical Statistics*, Paris：Development Centre of The Organization for Economic Cooperation and Development, 2006, pp. 427, 429, 462 – 463.

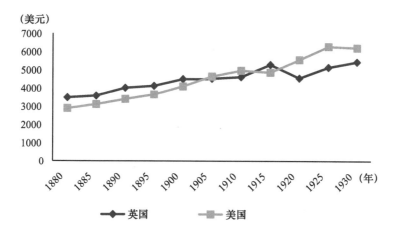

图 9 1880—1930 年英美两国人均国内生产总值对比

注：本数据按 1990 年美元币值计算。

资料来源：Augus Maddison, *The World Economic*, *Vol. 2*, *Historical Statistics*, Paris：Development Centre of The Organization for Economic Cooperation and Development, 2006, pp. 439, 441, 465 – 466.

和投资联系突然停止，为美国在拉美地区的迅速扩张打开了一个缺口。①
在巴西与德国断绝关系之后，美国外交官立即利用潜在的未来贷款和投资
的吸引力，说服巴西当局将被没收的德国公司出售给美国投标者。②

不难发现，自 1870 年起，英国的国内生产总值已然逐渐落后于美国。
1905 年，美国国内人均国内生产总值也越过英国，呈现出逐年上升的态
势。"一战"的爆发使欧洲失去了以往的辉煌，废墟成片。此后，英国在
拉美地区的影响力已大不如前。加上战争对欧洲经济的打击，英国在拉美
的经济辐射力遭遇了前所未有的下滑。1929 年，英国代表团出访巴西之
后，认为英国商品在南美已然节节败退，英国在南美市场的优势已不复当
年。③ 同时，美国却由于其巨大的实力与威望，逐渐取代了欧洲的霸权地
位。可以说，"一战"后的美国获得了英国自滑铁卢之战到 1914 年间的地
位。④ 这一时期，英美两国的国家整体实力已然发生改变，美国取代英国
成为世界头号强国，其外部市场逐渐扩大，地理区位因素更是为美国在拉
美的贸易提供了巨大便利，美国也由此迅速抢占了拉丁美洲主要投资者和
贸易伙伴的角色。⑤

（二）美国对巴战略的影响

进入 20 世纪以后，由于物产富饶的拉美可以为美国提供广阔的市场和
廉价的原材料，因此当美国巨大的国内市场利润逐渐下降时，当工业托拉
斯、采矿业和铁路业以及银行业均需求开拓新的势力范围时，当政府开始
与陈腐的欧洲制度力量战斗时，"泛美体系"应运而生。⑥ 然而，当美国用
"大棒"入侵拉美之时，却遭到了许多南美国家的反对。因此，为进一步

---

① Leslie Bethell, *The Cambridge History of Latin America*, Vol. 4: *c. 1870 – 1930*, p. 60.

② Richard Graham, *Britain and the Onset of Modernization in Brazil*, pp. 51 – 52.

③ "The British Economic Mission to Argentina and Brazil", *The National Archives' Reference*, Paper No. 164, BT 90/25/12.

④ 王立新：《蹒跚的霸权：美国获得世界领导地位的曲折历程》，《美国研究》2015 年第 1 期，第 17 页。

⑤ Leslie Bethell, *The Cambridge History of Latin America*, Vol. 4: *c. 1870 – 1930*, p. 57.

⑥ 洪国起、王晓德：《冲突与合作——美国与拉丁美洲关系的历史考察》，山西高校联合出版社 1994 年版，第 90 页。

在拉美地区推行扩张政策，美国急需一位南美地区强有力的"伙伴"来帮助自己。于是，南美第一大国巴西进入了美国的视野。1906 年，美国海军上将乔治·杜威（George Dewey）拒绝了若阿金·纳布科（Joaquim Nabuco）的晚会邀请，但伊莱休·鲁特（Elihu Root）最终以"此次晚宴对于加强美巴两国的邦交而言至关重要"① 为理由说服了杜威。这一年，鲁特访问巴西，成为美国历史上第一位访问巴西的美国国务卿。1907 年，美国欢迎巴西海军官员进行国事访问，并邀请巴西海军官员出席白宫酒会。1913 年，在访问巴西之后，西奥多·罗斯福（Theodore Roosevelt）写下了一本关于巴西共和国的畅销书，增进了美国人民对巴西的认知。

同时，美国利用自身的商业力量，开启"金元外交"（dollar diplomacy）之路，以期向海外输出资本以获取利润，从而发展本国经济，把控他国的经济命脉。在美国高层看来，"金融层面的稳定比其他任何因素都更有助于政治稳定。"② 美国财政部长威廉·吉布斯麦卡杜（William Gibbs McAdoo）曾说："随着世界大战的到来，南美的商业结构都崩溃了，我们正在寻找一个可以花钱的地方，将其相当一部分贸易附在美国身上的前景似乎很有希望。"③ 1911 年，泛美银行的筹建是美国经济势力大量进入巴西的标志。1915 年，纽约花旗银行在巴西建立了两家美国银行，为美国资本渗入巴西创造了条件。1913 年至 1929 年，美国在巴西的投资总额增加了 8.5 倍。其中，仅 1929 年美国便在巴西投资 47600 万美元，其中 19400 万美元为直接投资④。"一战"爆发以后，伍德罗·威尔逊（Thomas Woodrow Wilson）的"理想主义"外交试图向拉美国家传播美国的传统价值观，进一步加大了对巴西的资金投入，冀图实现在西半球的霸权目标。可见，无论是政治层面还是经济层面，美国均对巴西持友好态度，两国之间的交流愈渐增多，贸易往来由此提质升级。

---

① E. Bradford Burns, The Unwritten Alliance, Rio—Branco and Brazilian—American Relations, p. 177.

② Robert D. Schulzinger, *U. S. Diplomacy since 1900*, New York：Oxford Press, 2008, p. 40.

③ Bill Albert, *South America and the First World War：The Impact of the War on Brazil*, Argentina, *Peru and Chile*, p. 61.

④ 郝名玮、冯秀文、钱明德：《外国资本与拉丁美洲国家的发展》，东方出版社 1998 年版，第 132—133 页。

　　20 世纪初是美国帝国使命的一个高峰阶段。这一时期，不仅是南美地区，美国曾对包括古巴、海地、多米尼加共和国和尼加拉瓜在内的许多加勒比周边国家进行干预。美国利用军事力量驱逐欧洲在拉美地区的残余的影响力，以此提升美国在拉美的贸易量。日久年深，美国公司在整个拉美地区实现了爆炸性增长，并逐渐取代英国，成为拉美地区最重要的外部经济力量。[①] 这一阶段，英美两国在拉美地区的权力转移趋势已成定局，巴西对外贸易重心"美升英降"的趋势不可逆转。

（三）巴西对外贸易的多元化诉求

　　第一共和国时期，英国对巴西的经济政策发生了变化。实际上，19 世纪末年，英国人对拉美地区的铁路、出口公司的控制，包括其对于船运公司、保险公司、金融银行等重要中介机构把控，引发了诸多拉美国家的抱怨[②]。巴西总统在 19 世纪最后十年谈道："罗斯柴尔德家族曾以英国干预巴西债务为理由对他进行威胁。"[③] 1914 年以后，由于欧洲陷入第一次世界大战的泥潭当中，欧洲向巴西发放的公共债务从 1913 年的 1900 万美元下降到 1914 年的 420 万美元。[④] 1916 年，英国甚至暂时限制了巴西可可和烟草的进口。[⑤] 1918 年 6 月，巴西有 500 多家"敌对"公司被英国列入黑名单。[⑥] 英国驻巴西公使在 1915 年 4 月曾说道："我怀疑我们的商业方法是否完全适合南美。"[⑦] 不仅如此，1926—1929 年，经过两年强烈紧缩政策后，巴西才获得了合理进入伦敦资本市场的资格。在此之前，巴西只

---

　　① Thomas F. O'Brien, *Making the Americas the United States and Latin America from the Age of Revolutions to the Era of Globalization*, p. 94.

　　② Richard Graham, *Britain and the Onset of Modernization in Brazil（1850 – 1914）*, p. 73.

　　③ Rory Miller, Britain and Latin America in the Nineteenth and Twentieth Centuries, p. 116.

　　④ ［美］E. 布拉德福德·伯恩斯、朱莉·阿·查利普：《简明拉丁美洲史——拉丁美洲现代化进程的诠释》，王宁坤译，世界图书出版公司 2009 年版，第 239 页。

　　⑤ Bill Albert, *South America and the First World War：The Impact of the War on Brazil, Argentina, Peru and Chile*, pp. 88, 82.

　　⑥ Bill Albert, *South America and the First World War：The Impact of the War on Brazil, Argentina, Peru and Chile*, p. 82.

　　⑦ 具体参见：Richard Graham, *Britain and the Onset of Modernization in Brazil, 1850 – 1914*, Cambridge：Cambridge University Press, 1968；Rory Miller, *Britain and Latin America in the Nineteenth and Twentieth Centuries*, London and New York：Routledge, 2013.

能通过放松政策控制以向英国借款发展自身。出于各种原因，伦敦禁止了向巴西发放个人贷款。① 因此，巴西国内对于英国的抱怨程度与日俱增，加之英国对其经济控制程度的上升，巴西不得不谋求贸易与投资渠道的多元化，以此降低英国对本国经济的影响。

　　19 世纪后半叶以来，美国一直是巴西主要贸易对象国之一。早在共和国成立之初，美国便率先承认了巴西政权更迭的合理性。1891 年，巴西人以美国宪法为蓝本起草了《1891 年宪法》的基本文件。实际上，巴西极为羡慕美国所实现的快速工业化，并希望效仿这种发展。② 随着英巴贸易问题的显现，美国巨大的市场需求迎合了巴西对外贸易的多元取向。从贸易平衡的视角来看，重视巴美贸易、拓宽与美国之间的贸易渠道对于巴西而言非常有利。③ "一战"期间，工业品进口的急剧减少④大大刺激了巴西工业的发展，巴西工厂企业的数量急剧增加，从 1907 年的 3187 家增至 1920 年的 13569 家，仅"一战"期间便新建了 5936 家工厂企业。此外，巴西的大型企业的发展速度异常迅速，至"一战"结束时已占全部工业的 3%。其中，资本占 53.3%，产值占 34.2%，工人占 31.2%。⑤ 巴西本土工业的发展使得英国对巴西经济的影响逐步弱化，战争的泥潭却使英国自顾不暇，无力对巴西本土经济的发展施加压力。于是，巴西趁此机会，逐步扩大本国的对外贸易市场。参战以后，战争削弱了巴西几乎所有贸易伙伴的经济，减弱了不少贸易伙伴提供信贷并从巴西进口的能力。然而，由于美国对战争的置身事外，巴西与美国之间的贸易往来并未受到巨大冲击。⑥ 由此，巴美之间的经贸联系日渐频繁。客观地看，这一时期巴西经济虽然有所发展，但其国内资金仍旧相对缺乏，巴西急需引进外资以发展本国经济。作为这一时期资金充裕且实力雄厚的代表性国家，加之长久以来的贸

　　① Rory Miller, *Britain and Latin America in the Nineteenth and Twentieth Centuries*, p. 201.

　　② ［美］E. 布拉德福德·伯恩斯：《巴西史》，王龙晓译，商务印书馆 2013 年版，第 262 页。

　　③ Graham H. Stuart and James L. Tigner, *Latin America and the United States*, p. 679.

　　④ 1914 年，巴西的进口量急剧下降，只有 1913 年的一半。具体参见吴洪英《巴西现代化进程透视——历史与现实》，时事出版社 2001 年版，第 56 页。

　　⑤ 吴洪英：《巴西现代化进程透视——历史与现实》，时事出版社 2001 年版，第 56 页。

　　⑥ Leslie Bethell, *The Cambridge History of Latin America*, Vol. 5: c. 1870 – 1930, p. 700.

易合作使得巴西将美国视为与其打交道的重要盟友①。巴西国内及国际良好的氛围为美国资本对巴西的渗透提供了良好的条件。由此，美国逐渐发展成了巴西最大的贸易伙伴，进而缔造了巴西"美升英降"的对外贸易重心。

四 巴西对外贸易重心的变化对巴西的影响

19 世纪末 20 世纪初，巴西"美升英降"对外贸易重心的形成对巴西经济、外交、政治等方面产生了巨大影响。

（一）促进巴西工业化发展的同时，加深了对外经济的依附性

从经济层面上看，巴西对外贸易重心的转变促进了巴西工业化的初步发展。"一战"之前，当咖啡经济遭遇危机之时，巴西州政府在英、法、德、美各国银行的支持以及联邦政府的合作下购买了几百万袋咖啡，防止其投入市场，以此维稳咖啡在国际市场上的价格②。"一战"以后，巴西对美出口逐渐增加，其工业化的扩张与出口数额快速发展③。在与美国进行的大规模咖啡贸易之中，巴西东南部咖啡种植园渐渐兴起，大规模铁路和港口在巴西东南部逐渐落成。伴随着工业化的发展，巴西东南部地区的沿海城市也获得了明显发展④。1914—1929 年，巴西制造业呈现出欣欣向荣的发展态势，尤其是 1927—1929 年，大量外国资本流入巴西⑤，为巴西经济的成长以及工业化的发展起到了巨大推动作用。

同时，巴西对外贸易重心的转变也逐渐加大了巴西经济的对外依附性。"一战"之前，英国的经济渗入已使巴西经济出现依附性的趋势。曾有学者注意到，英国曾经通过亚马孙河蒸汽航运公司控制着 19 世纪 70 年

---

① Graham H. Stuart and James L. Tigner, *Latin America and the United States*, p. 679.
② 林被甸、董经胜：《拉丁美洲史》，人民出版社 2010 年版，第 288 页。
③ ［美］E. 布拉德福德·伯恩斯：《巴西史》，王龙晓译，商务印书馆 2013 年版，第 256 页。
④ 吴洪英：《巴西现代化进程透视——历史与现实》，时事出版社 2001 年版，第 59、60 页。
⑤ ［巴西］塞尔索·富尔塔多：《巴西经济的形成》，徐亦行、张维琪译，社会科学文献出版社 2002 年版，第 147 页。

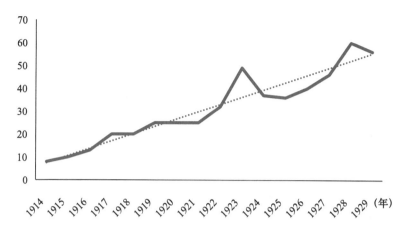

图 10　1914—1929 年巴西制造业产量指数（1958 = 100）

资料来源：B. R. Mitchell, *International Historical Statistics*：*The Americas* 1750 – 1988，New York：Stockton Press，1993，p. 304.

代之后巴西的河流贸易。① 该公司通过总部位于利物浦的布恩斯和红十字会获得亚马孙州和帕拉州的补贴，并最终在 1901 年合并国际货运，控制着巴西几个大港口的驳运设施。② 当巴西的对外贸易重心发生转向以后，其经济依附性则更为明显。"一战"以后，美巴贸易日渐繁荣，美国公司不少公司开始在里约热内卢和圣保罗建立了美国银行，美国港口和巴西港口都以定期班轮的方式开始营业。③ 这一时期，美国银行在拉丁美洲的分支机构从 1913 年的 7 家扩展到 1919 年的 120 家，这些银行为阿根廷、智利、巴西等国提供了诸多服务，使美国出口商可以利用这些服务来建立新的贸易路线，并从欧洲竞争对手那里征服现有的贸易路线。④ 与此同时，美国资本也逐渐渗入巴西经济的众多领域之中。20 世纪 20 年代以后，美国所成立的国际电话电报公司（ITT）控制了包括古巴、墨西哥、巴西、智利和阿根廷在内的十个拉丁美洲国家的电话系统。⑤ 1924 年，美国、加拿大

---

① Rory Miller, *Britain and Latin America in the Nineteenth and Twentieth Centuries*, pp. 163 – 164.

② Rory Miller, *Britain and Latin America in the Nineteenth and Twentieth Centuries*.

③ Leslie Bethell, *The Cambridge History of Latin America*, Vol. 5：*c. 1870 – 1930*, p. 720.

④ Richard Graham, *Britain and the Onset of Modernization in Brazil*, p. 46.

⑤ Thomas F. O'Brien, *Making the Americas the United States and Latin America from the Age of Revolutions to the Era of Globalization*, p. 108.

以及巴西私人资本合资在巴西成立了波兰特水泥公司，并于 1926 年开始生产水泥。① 1919—1932 年，美国在巴西建立了 16 家公司，建立了包括汽车发动机装配、水泥、化工、制药、钢铁等领域在内的一系列企业。② 由此可见，相对于英国而言，美国与巴西之间的贸易面更为多元，涉及资金、技术、进口机器、制造设备等多个领域。因此，巴西对美国的依附逐渐增大，超越了一战前对英国的依附性。

总而言之，第一共和国时期外国资本对巴西的投入进一步加大，美国资本在巴西占据了主流，成为巴西经济发展的主要支配者，使得巴西本国的经济依附性进一步增强。

（二）影响了巴西外交轴心的变化

20 世纪 20 年代，美国取代英国成为巴西最主要的投资国。③ 1922—1926 年，巴西对美国的出口额由 4890 万美元增至 11330 万美元，美国对巴西的商品进口额则由 5510 万美元增至 21800 万美元④，两国之间愈加频繁的贸易往来逐渐影响了巴西外交的变化。从外交层面上看，第一共和国时期巴西对外贸易取向的转变深刻影响了巴西外交轴心的变化，使得巴西与美国的关系日益紧密，与英国关系更为疏远，巴西更为重视美国。

实际上，自 1905 年起，华盛顿便逐渐取代了伦敦的地位，成为巴西最重要的外交据点。第一共和国时期，泛美主义、与美国的亲密关系、拉丁美洲的领导权，再加上国际威望共同构成了巴西新外交政策的四个基点。与此同时，巴西逐渐把自己视为美国和拉丁美洲之间的外交桥梁，不仅试图向拉美社会解释美国及其行为，又在美国国务院面前担任拉美

---

① 张宝宇：《巴西现代化研究》，世界知识出版社 2002 年版，第 40 页。

② 苏振兴、陈作彬、张宝宇、朱忠、吕银春：《巴西经济》，人民出版社 1983 年版，第 11 页。

③ ［美］E. 布拉德福德·伯恩斯：《巴西史》，王龙晓译，商务印书馆 2013 年版，第 287 页。

④ 郝名玮、冯秀文、钱明德：《外国资本与拉丁美洲国家的发展》，东方出版社 1998 年版，第 133 页。

调停人①，在外交上与美国逐渐接近。纳布科上任以后，积极推行与美国友好结盟的战略。为达目的，纳布科积极在美国各地进行演讲，在美国开展各类文化活动，与许多美国政治家建立友谊，大大增进了美国人对巴西的理解，为巴美关系的良好发展作出了巨大贡献。② 纳布科曾坦言："没有人比我更赞成推行巴美友好外交政策。"③ 作为西半球最大的国家和唯一讲葡萄牙语的国家，巴西认为自己与新世界的其他国家有所不同。巴西认识到共同利益和地理因素上的联系，并因此成为西半球团结的坚定支持者，这使它不愿挑战美国在西半球的领导地位。④ 与此同时，巴西试图称霸南美洲，但其并不打算采取暴力方式，而是运用外交手段在争夺南美洲仲裁地位的斗争中与外部最强的霸权国家进行联合，扩大自身的实际影响力，实现称霸南美的目标。由此，巴美关系便愈加紧密。

事实上，在德、奥、俄等强国没落，美国逐渐崛起之际，巴西尝试利用外交打开一个狭窄的缺口，冀图借助其对协约国的支持提高自身的国际地位。此外，巴西竞争常任理事国席位的失败加强了巴西与美国密切合作的外交趋向，后者同样不属于国际联盟成员国，且对"一战"后的欧洲外交倍感失望。⑤ 在美国成为巴西最大的贸易伙伴之后，巴西的外交轴心逐渐从欧洲转移到了美国，美国与巴西"自动结盟"的传统外交由此形成。⑥

（三）推动巴西民族主义浪潮的发展

从政治层面上看，巴西对外贸易重心的转变诱发了巴西民族主义的发展，影响了巴西政治局势的变化。19 世纪，伴随着现代化的徐徐展开，拉

---

① ［美］E. 布拉德福德·伯恩斯：《巴西史》，王龙晓译，商务印书馆 2013 年版，第 219—238 页。

② E. Bradford Burns, *The Unwritten Alliance, Rio—Branco and Brazilian—American Relations*, p. 144.

③ E. Bradford Burns, *The Unwritten Alliance, Rio—Branco and Brazilian—American Relations*.

④ Graham H. Stuart and James L. Tigner, Latin America and the United States, p. 679.

⑤ ［美］戴维·R. 马拉斯、哈罗德·A. 特林库纳斯：《巴西的强国抱负——一个新兴大国崛起之路的成功与挫折》，熊芳华、蔡蕾译，浙江大学出版社 2018 年版，第 42—43 页。

⑥ ［美］E. 布拉德福德·伯恩斯：《巴西史》，王龙晓译，商务印书馆 2013 年版，第 48 页。

丁美洲出现了第一股民族主义浪潮。这一时期，拉美民族主义设法拔高本地的历史形象，赞扬种族杂交的新特色，探索国家发展道路，寻求"精神解放"①。19 世纪末 20 世纪初，何塞·马蒂（José Julián Martí Pérez）等拉美地区的政治文化精英高举民族主义大旗，力图创造属于拉美的民族文化，反对列强在拉美的扩张。由此，拉美民族主义思想家将矛头对准美国，表现出强烈的反美政治倾向。② 20 世纪初，"美西战争"的胜利使得美国的自信心极大增强，美国希望将其"文明优越"的观念强加于拉美国家。③ 总的来看，美国在拉美地区的扩张并不仅仅局限于经济意图，而是夹杂着其本身所固有的扩张主义与价值观。美国不仅通过提高关键出口部门的生产率和国际贷款加速了经济增长，而且还开展了自己的文明运动，训练拉丁美洲人支付工资和现代工业实践，推广个人主义和竞争力的价值观，甚至开始推广消费主义，以其特有的方式试图推进作为文明使命核心的美国化计划④，美国高层甚至指责半数以上的拉美国家在糟蹋他们的文明，指出只有美国的保护才能拯救拉丁美洲⑤。

因此，当美国公司控制拉丁美洲国家经济的关键部门，取代当地资本家，压倒当地小企业主，使工人遭受现代工业实践的严酷考验，并剥夺了农民的土地时，拉美地区从权势精英到农民都对本国经济机会的丧失做出了反应。⑥ 19 世纪，拉美民族主义者始终在谴责那些居住在巴西的外国商人并要求制定保护本地的工业法律。⑦ 自此之后，在本国经济强烈依附于

---

① ［美］欧文·拉兹洛主编：《多种文化的星球——联合国教科文组织国际专家小组的报告》，戴侃、辛未译，社会科学文献出版社 2001 年版，第 174 页。

② 刘文龙、朱鸿博：《全球化、民族主义与拉丁美洲思想文化》，上海辞书出版社 2013 年版，第 82、87、101 页。

③ 刘文龙、朱鸿博：《全球化、民族主义与拉丁美洲思想文化》，上海辞书出版社 2013 年版，第 101 页。

④ Thomas F. O'Brien, *Making the Americas the United States and Latin America from the Age of Revolutions to the Era of Globalization*, pp. 94, 98.

⑤ 刘文龙、朱鸿博：《全球化、民族主义与拉丁美洲思想文化》，上海辞书出版社 2013 年版，第 101 页。

⑥ Thomas F. O'Brien, *Making the Americas the United States and Latin America from the Age of Revolutions to the Era of Globalization*, p. 98.

⑦ ［美］E. 布拉德福德·伯恩斯：《巴西史》，王龙晓译，商务印书馆 2013 年版，第 310、272—274 页。

外国的局面下，不少巴西人开始抨击外国资本对本国企业的控制权。20 世纪 20 年代，巴西民族思想真正形成，为"巴西巴西化"运动的展开做了思想准备。[①] 这一时期，巴西民族主义的诉求主要是以侵略手段获取对外领导角色、破坏世袭制度、殖民模式，进而把巴西从外国控制中解放出来，最终建立一个现代化、工业化和原住民的社会。1930 年以后，外国资本家和外籍人员的抱怨、私人企业的猜疑、不断增长的对国有制的认同、强调工业化、孤立国内生产并要求创建某些基本工业或者使其国有化，逐渐成为巴西民族主义的重要特征。[②] 此后，民族主义在巴西逐渐成为一股强大的政治力量，为巴西摆脱外国控制，推进现代化进程提供了重要推动力[③]，继而影响了巴西政治局势的变化。20 世纪 20 年代末，过于依赖外资的巴西在经济危机的影响下发生了政治动荡，圣保罗与米纳斯吉拉斯之间的联盟由此破裂。热图利奥·瓦加斯（Getúlio Dornelles Vargas）执政时期，巴西以自我为核心的民族主义占据了对外贸易思想的主流，"进口替代"战略应运而生。

五　结语

实际上，自 1895 年委内瑞拉危机之后，英美两国在拉美地区的权力转移趋势已然初现端倪。[④] 作为国与国之间互通有无的必然路径，贸易往来对这一格局的感知尤为明显。第一共和国初期，巴西对外贸易重心仍旧是"以英为主"。第一次世界大战爆发以后，由于国际形势的变化及外交政策的变动等因素的影响，巴西对外贸易呈现出"美升英降"的发展趋势。"一战"在导致诸如金本位制、自由贸易体制等旧秩序崩溃的同时，也削弱了欧洲列强的地位，"大英帝国"已是落日余晖。战后，纽约取代伦敦

---

① 吴洪英：《巴西现代化进程透视——历史与现实》，时事出版社 2001 年版，第 64 页。

② ［美］E. 布拉德福德·伯恩斯：《巴西史》，王龙晓译，商务印书馆 2013 年版，第 311—312 页。

③ 吴洪英：《巴西现代化进程透视——历史与现实》，时事出版社 2001 年版，第 65 页。

④ 参见韩召颖、袁伟华《权力转移进程中的国家意志制衡——以 1895 年英美解决委内瑞拉危机为例》，《中国社会科学》2014 年第 9 期。

成为国际金融中心，拉美国家只能逐步转向美国去寻求公共贷款、直接投资和发行债券。[①] 1929 年，美国作为拉美大部分国家首要进出口市场的地位已经没有任何国家可以取代[②]，英国在拉美地区经济影响力逐渐消融已成为毋庸置疑的事实。大萧条之后，英国在拉美地区的影响力已然让位于美国。[③]

"美升英降"的贸易重心形成之后，深刻影响了巴西的现代化进程。1933 年，美国在拉美地区已经拥有相当巩固的政治势力与经济势力。然而，当美国的力量崛起之时，许多拉美国家，尤其是阿根廷和巴西，开始对美国日益渗透它们的经济表现出一些担忧，并欢迎英国投资作为一种潜在的抗衡力量。[④] 不仅如此，巴西对外依附性的增强也使巴西外交政策出现了新的变化。瓦加斯时期，在与美国保持相对友好关系的同时，巴西外交也逐渐走向了疏离型自主的道路[⑤]，试图扩大国内市场，降低对国际市场的依赖，实现自给自足式发展。事实上，第一共和国时期巴西对外贸易重心的变化不仅是英美两国在拉美地区权力转移的一个缩影，也展现了发展中国家在大国博弈背景下谋求发展，摆脱依附，实现多边外交的历史进程。"二战"后，随着进口的逐渐放开，巴西的进口系数急剧上升，达到了 15% 以上[⑥]，巴西的对外贸易重心再度呈现出新的色彩。

（作者李诚歌，南开大学历史学院博士研究生）

---

① 苏振兴主编：《拉美国家现代化进程研究》，社会科学文献出版社 2006 年版，第 283 页。

② 美国占拉美出口的份额为 1913 年 29.7% 、1918 年 45.4% 、1929 年 34% ；英国占拉美进口的份额：1913 年 25.5% 、1918 年 41.8% 、1929 年 38.6% 。数据均来自 Victor Bulmer-Thomas，The Economic History of Latin America Since Independence，p. 156.

③ 具体参见：Victor Buhner-Thomas ed. ，*Britain and Latin America*：*A Changing Relationship*，Cambridge：Cambridge University Press，1989；Jessie Reeder，*The Forms of Informal Empire*：*Britain*，*Latin America*，*and Nineteenth-Century Literature*，Baltimore：Johns Hopkins University Press，2020.

④ Rory Miller，*Britain and Latin America in the Nineteenth and Twentieth Centuries*，p. 203.

⑤ 参见［巴西］杜鲁·维也瓦尼、加布里埃尔·塞帕鲁尼《巴西外交政策：从萨尔内到卢拉的自主之路》，李祥坤、刘国枝、邹翠英译，社会科学文献出版社 2015 年版，第 11 页。

⑥ ［巴西］塞尔索·富尔塔多：《巴西经济的形成》，陈亦行、张维琪译，社会科学文献出版社 2002 年版，第 174 页。

The Rise of the United States and the Fall of the United Kingdom:
The Changing Center of Gravity of Brazilian Foreign Trade (1889 – 1930)
Li Chengge

Abstract: At the end of the 19th century, the trend of power shift between Britain and the United States in Latin America had begun to emerge. This historical process is profoundly illustrated by the shift in the focus of foreign trade of Brazil, the largest country in South America. After the First Republic, Brazil basically took over the trade with Britain during the imperial era, and British investment and trade in Brazil increased year by year, gradually dominating the country's foreign trade. However, after World War I , the change in the power of the United Kingdom and the United States, as well as the influence of the Brazilian strategy and the need to diversify Brazil's foreign trade orientation, led to the gradual convergence of Brazil's foreign trade with the United States and the gradual formation of a "U. S. -U. K. decline" trade center. In fact, the shift in the focus of Brazilian foreign trade during the First Republic contributed to the initial development of Brazilian industrialization, but also increased the external dependence of the Brazilian economy. Moreover, the shift in the center of gravity of trade profoundly influenced the shift of the axis of Brazilian diplomacy from London to Washington, inducing the development of a wave of Brazilian nationalism, which in turn influenced the changes in the Brazilian political situation.

Key words: National power; Trade center of gravity; Power shift; Economic dependence; Diplomatic axis

《拉美研究论丛》稿约及体例要求

1. 《拉美研究论丛》是浙江外国语学院拉丁美洲研究所（拉美所）为推进国内拉美问题研究而创办的学术书刊。由中国社会科学出版社出版，每年一辑，2021 年创刊。

2. 《拉美研究论丛》致力于拉美地区政治、经济、文化、社会等问题的研究。书刊将遵循百花齐放、百家争鸣的原则，为国内外拉美研究学者提供一个学术交流的平台，欢迎相关领域的专家、学者来稿。

3. 《拉美研究论丛》对来稿一视同仁，收到来稿后，拉美所将组织专家进行评审，确定是否录用，最迟在三个月之内给予采用与否的答复。

4. 稿件体例要求如下：

（1）《拉美研究论丛》为中文刊物，外文稿件需译为中文。

（2）稿件字数以 1.0 万—1.5 万字为宜。

（3）来稿包括中英文题目，300 字以内的中英文摘要和 3—5 个中英文关键词。

（4）稿件请用 A4 纸格式，标题宋体三号加粗，正文宋体小四号；注释请用页下注，中文注文小五号仿宋体，外文注文小五号 Times New Roman字体。

（5）稿件所涉文献引注格式，请遵照"中国社会科学出版社学术著作体例规范"要求。

5. 来稿请发邮件或邮寄至《拉美研究论丛》编辑部。

邮　　箱：ilas@zisu.edu.cn

通信地址：杭州市西湖区留和路 299 号浙江外国语学院望院 D323 拉丁美洲研究所

《拉美研究论丛》编辑部